全国教育科学规划国家一般项目研究成果

大学新生学习生活系统研究

彪晓红　张骞文　白　华　等　著

人民交通出版社股份有限公司
北京

内 容 提 要

本书从推动基础教育和高等教育更加有效衔接的背景出发，以大学新生学习生活适应与成长为主线，在客观分析大学新生学习生活需求与教育困境基础上，系统设计并论述了大学新生学习生活的认知、成长、愿景、动力、环境、援助、治理和评价系统，揭示了当代大学新生的成长规律和新生教育规律，为多元主体共同推进大学新生健康成长提供了路径选择。

本书可供人才培养方案制定者、大学新生教育与服务者使用，也可供大学新生及其家长参考阅读。

图书在版编目(CIP)数据

大学新生学习生活系统研究/彪晓红等著. —北京：人民交通出版社股份有限公司，2021.12

ISBN 978-7-114-17637-1

Ⅰ.①大… Ⅱ.①彪… Ⅲ.①大学生—入学教育—研究 Ⅳ.①G645.5

中国版本图书馆 CIP 数据核字(2021)第 189547 号

Daxue Xinsheng Xuexi Shenghuo Xitong Yanjiu

书　　名：**大学新生学习生活系统研究**
著 作 者：彪晓红　张骞文　白　华　等
责任编辑：李佳蔚
责任校对：孙国靖　魏佳宁
责任印制：张　凯
出版发行：人民交通出版社股份有限公司
地　　址：(100011)北京市朝阳区安定门外外馆斜街 3 号
网　　址：http://www.ccpcl.com.cn
销售电话：(010)59757973
总 经 销：人民交通出版社股份有限公司发行部
经　　销：各地新华书店
印　　刷：北京虎彩文化传播有限公司
开　　本：787×1092　1/16
印　　张：12.75
字　　数：303 千
版　　次：2021 年 12 月　第 1 版
印　　次：2021 年 12 月　第 1 次印刷
书　　号：ISBN 978-7-114-17637-1
定　　价：38.00 元

前言

在长期的一线人才培养工作实践中，我们发现一届又一届大学生在他们入学后的半年、一年或后续的一些时间里，由于达不到大学人才培养的阶段性目标或跟不上正常的发展进度而成为落伍者，被习惯地称为“问题学生”。据麦克思对大学新生的调查显示，有50%～60%甚至更多的新生在他们的大一期间有过各种各样的不适应。根据多年来对各类遭遇学习发展困扰学生个体和群体的调查与梳理，绝大部分问题根源于新生阶段不清晰的认知。遗憾的是多数大学却缺少针对新生这个群体的阶段系统教育。

新生对大学学习生活的不适应是一个客观的问题。中国的高等教育从20世纪90年代末大学扩招至今，仅仅经过20多年的时间，就实现了精英教育到大众化教育再到普及化教育的跨越式发展。一年比一年更多地涌入校园的是具有应试教育特点的基础教育培养出来的一代，且多为独生子女。无论来自城市还是农村，其中绝大多数除了学习书本知识，很少接触社会，不了解、不适应大学学习生活就成为必然。另一方面，大学在规模扩张和功能延展的过程中，从时间上精力上给予学生的关照明显不足，分散的校园布局、多元的生活方式和不断变革的管理，使得学生学习生活的地理环境、文化环境、制度环境都更加复杂化，这些都加剧了新生适应学习生活的困难。

大学新生状态如何决定整个大学培养过程能否有一个良好开端。“良好的开端，是成功的一半”。在“教”与“学”两个方面，“学”始终是矛盾的主要方面，学生的主动自觉是人才培养质量提升的关键，面向一个纠结、厌学、消极的学生开展的教育活动注定不能取得成功。大学新生能不能成为能动的主体，某种程度上取决于其对大学学习生活的认同。因此，把握新生成长规律，探索新生教育规律，通过卓有成效的新生教育使其快速适应大学，实现从高中生向大学生的成功转变，是提升高等教育质量的基础工程，也是大学教育的首要命题。

大学新生学习生活是一个复杂的体系，针对新生的教育也是一个涉及诸多要素的复杂系统，必须要用系统的思维研究。教育者对新生的认知和新生对大学的认知，是这个系统的逻辑起点。在认知的基础上，新生才能理性地思考成长，构建起美好大学学习生活愿景。实现新生成长目标或愿景，既取决于大学新生学习生活的内生动力，也取决于学习生活的良好生态环境，内外因作用相互转化、相互促进，推动大学新生成长。新生群体存在成长需求不平衡，如何视其需要给予援助并化解困扰，是大众化、普及化背景下大学公平教育、和谐教育的重要使命，是大学新生学习生活构建不可或缺的内容。面对学习生活环境的复杂性和影响新生成长主体的多元化，好的新生教育离不开对各个要素的优化整合。大学新生学习生活治理，就是基于这个复杂系统的良好运行而实现新生学习生活的善治。大学新生成长发展得怎么样，教育方案或治理体系运营得怎么样，需要适时的评估检验，以促进教育治理更加契合新生的多元化健康成长。以上这些方面，构成了大学新生学习生活的逻辑体系——大学新生学习生活系统。在系统化思维下，以下每方面都是这个系统的子系统。

(1)大学新生学习生活认知系统。由新生对大学的认知、对自我的认知、对未来发展的认知以及大学教育者对新生全面深入的认知，形成双向、渐进、以适应和成长为导引、共性与个性相结合的认知过程。

(2)大学新生学习生活成长系统。在认知基础上，个体自身成长与学校教育、社会环境等多种要素交互作用下，大学新生主动适应、融入、选择并向着圆满成熟方向生长的过程。

(3)大学新生学习生活愿景系统。通过全面认知教育，解构新生对学习生活的误读，帮助其重构学习生活意义与美好愿景，选择、规划发展路径，实现自身发展目标。

(4)大学新生学习生活动力系统。通过教育治理不断唤醒和激发新生的需要、动机、兴趣和理想追求，整合优化社会、高校、家长等多元主体对新生的期待影响，并及时内化，进而增进成长发展动力的过程。

(5)大学新生学习生活生态环境系统。其核心是秉持环境创造人、人创造环境理念，协调与改善家庭、高校、社会、网络等环境因素，增进各要素互动配合、积极作为，系统构建大学新生学习生活良好生态环境，促进新生主体健康发展。

(6)大学新生学习生活援助系统。针对大学普及化背景下大学新生的差异化特征，建立健全新生学习生活困难识别和援助体系，支持新生突破困扰，化解矛盾，助力成长。

(7)大学新生学习生活治理系统。在治理理念指导下，本着更好实现政府、高校、社会、新生、家长等多元主体的公共利益和目标期待，协调各方共同参与大学新生学习生活合作管理的过程。

(8)大学新生学习生活评价系统。根据大学新生学习生活的复杂性，教育工作者针对学习生活状况和教育治理工作，选择不同时段、不同群体，采取柔性、多元、动态的评估进行检验，并反馈教育治理各系统及时纠偏。

这八个系统相互依存、相互促进，共同推进新生加快适应大学学习生活，步入健康发展轨道。

系统化思维下的大学新生学习生活，关系到家庭教育、基础教育、高等教育乃至社会思想文化影响等多个方面，更涉及大学教育体系的所有维度，具有开放性、动态化、多主体的特征。面对这样一个复杂的问题，由于我们视野的局限，研究还不够深入，有些方面只是提出了一些路径或者思考，在理论构建和实践创新上还有很大差距。撰写本书的目的只是为了引起高校、家庭、社会等方面对大学新生这个特殊群体学习生活的更多重视，共同推进大学新生学习生活教育治理，为培养德智体美劳全面发展的时代新人奠基。

作　者

2021 年 8 月

目录

第一章

大学新生学习生活的系统设计

大学新生初入校园,在知识学习、人际关系处理、专业选择与认知、社会生活能力等方面存在迷茫。这种迷茫根源于基础教育与高等教育在教育理念、教育方式、生活养成等方面存在的差异。在实践中开展的新生教育,在满足大学新生成长诉求和高等教育人才培养目标的要求方面还具有可优化的空间。大学新生更好地适应学习生活并全面健康发展,越来越成为人才培养的一个重要研究方向。本章在分析当前大学学习生活的教育困境的基础上,从阶段划分、概念特征、基本维度等方面解读大学新生学习生活的基本内涵,对学习生活及其教育治理进行系统思考,并以马克思人学理论、教育生态理念、教育治理理念为指导,系统设计大学新生的学习生活。

第一节　学习生活的教育困境

一、学习生活的迷茫

2020 年 5 月,教育部发布《2019 年全国教育事业发展统计公报》。公报显示,全国共有普通高等学校 2688 所(含独立学院 257 所),在学总规模 4002 万人,高等教育毛入学率达到 51.6%,我国已从高等教育大众化正式进入普及化阶段。从社会需求的适应度、培养目标的达成度、办学资源的支撑度、质量保障的有效度、学生和用户的满意度等多维度考量,我国高等教育质量取得了显著提升,极大地促进了学生的健康成长发展和社会经济的稳步发展。伴随着高等教育规模扩大、人数增多,高等教育的管理难度有所加大。大学新生入学后,在学习、生活等方面出现不适应的问题逐渐增多。

在学习方面,大学学习环境相对宽松,对于刚入学的大学新生,由于大学与高中阶段在学习模式上的显著差异,处在这个转型时期的多数学生遇到了学习问题。根据麦可思对部分高校新生的调查显示,入学后,在学习方面遇到问题的学生比例达 51%。其中,65% 的学生认为"对所学内容缺乏学习动力",55% 的学生认为"缺乏自学方法",45% 的学生认为"学习氛围不浓"。男生旷课比例明显高于女生,农村家庭新生遇到学习问题比例明显高于城镇家庭新生,而学校帮助新生缓解学习问题的比例不足六成,这充分说明学校对新生学习问题的关注度有较大的提升空间。

在人际关系处理方面,新生缺乏经验,尤其 00 后大学新生在人际交往方面更是存在诸多问题和困惑。麦可思研究院针对大学新生的调查显示,45% 的大学新生最担心人际关系,39% 的大学新生表示存在人际关系问题。其中,男生遇到与异性同学相处问题的比例达

55%，高出女生12个百分点。而22%的女生在宿舍关系方面更容易出现问题，高出男生10个百分点。这与男女生群体不同的性格特质有关，即男生通常不善于表达，女生比较注重细节。大学新生出现交际问题还有一个重要原因，即对网络社交媒体的过分依赖，沉溺于虚拟世界，在现实生活交往中出现的隔阂越来越明显。

在专业选择与认知方面，新生对专业了解程度不够深入。麦可思对部分高校新生的调查显示，入学后两个月，有12%的大学新生以不符合兴趣或职业期待为由有意向变换专业。而在这个时候，他们往往还没有接触过任何专业课程，对本专业和意向变换专业都是一知半解。

在社会生活能力方面，新生防范意识和独立生活能力欠缺。中国公安大学与蚂蚁金服针对千所大学30万大学生的《2016年全国大学生防骗能力调查》显示，2016级新生防骗能力得分为66.6，在各年级大学生中防骗能力最弱。63%的大学生无法识别木马链接，85%的大学生可能轻易相信各类退费电话，62%大学生接到冒充政府、学校工作人员有关奖助学金的电话时应对存在风险，48%的学生不能识破校园网贷等诈骗陷阱，41%的大学生可能会掉入高薪兼职陷阱。近年来，大学生遭遇电信诈骗的案例屡见不鲜。特别是每年入学期间，大一新生遭遇诈骗的案例多发，引发了令人痛心的悲剧，例如山东徐玉玉案。另外，一项跟踪调查显示，近三成大学生遇到了经济问题，主要原因是交际开支过多，这说明大学新生理财意识弱且经验欠缺。

根据大学新生成长发展的概况和特征分析，大学新生成长过程中至少需要以下七个方面的指导：一是学习意义和方法的指导；二是专业认知指导；三是职业生涯规划和个人发展指导；四是人际关系处理指导；五是生活能力指导；六是心理健康指导；七是综合素养提升指导。

二、高等教育与基础教育衔接的错位

教育是系统化工程，高等教育与基础教育是中国国民教育体系中的重要组成部分，是培养高素质人才不可或缺的关键环节。高等教育与基础教育在教育功能、教育方法、生活养成等方面存在差异，作为其衔接过程的大学新生阶段就难免会出现各种各样的问题。高等教育与基础教育的衔接错位主要表现在以下三个方面。

1.教育理念的差异

在基础教育阶段，在高考人才选拔制度的导向下，核心目标是使学生能够顺利通过高考，进入一所理想的高校，具有一定的应试教育特点。在高等教育阶段，则主要以满足社会需求和提升综合素质为目标，促使学生意识到自身需要拓展多方面综合素质，按照职业需求不断增强社会适应能力，完成由“校园人”到“社会人”的转变。

2.教育模式的差异

在基础教育阶段，教育内容以分门别类的各个科目的知识性传授为主，往往是同一门科目内容按照知识由浅入深不断重复和加深，侧重学生对知识本身的学习和掌握。在这一过程中，主要方式是教育者讲授知识、规划学习模块和学习节奏，学生主要在教育者的主导和管理下进行学习，通常是小班化教学和管理。在高等教育阶段，教育内容主要以专业课程和与专业相关的基础课程为主,课堂上老师讲授的多是理论知识的概括性描述,且内容丰富、知识跳跃性大,这就要求学生更多发挥主观能动性,了解专业是什么、做什么、怎么做,合理科学安排课余时间理解吸收课堂内容,自行通过网络和图书馆资源探索和深化对专业知识的理解。

3. 生活养成的差异

在基础教育阶段,学生从小学到初中再到高中,生活的变化往往是局部的,基本特点和内容保持相对稳定。然而,进入高等教育阶段以后,生活方式、生活习惯和生活环境都发生了根本性、全方位的改变。具体而言,基础教育阶段,学生生活范围相对狭窄,内容相对单一,基本上是从家到学校两点一线生活范围,在家和学校的生活核心内容就是学习,核心关注点就是成绩,可供自己安排的课余时间极少,衣食住行等生活起居基本由家长代为办理。高等教育阶段,学生的生活范围得到了很大程度的拓展,学生远离家乡和家庭环境,开启了集体食宿生活,在风俗习惯、饮食起居、周边环境、作息安排等方面都有了变化。学生与社会接触机会越来越多,交际范围进一步拓展,对学生人际交往和礼仪礼貌方面的素质有了更高的要求,学生从心理和现实中都需要逐渐转向摆脱依赖的独立生活状态。

高等教育与基础教育的有效衔接,是深化高等教育发展与改革的必然选择,是培养高素质创新型人才与促使学生成长成才的客观需要。国内这一方面研究较少,目前仅有我国知名教育家余立主编的《教育衔接若干问题研究》一部专著。就国外而言,特别是美国、英国、日本等,对教育衔接问题关注较早,目前已经形成了较为完善的高等教育与中等教育衔接机制,值得我们借鉴。

考试招生制度对高等教育与基础教育衔接有着根本性的影响,中国共产党第十八届中央委员会第三次全体会议对考试招生制度改革做出了全面部署,2014 年政府工作报告提出了明确的要求,2014 年 9 月,《国务院关于深化考试招生制度改革的实施意见》(国发〔2014〕35 号)正式出台,"分类考试、综合评价、多元录取"的考试招生模式将逐步解决唯分数论、一考定终身等影响学生全面发展的问题,这也为高等教育与基础教育的融合性衔接提供了难得的机遇。

三、学习生活的教育困惑

在政策的有力保障下,高等教育管理者和工作者逐步认识到大学新生学习生活教育的重要性,也在实践中不断优化大学新生成长教育,有意识地为大学新生成长发展营造良好生态环境。但是,我们也应该清醒地认识到,当前大学新生学习生活教育尚不足以满足大学新生全面健康成长发展的实际需求和高等教育人才培养的目标,仍有较大完善空间。

(一)部分高校笼统地套用政策法规

随着国家各项政策的出台和落实,大学新生的成长发展得到了更好地保障,大学新生成长生态系统呈现出良好的发展态势。但考虑到大学新生这个群体的特殊性以及大学新生阶段在人才培养中的关键性地位,大学新生教育管理的政策法规在实施过程中还有进一步完善的空间。具体表现在以下三个方面。

1. 政策方面

对于宏观性和普遍性的政策,部分高校缺少对大学新生发展阶段的明确针对性引导。

实践中，遇到新生成长发展的特殊性问题，或者是高校层面要在新生成长发展方面出台具体政策和实施方案，部分高校只能笼统地套用普遍性政策作为依据，导致大学新生教育管理工作的实施存在着一定局限，在推动大学新生教育管理工作的科学化、规范化、合理化等方面无法形成足够的凝聚力，难以实现高效的大学新生成长系统治理。

2. 法规方面

对于大学新生成长发展过程中遇到的问题，除了适用一般法律规定，如《中华人民共和国民法通则》《中华人民共和国刑法》等，也会较多地用到《中华人民共和国教育法》《中华人民共和国高等教育法》《国家教育考试违规处理办法》（中华人民共和国教育部令第 33 号）《普通高等学校学生管理规定》（中华人民共和国教育部令第 41 号）《高等学校校园秩序管理若干规定》（国家教育委员会令第 13 号）等高等教育相关法规。现有法规虽然比较完善，但是部分高校在实践过程中自身还存在一定问题，不能完全解决大学新生这一特殊群体的成长发展问题，不足以回应大学新生成长过程中教育的需求。

3. 大学章程方面

大学章程是作为立德树人根本任务的具体体现，是高等学校内部具有约束力的治校总纲领。然而，当前在制定大学章程过程中，因尚未认识到大学新生成长发展的特殊意义，鲜少有高校将大学新生教育管理作为大学治理的重要组成部分纳入其中。

（二）各个主体职能有待更高效发挥

大学新生成长生态系统中，学生的成长发展是核心目标，为实现这一目标必须确保新生成长生态系统中各环境要素充分发挥作用，营造新生成长发展良好生态环境。各环境要素作用的发挥，需要与其相关的多个主体协同发挥各自职能，这些主体包括思想政治教育工作队伍、高校教师队伍、高校管理服务队伍、学生朋辈、家庭、社会等。然而，现实中这些主体的职能发挥不够充分，影响各类环境要素，易对新生成长发展产生一定影响。

1. 思想政治教育工作队伍

思想政治教育工作队伍是关系到学生成长的关键主体，也是其他相关主体参照的对象。这支队伍的素质和职能发挥如何，关系到大学新生能否尽快适应学习生活，关系到大学新生成长发展过程中遇到的问题能否得到妥善处理。这就决定了思想政治教育工作队伍人员的职业能力和素质为其他行业相比，有着更高的要求和更严的标准。实践中，受外部环境和自身原因影响，部分思想政治教育工作队伍在大学新生成长过程中职能发挥也呈现出一些不足：一是多元文化思潮背景下，思想政治教育的队伍建设中出现教师信仰不坚定、理论知识不充足、业务能力不高等问题。新生进入大学学习生活之后，没有了太多来自家长和老师的约束，自由时间、空间增多，价值观念不太成熟的他们易受到错误价值观念的误导，此时，需要得到深入的科学理论引导纠正，而承担这一重任最多的则是思想政治教育工作人员。若缺少坚定的政治信仰、扎实的理论基础、突出的业务能力，是难以承担起思想政治教育的任务与使命的。二是部分思想政治教育工作人员缺少真情实感的投入。情感是学生成长发展过程中不可或缺的因素，特别是对处于社会关系重建时期的大学新生而言，更需要情感所营造的融洽和谐环境。一些思想政治教育工作人员却忽视了这一点，面对众多的学生，更多的是把工作当成任务逐级分派下去，忽视了与学生的真诚交流，缺少了对学生的关爱。这就无形中在自己与学生之间设置了隔墙,使学生也没有对他们的亲近感和信任,无法及时发现和有效解决学生成长发展过程中遇到的一系列问题。

2. 高校教师队伍

“师者,所以传道授业解惑也”。教师在学生成长过程中扮演着重要的角色,除了在专业知识方面给予学生的指导,还是学生为人处世的榜样,是学生成长和人生之路的导引者。随着我国高等教育普及化的推进,高校学生数量屡创新高,高等院校办学规模不断扩大,大部分高校采取了多校区办学模式,加之大学教学和日常管理模式与基础教育阶段的差异,一定程度上导致师生关系的日渐疏远。高校课程每学期设置多门课程更替变化,教学内容更重视启发学生自学能力,师生往往缺乏较为充分的交流机会和时间。同时,教师还需要兼顾教学和科研两个方面,对教学和学生投入的热情和积极性难免被科研分散。对于初入大学校园的新生,面对这种师生关系的变化往往难以适应,学习的兴趣逐渐弱化,上课不专心、逃课现象屡见不鲜,许多曾经高中学校的佼佼者也出现了成绩滑落、挂科等现象,给学生造成了极大的心理落差和负担,有些甚至走向极端,令人痛心。这也充分反映出在大学新生成长过程中,高校教师队伍的作用发挥不够充分,不利于大学新生成长系统的和谐稳定运行。

3. 高校管理服务队伍

管理育人和服务育人是高校育人工作的重要组成部分,其主体是高校的管理服务工作队伍。受到工作性质和思想认识的影响,高校管理服务队伍发挥的积极作用有限。新生进入大学校园后需要频繁与学校的行政管理部门和后勤服务部门接触,由于社会经验较少,相对又处于弱势地位,本应得到关心和帮助,但部分管理和服务人员在实际工作中因缺乏管理服务育人意识,服务学生成长成才意识较弱,往往在办事过程中导致学生积怨受挫,有时甚至引发冲突,使学生从心理上降低了对学校的认同感。

4. 学生朋辈

朋辈教育环境是大学新生成长生态系统中的重要环境因子,而打造这一环境因子的重要主体是高校中的学生社团组织及其干部。不可否认,学生社团组织及其干部在新生成长方面发挥了重要作用,但也存在一些不足。一是部分学生社团组织及其干部功利化思想严重,在校园文化建设过程中重活动而轻思想引领,片面追求眼前工作业绩,在成长服务和思想引领方面有所不足。二是由于部分学生干部自身素质不高和价值观念还不够成熟,导致在对新生“传、帮、带”过程中传递不正确的价值观念,不利于新生健康成长发展。

5. 家庭

家庭主体对新生成长发展产生着持续性的影响,但实践中家庭主体在促进新生成长发展方面也存在一些不足。一是家庭教育重智轻德与学校教育全面发展的理念不适应,部分家长在大学阶段仍疏于关注新生全面发展。二是家庭教育的成功导向给新生带来心理压力,部分家长期待孩子按照他们规划的路线一路“优秀”,而这种“优秀”并不一定适应孩子的成长发展规律,反而会导致代际关系紧张、孩子逆反、厌学、人际关系不良等负面影响。

6. 社会

大学新生成长发展离不开社会大环境。社会主体对大学新生的影响是潜移默化的,在大学新生成长引导方面作用发挥也有一定提升空间。一是对新生价值观念教育的强化机制不足。社会文化环境未能对大学新生成长发展发挥足够正面、积极的推进作用。二是社会主体为大学新生成长教育提供素材和平台不足。大学教育是培养“完整的人”,需要为学生提供更多的社会实践机会和平台,但实际上这方面机会和平台相对欠缺。此外,社会主体直接生产或提供充足文化产品和素材,也是对大学新生成长教育的有力支撑。

(三)多元主体治理合力需要进一步提升

大学新生成长发展的需求是多方面的,大学新生成长生态系统也是一个包含多个要素的复杂体,然而,受多重因素制约,当前大学新生成长生态系统的治理,主要依靠高校思想政治工作队伍或者学生工作部门等单一主体完成,尚未形成多元主体共同参与的格局,难以凝聚促进大学新生成长生态系统优化、更好教育和服务新生成长发展的合力。

首先,对大学新生成长影响因素把握不够全面,导致部分主体没有意识到自身治理主体地位及治理着力点。在高等教育领域,人们普遍认为学生思想教育和日常管理是学生工作部门的职责,自然也将大学新生成长生态系统的治理责任归于学生工作部门等极少数部门,没有充分意识到大学校园中的一点一滴都关系到新生的成长发展,因而,各个主体也没有明确认识到自身主体地位,更找不到自身发挥作用的着力点。新生进入大学学习生活以后,大部分时间是在学校度过,导致大学新生成长生态系统的生态环境因素关注点集中在学校内部环境,一定程度上忽视了校园周边环境、家庭环境、社会环境等外部因素对大学新生成长发展的影响。新生是社会和所属家庭的一员,其思想、行为必然受到社会环境的影响,进入大学后,除了在校园中,其接触最多的便是校园周边环境,也必然对他们产生深刻影响,但这些因素容易被忽视。同时,高校与中学作为学生一生中受教育的两个重要阶段,不可避免地在教育理念、目标、任务、组织方式、管理模式、运行机制等方面存在客观差异,而这是在大学新生成长生态系统中容易被忽视的一点,往往会导致在具体教育服务新生成长发展过程中难以全面掌握新生的特点和需求,因此,也难以形成由各个利益相关主体共同参与、凝聚合力开展针对性教育服务的局面,导致大学新生成长生态系统存在风险。

其次,现有管理体制运行模式下,难以形成大学新生成长生态系统治理合力。大学新生成长发展需要学校党政工团多方面齐抓共管,也需要学校加强同家庭联系、争取更多的社会支持,才能发挥出整体效应,形成护航大学新生成长发展的合力。目前,与大学新生成长相关的职能部门都被学校赋予了明确的职责,设置部门和明确职责的初衷是为了加强工作,但这又导致一些部门认为有关新生成长发展事宜是学生工作部门的事情,因而不能以高度责任意识做好相关工作,服务新生成长发展。此外,部分高校各个职能部门存在“平行作业”的现象缺少相应的协作机制和服务大学新生成长的意识。可见,各个高校在相继出台的新生教育方面的政策和制度文件中,可能会有仅局限于学工系统、没有充分调动治理合力、没有激发新生教育生态系统的整体效应的情况发生。

(四)治理运行保障机制需要进一步完善

大学新生成长生态系统的良好治理是建立在一整套功能完备的保障机制基础上的,具体而言,包括监测预警机制、评估机制、激励机制等。当前,大学新生成长生态系统治理的监测预警和应急处理机制还存在缺陷,评估机制不健全,激励机制不够完善,一定程度上制约着大学新生学习生活的现代化和科学化水平,间接地影响到大学新生的成长发展。

1. 尚未建立有效的监测预警和应急处理机制

当前大学新生以00后为主,他们成长的时代也是社会处在转型发展的关键时期,同时,还是互联网信息高速发展的时期。正如对大学新生成长发展现状分析中提到的,他们在知识学习、人际关系、专业认知、社会生活能力等多个方面存在着困惑,加之他们本身认知、情感和心理方面的不成熟,对外界信息甄别处理能力有限,极易发生危害其成长发展的突发事件和极端情况。由此可知,在新生成长监测预警和应急处理机制中,仍存在着对大学新生成长过程中的治理生态风险。

2. 评估机制需要健全

评估在教育活动具有导向、反馈、监督、调节等多重意义,是对大学新生成长生态系统中相关的职能部门和人员开展工作绩效的评判。对工作扎实有效的给予奖励,对工作成效不足的进行督促警醒,可促进新生成长发展相关工作队伍的不断进步和自我提升。但当前大部分高校尚未对大学新生成长生态系统治理工作建立科学的评价指标体系和合理的评估基本标准,也没有明确评估的主体及形式,更没有引入第三方评价机制,只是将其作为思想政治教育或其他工作的一部分进行考核,评估标准较为模糊,指标设计缺乏科学性,评估的价值作用未能有效发挥。大学新生成长生态系统治理的评估机制亟待进一步健全和规范。

3. 激励机制有待完善

高校在开展大学新生成长生态系统治理过程中,缺乏有效的竞争激励机制,从而导致部分作为大学新生成长关键引导者的思想政治教育工作者疲于应对日常管理性事务,可能疏于提高自身素质,缺少对育人的思考,认为只要学生不出事,自己的工作便是称职的。甚至久而久之失去工作热情,认为思想政治工作不受重视、工作压力大、晋升空间有限,一些人选择谋求其他发展出路。虽然新生成长教育工作事关高校的多个部门和各类人员,但由于缺乏有效的激励机制,也就难以调动思想政治教育者以外的人员参与到新生成长教育工作中,难以形成系统的、全方位的教育治理体系。

第二节 学习生活的基本内涵

一、学习生活的阶段划分

(一)新生阶段

新生阶段即大学学习生活的起始阶段,从学生明确知晓录取到某所高校开始,到大学第一年完整的学习生活结束。该阶段中,学生主要处于一个兴奋、好奇、未知、认识和适应的状态。兴奋是经历了十几年寒窗的默默耕耘,多年的梦想终于得以实现后而产生的。好奇是对大学学习生活的方方面面都充满着新鲜感,对于一种没有经历过的生活的向往和期待。未知是对大学总体情况、所学专业、学习方式变化、未来去向和发展等处于一个完全不了解或者片面了解的状态,对于真实的大学学习生活和自身将会经历的大学生活由于未曾经历且没有相对完善的计划而不得而知。认识是指大学新生对于学校、专业、同学、教师等都处于一个循序渐进的了解熟悉过程，处于一个由片面主观认识到全面客观认识的过程。适应是指大学新生要在这一阶段逐渐适应高等教育在各个方面与基础教育阶段的不同，逐步调整自身学习目标、状态、方式方法等的过程。

（二）提升阶段

提升阶段主要是指大学学习生活的第二学年，这个阶段处于整个大学学习生活的中间。学生已经完成对大学学习生活的适应，逐步开始思考并规划自己的大学学习生活。该阶段主要有以下特点：(1)理论知识学习层面，开始由通识课程学习转为专业课程学习，是积累专业基础、进一步深化专业认同的关键时期；(2)文化素质培养层面，学生接受了基础文明素质教育，利用学习活动、人际活动、网络活动等平台，参与以人文素质培养为中心的校园文化活动和社会实践活动，形成了最基本的做人准则，提升了文化素质。

（三）发展阶段

发展阶段主要是指大学学习生活的第三、第四学年。在这一阶段，学生主要有以下特点：一是理想信念趋于成熟，指引其奋斗目标，提供前行动力，思考境界得到提高，呈现出积极进取、勃发向上、注重自我、追求成才的状态；二是专业素养基本形成，经过较为系统、专业的学习，掌握了扎实的专业基础知识、基本原理，了解了专业知识发展的最新信息，所学知识逐渐程序化、条理化，可以活学活用，基本具备了能够适应激烈人才竞争的专业能力；三是社会化转变逐步出现，面临着不同类型就业和深造等选择，开始根据自身性格特点、专业学习确定自己的发展方向，并通过一系列自主实习实践，提前了解专业领域发展，将来从事行业工作地域、环境、收入、发展空间和职业特点等。这一阶段学生接触校园外面世界的时间增多，更多地开始考虑今后的人生发展方向，逐渐进入从校园走向社会的转变阶段。

二、学习生活的概念及特征

（一）大学新生

大学新生是指学生结束基础教育阶段学习，顺利通过普通高等学校招生全国统一考试，进入高等院校学习生活的开始阶段，通常是指大学一年级。但在基础教育和高等教育的衔接中，由于两个教育阶段的巨大差异、学习生活模式和环境的变化，使得大学新生成为大学校园中处在转型适应期的特殊青年群体。他们心中充满着对大学学习生活方方面面的好奇和疑问，在新的学习生活环境中会有各种各样的不适应，对大学的学习模式有些不知所措，不知道在新的环境中如何处理好人际关系。同时，他们还有着对大学四年如何度过及自身发展目标的迷茫和思考。也正是因为处于这个特殊的转型适应时期，大学新生对自己成长的家庭环境、日常学习生活的校园环境、所处的社会大环境的各种影响会特别敏感，其成长生态环境很大程度上影响着他们大学四年甚至更长远的成长发展。本书就是以大学新生这个特殊的群体为研究对象，对新生阶段成长发展过程中学校环境各个方面的影响因素进行深入考察和分析，同时充分考虑到家庭和社会环境因素的影响，在此基础上优化大学新生成长的环境因子及其作用机制，从而更好地促进大学新生全面健康地成长发展。

(二)大学新生学习生活的内涵

要理解大学新生学习生活治理的内涵,首先要准确定义大学新生学习生活的内涵。大学新生学习生活转变是新生教育的核心内容,为什么要转变?转向何处?如何转变?解决这些问题的前提,是科学把握大学新生学习生活的内涵。学习生活既不是学习与生活两者的简单叠加,也不是学习如何去生活,它作为生活的一种特殊表现形态,是指学生以学业活动为主要表现形式的特殊生存过程。这一特殊生存过程既是个人获得专业技能与实践经验的过程,也是个人为了实现生存需要与发展需要所进行的自觉的持续性活动的过程。在这个过程中,其核心关注点是人的全面发展,而不是所学习的知识与技能。学习生活过程是个人自觉与主动生成的过程,而不是被动去接受的过程。学习生活所需的条件囊括满足个人生存与发展需要的一切环境与资源,而不仅仅局限于学习所需要的环境与资源。学习生活体现着学生的生存与发展状态,是衡量学生发展的内在标志和价值诉求。具体而言,可以从以下几方面予以解读。一是大学新生学习生活不应只是新生作为学习者所产生的活动,而应将大学新生看作完整的生命个体,把满足其生存与发展需要作为新生教育的核心内容。不能以专业技能的学习替代大学新生学习生活的全部。学习生活内容应以大学新生发展为尺度,新生成长发展需求什么,其学习生活内容就是什么,并随着新生需求的拓展而不断丰富。二是大学新生学习生活目的比新生以往学习的目的更具广度,学习的目的在于尽快改变高中教育阶段的学习方式与习惯,完成大学各项学习任务,以提升自身专业技能、实践经验等。大学新生学习生活不仅要关注学习方式的转变及学习任务的完成,更强调其在学习过程中自觉而主动的生存与发展状态,追求其学习生活的意义与价值,以满足其提升生存与发展能力的需要。三是大学新生学习生活所需要的条件,是满足其生存和发展诉求所需要的一切资源与环境,大学新生学习生活涉及与其相关的一切利益主体或环境,不局限于高校内部的资源环境因素,拓展延伸至其所处的整体生态环境。这就要求充分考虑影响新生学习生活的校内外资源环境,协调相关主体的利益诉求,实现多元主体共同参与、合作管理大学新生学习生活,即大学新生学习生活共同治理,以取得大学新生学习生活治理的最大效能。

总体而言,大学新生学习生活是指新生以学业活动为表现形式,追求学习生活意义与价值的主动生成的过程;是实现由"学生身份"向"社会人"转变,体现着大学新生生存与发展状态的社会化的过程;是平衡大学新生与生态环境系统关系,共享生态文化与资源可持续发展的过程。

(三)大学新生学习生活的特征

1. 成长时代特征显著

大学新生的身上有着深刻的时代特征烙印,改革开放的深入、市场经济的发展、互联网的广泛应用为他们提供了更加开阔的视野。他们接触了多元化的思想和文化,又往往社会阅历浅、思想较单纯,使得大学新生价值观念呈现出多样化趋势,且总体上看还是积极健康的。

2. 情感特征比较复杂

这一阶段他们生理上已经成熟,但由于处于青年期易产生情绪波动。大多数新生情感认知的矛盾冲突不断:渴望自立而又过度依赖,渴望成才而又动力不足,憧憬未来而又面临现实困惑。理想认知与现实冲突激烈,情感波动严重,容易陷入低谷。

3. 适应过程存在一定困难

新的阶段对学习有了新的要求,新的环境带来了新的人际关系。大学新生面临全新的环境,遇到未曾经历过的问题,对他们而言是一个不小的挑战,主要表现在:新的起点与旧有成绩脱钩,不再单纯以学习成绩论成败;新的环境与原有理想脱节。部分新生发现大学并不像想象的那样,现实与期待有一定差距;新的要求与自信树立脱节;周围的同学都十分优秀,无法凸显自己的优势。特别是部分农村家庭新生,容易缺乏自信心。

三、学习生活的基本维度

(一)日常生活维度

从日常生活维度审视,大学新生生活是学生以学业活动为表现形式的特殊生存过程,学习生活质量是学生在学习生活中的生命存在状况的集中反映,是衡量学生发展的内在标志。高质量的学习生活就是让学生认识到学习的意义和价值追求,主动积极投入其中,以使自身潜能得到最大限度发挥,并在此过程中得到自由、充实、幸福的体验。随着社会生活节奏的加快,大学生也面临着来自学业、就业、人际交往、情感等多方面的压力。特别是对于大学新生而言,学习生活环境和模式的突然变化更是给他们带来了适应障碍,失眠、孤独、焦虑、迷茫等心理问题也随之而来,不知该如何处理学习生活中的一系列关系,大量自主安排的空闲时间白白浪费。大学新生应当具备环境适应、人际关系处理、自我管控等多方面综合能力,培养高尚兴趣爱好,开发创新型思维,实现个性发展,从而更好地应对学习生活中出现的各种问题,获得全面健康成长。

(二)学科专业维度

新生进入大学后,学科专业维度的学习生活主要内容包括:

(1)具备所学学科专业的基础理论知识,通过第一课堂学习获取理论知识,打下扎实的专业基础;

(2)具有所学学科专业的创新思维方式,通过基本理论知识的学习,利用学科竞赛和大创、挑战杯、“互联网+”等创新创业赛事平台,锻炼和培养创新思维方式;

(3)具有对所学学科专业未来发展方向的初步认知,学习学科专业最前沿知识,开阔专业领域视野,准确认知学科专业发展方向,更好规划自身学业和就业发展。

(三)人文素养维度

人文素养是指人所具有的人文知识和由这些知识内化成的人文精神,具体体现在人的文化品位、审美情趣、心理素质、人生态度、道德修养等。人文素养是一个人外在精神面貌和内在精神气质的综合表现,也是一个现代人文明程度的综合体现。人文素养深厚的人,兴趣广泛、心理健康、情趣高雅、感情丰富、豁达自信、谈吐文明,追求较高水平的生活和工作品位,有着十分丰富的精神世界。在当代大学生人文素养的培育中,必须借助于科学和理性的力量,培养大学生博学慎思、明辨笃行的意志和品格,认知自我,追求真理,善待自由,崇尚高雅,热爱智慧。在人文素养的培育中健全人格,在实现中国梦的奋斗中释放青春激情、追逐青春理想,以青春之我、奋斗之我,为民族复兴铺路架桥,为祖国建设添砖加瓦。同时,加强大学新生艺术实践,提高大学生艺术素养,对于培养学生的形象思维能力,提升创新思维能力,具有积极的推动作用。应重点利用好大学生艺术团、艺术鉴赏课、各类文艺晚会等第二课堂美育平台,提升大学新生艺术素养。

(四)哲学素养维度

哲学作为思辨的科学,是理论化、系统化的世界观,是自然、社会和思维等知识的概括和总结,是世界观和方法论的统一,是以特有方式把握世界的一种社会意识形式,是我们高度概括世界的普遍本质和发展的一般规律、认识和改造世界的强大思想武器。培养大学新生哲学素养,主要是指学会运用马克思主义哲学理论去指导自身实践活动,在这一实践过程中掌握获取、运用、更新知识的技巧,这对提升学生整体素养和培育人才等将发挥重要作用。

(五)社会实践维度

社会实践是大学新生学习生活的重要维度,其主要内容包括:

(1)新生通过加入团学组织和社团,开展一系列校园文化活动,进行综合素质能力提升锻炼实践;

(2)新生通过专业实习实践,加强理论知识与实践层面的结合度,培育其专业实践技能和素养,深化对理论知识的认识;

(3)新生通过参与“志愿服务”“三下乡”等各个专项社会实践项目,深入基层、深入企业、深入社会,在实践中“受教育、长才干、做贡献”。

第三节 学习生活的系统思考

一、以马克思人学理论指导大学新生成长发展教育

(一)环境创造人

法国唯物主义者认为不同环境造就人的不同,人的差别是后天教育和环境导致的,环境能够决定人。这些观念为马克思主义人与环境关系思想打下了唯物论基础。马克思承继了法国唯物主义者的思想,认为教育和环境对人的生存和发展变化有着重要影响,肯定了环境对人的改变作用。人生存和发展的过程实质上是不断开展社会实践的过程,环境对社会实践活动产生制约,因而环境会以社会实践的方式改变人。一方水土养一方人,橘生淮南为橘,生于淮北则为枳,什么样的环境就会造就什么样的人。从本质上看,教育就是创设一种成长发展的环境,给予人知识,提升人的精神品质和能力素养。教育所创设的环境制约着人的社会实践,从而改变着人的生存发展。大学新生处在一个成长发展的特殊阶段,他们在校园内外开展以学习生活为主要内容的社会实践过程中,思想和行为的多方面受到学校、家庭、社会所创设的教育环境的影响。研究大学新生成长生态系统治理,正是以环境改变人的思想为理论支点,通过分析环境要素与新生成长发展的联系和影响,进而优化环境,创设有利于新生更好成长发展的生态环境系统。

（二）人创造环境

人具有能动性和实践性，人可以通过实践活动能动地改变和创造环境。人的社会关系本质是在后天实践过程中逐步形成的，实践是社会关系形成的本源，社会是人组成的社会，因而人在本质上也是实践的。人生存和发展的过程就是实践的过程，人在能动地实践过程中改变着自己，同时也改变着环境。人可以通过能动、创造的实践活动改变社会关系环境和教育环境。人创造和改变环境这一思想，为本研究中提出通过一系列治理方法优化教育环境要素奠定了理论基础。本研究正是通过人的方式和手段治理大学新生成长生态系统，以实现促进大学新生全面健康成长发展的目标。

二、以教育生态理念指导大学新生成长发展教育

我国专家学者从生态系统理论出发对高等教育系统进行了一系列研究。贺祖斌研究认为高等教育系统除具有生态系统的一般特征外，还具有生态演替性、生态区域性、相对稳定性、自我调节性、以人为中心五个方面的特征。因此，高等教育系统可视为一个生态系统，在各种要素与生存环境相互作用下，构成一个与环境进行物质、能量、信息流动的复杂系统。该生态系统是由高等教育系统与其生态环境两个大的方面共同构成的。从本质上考察，它是一个人工生态系统，具有可控制性的特点，具体运行中具有反馈功能。大学新生成长生态系统是高等教育生态系统中的一个子系统，从以人为中心这一系统特征出发，以大学新生这一主体的成长发展为核心，综合考虑对新生成长发展产生关键影响的生态环境因素，利用该系统可控性的特征，实现该系统的平衡发展，最终促进新生全面健康成长发展。大学新生成长生态系统隶属于高等教育生态系统，也是一种人工构建的特殊生态系统，因此生态系统理论是研究大学新生成长生态系统治理的重要理论基础。

随着生态文明的深入发展，生态发展理念已经成为人们普遍认可的价值追求，高等教育作为社会系统的有机组成部分，也置身于社会发展生态潮流之中。生态学强调从整体上把握相关联的事物，作为一种科学的思维方法和跨学科研究方法，受到了高等教育研究者的广泛应用。教育即生长，大学新生成长教育作为一种教育实践活动，是高等教育的开端，也是学生新入学这个特殊阶段在高校生态系统中成长发展的生态过程。学生与周围的人和环境等诸多复杂要素互相联系和影响，通过能量、物质、信息的互动循环，在协同进化中平衡发展，从而形成了大学新生成长生态系统。

三、以教育治理理念指导大学新生成长发展教育

（一）理念

20 世纪 90 年代开始，“治理”一词在西方学术界，特别是在经济学、政治学和管理学领域非常流行。经济全球化背景下，公共治理在处理一些全球性问题和各国国内事务中发挥着日益突出的作用。詹姆斯·罗西瑙将治理定义为一系列活动领域里的管理机制，它们虽未得到正式授权，却能有效地发挥作用。治理是一种由共同目标支持的活动，其管理主体未必是政府。罗茨认为社会—控制体系的治理是政府与民间、公共部门与私人部门间的合作

及互动,自组织网络的治理是一种建立在信任与互利基础上的社会协调网络,公司管理的治理是指导、控制和监督企业运行的组织体系。全球治理委员会在其报告中就“治理”给出了较为权威的定义:治理是各种公共的或私人的个人和机构管理其共同事务的诸多方式的总和。它是能使各主体利益差异和冲突调和并联合行动的持续过程。其中既有强权下对正式制度和规则的服从,也有同意或认为符合其利益的非正式制度安排,具有过程性、协调性、多部门、持续互动四个方面的特征。概言之,治理即正式或非正式的公共管理组织在既定范围,运用公共权威维持秩序以满足公众需求,它是一种包含了公共权威、管理规则及治理方式的公共管理活动和过程。

从现代公司到大学再到基层社区,治理在其高效有序运行过程中不可或缺。大学新生成长发展过程中的影响因素非常复杂,涉及正式的组织制度及规则,即学校的教学、管理等多个行政部门以及校规校纪,同时也有诸多非正式组织规范的影响,包括各类学生社团、协会、宿舍等。仅仅依靠学生对这些制度和规则的服从无法全面覆盖学生成长发展的过程,无法满足学生成长发展的多元需求,也不能形成有利于大学新生成长发展的良性生态系统。因此,需要在大学新生成长生态系统建设过程中引入治理理论,协调利益冲突和不平衡,建立共同治理组织体系,完善共同治理机制,形成良性持续互动过程,发挥多元主体对大学新生成长发展的促进作用,满足大学新生成长发展的多样化需求。

(二)特征

自20世纪90年代,治理在学术界广受关注。联合国全球治理委员会(CGG)于1995年发表的《我们的地球伙伴》研究报告中将治理界定为:各种公共的或私人的个人和机构管理其共同事务的诸多方式的总和,是使相互冲突的或不同的利益得以调和并且采取联合行动的持续的过程。我国有学者认为治理是通过资源和要素的优化匹配,使各主体实现最佳协同合作,实现善治的共同目标——公共利益最大化。治理主要有三个方面的突出特征:一是强调参与主体多元化,除了传统的权威部门,还有更多利益相关方参与其中;二是治理的过程不是单纯的控制,而是更多强调协调与合作;三是治理的核心目标是通过协调各主体利益诉求的差异,最终实现共同的利益最大化,达到善治状态。

(三)内涵

大学新生成长生态系统治理的有三个层次的内涵:一是大学新生成长生态系统治理主体多元化。宏观层面,治理主体多元化表现为高校、家庭、社会三者都是大学新生成长生态系统的利益相关主体,在治理中均有关键作用,其中高校处于主导地位。微观层面,在高校中,大学新生成长生态系统的治理并非学生工作部门一家之事,还需要专业教师队伍、管理服务部门、学生朋辈等多元主体共同发挥作用,其中学生工作部门在多元主体中处于主导地位。二是大学新生成长生态系统治理过程需要协商与合作。大学新生成长生态系统治理需要利用多种机制有效整合协调多元主体,激发各个主体的内在潜能和活力,主动参与、积极推进,形成有效推动大学新生成长生态系统治理的合力,形成全员全过程全方位育人的局面。三是大学新生成长生态系统治理的共同目标,是建设和谐的大学新生成长生态系统,解决大学新生的成长发展问题,帮助大学新生更好地适应大学学习生活,更好地全面成长发展，提升人才培养质量，进而提升高等教育质量。

概言之，大学新生成长生态系统治理是高校学生工作部门、管理服务部门、学生朋辈以及家庭、社会等多元主体共同参与，利用协商、合作等多重机制，激发各主体潜能与积极性，形成全员全方位全过程育人合力，建设和谐的大学新生成长生态系统，有效促进大学新生全面健康成长发展。

四、以系统思维设计大学新生学习生活

大学新生学习生活是一项系统复杂的工程，需要加强顶层设计和整体谋划，以系统观念为指导，综合运用系统论、教育学、心理学、管理学、休闲学等形成"多维理论架构"，以解决大学新生迷茫与教育困惑、实现基础教育与高等教育有效衔接为出发点，在大学新生学习生活认知研究基础上，以实现大学新生成长发展愿景为目标，构建大学新生学习生活与成长发展所需要的支撑系统，探索大学新生学习生活所涉及的各系统运行机制、相互关系及其治理路径，构建大学新生学习生活全链条、系统化的成长发展体系，实现大学新生教育治理体系和治理能力现代化，探索建立特色鲜明的大学新生教育模式与发展道路(图 1-1)。

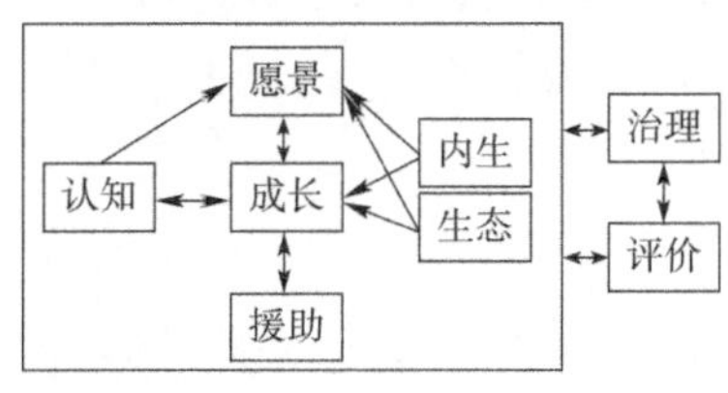

图 1-1　大学新生学习生活系统

教育者对新生的认知和新生对大学的认知，是这个系统的逻辑起点。在认知的基础上，新生才能理性地思考成长，构建起美好大学学习生活愿景；实现新生成长目标或愿景，既取决于大学新生学习生活的内生动力，也取决于学习生活的良好生态环境，内外因作用相互转化、相互促进，推动大学新生成长；新生群体存在成长需求不平衡，如何视其需要给予援助并化解困扰，是高等教育普及化背景下大学公平教育、和谐教育的重要使命，是大学新生学习生活构建不可或缺的内容；面对学习生活环境的复杂性和影响新生成长主体的多元化，好的新生教育离不开对各个要素的优化整合，大学新生学习生活治理，就是基于这个复杂系统的良好运行而实现新生学习生活的善治；大学新生的成长发展，教育方案或治理体系的运营效果，需要适时的评估检验，但是新生学习生活的复杂性需要评价多视角、柔性化，很难用一套生硬的指标加以测试。大学教育者可以根据新生学习生活的实际需要，选择合理的方式、合理的时段、合理的群体进行定性或定量评价，以促进教育治理更加切合新生的多样化健康成长。

第二章

大学新生学习生活的认知系统

大学新生学习生活认知系统是指新生对大学的认知、对自我的认知、对未来发展的认知以及大学教育者对新生全面深入的认知,并形成双向,渐进、以适应和成长为导引、共性和个性相相合的认知过程。教育者对新生的认知和新生对大学的认知,是大学新生学习生活系统的逻辑起点,是提升大学新生学习生活质量的基础。构建大学新生学习生活的认知系统,涉及认知主体、认知目标、认知依据、认知原则与认知内容等,并力求各要素共同作用于大学新生学习生活认知的全过程。

第一节　认知系统构建

伴随高等教育进入普及化阶段,绝大多数学子通过刻苦努力学习之后都能够迈入高等学校的大门。但是,高等教育与基础教育之间的衔接存在进一步完善的空间,高中和大学之间缺少很好的过渡,加之两个教育阶段在学习方式、生活模式和校园环境上的差异性,导致大学生在进入高校的初期会出现不适应性的一系列问题,这也是高校新生教育工作必要性的形成原因。针对诸多新生问题,高校必须要充分认知新生的素质能力和成长需求,有针对性地丰富教育内容,使用更加科学有效的教育方法和手段,运用更加新颖的组织形式等来开展新生教育工作。虽然新生教育是大学教育中一个长久的话题,但是长期以来新生教育并没有引起足够的重视,新生对大学的认知、新生的学习生活适应能力以及他们在成长发展上的客观需求与主观需求,作为大学的教育者所知不多,也导致了在新生教育上的投入不足。因此,构建包括新生对大学的认知、对自我的认知、对未来发展的认知以及大学教育者对新生认知在内的认知系统,对于成功的新生教育来说都十分必要。

一、认知系统的构建目标

大学新生是大学学习发展这一阶段的特殊群体,面临着身份、思维方式和价值观念变化的巨大影响。如果在这一阶段无法融入集体、适应大学的学习生活,就会给他们带来一系列的问题与困扰。高校应该把新生教育作为帮助新生“系好人生第一粒扣子”的大事统筹加强,健全新生教育工程体系,反映新生问题要迅速准确,教育实践活动要高效有序,在确定的为期一年里使新生完成从认知到适应、从适应到转变的过程,成功地跨入大学健康成长与发展的快车道。

新生教育是基础教育与高等教育之间的过渡阶段,在新生教育时期成功地构建起学生在大学期间的正确目标导向,就要从皮亚杰的认知发展阶段理论出发,准确掌握新生的能力,同时开展有针对性的工作,形成符合我国新生学习生活需要的目标。皮亚杰的认知发展阶段理论，是就个体在现有的基础上，对事物的认知和面对问题、困境时所表现的思维方式与能力，以及这种表现随着年龄的增长而改变历程的阐述。根据这一理论，新生教育工程形成以发展目标为导向，以学生个人为中心，以成果为衡量标准的一系列价值准则。其中，发展目标必须科学合理。基于大学新生阶段的重要性与大学新生学习生活的困惑，大学新生学习生活认知系统构建有三个主要目标。

(一)认知大学新生成长的规律

当代大学新生群体以00后为主，是随着我国科技、文化的迅速发展而成长起来的一代人。适应大学就是指让大学新生在较短的时间内适应学校环境、制度管理模式以及生活方式等，让他们尽快了解大学，实现从高中生到大学生、从基础教育到高等教育的转换。

适应大学主要分为环境适应、制度适应、生活适应和心理适应。环境适应就是要通过校园介绍和参观等各种方式让大学新生尽快熟悉校园环境，了解学校的布局和特色以及学校周边环境。制度适应就是通过开学典礼、班会、校规校纪教育等活动，组织学生了解大学的学籍制度、社区制度、日常管理制度、奖惩制度等，让新生充分认识到遵守制度的重要性，以便为大学生活打下基础。生活适应就是要让大学新生摆脱以往高中生活方式的束缚，了解丰富多彩的大学生活，学会合理安排课余生活，以便促进学生全面发展。心理适应就是要让大学新生从心理上接受大学这个全新的环境，避免出现焦虑、交往障碍、抑郁等心理问题。新生教育工程要通过心理辅导、新老学生交流会、心理测试等方式进行辅导。心理适应障碍的学生由心理中心专业老师或辅导员进行一对一辅导。新生教育工程要通过多种方式精准掌握新生的适应状态和适应需求，进而有针对性地施以适应援助。

(二)探索大学新生教育的规律

大学新生的成长过程可以看作是大学新生主体日益增长的成长需要与现实知识、能力、素质以及环境等客观因素的发展水平之间的矛盾运动。这种矛盾运动不断激发着大学新生成长内生动力的生成，引导、推动着大学新生明确自身的需要和动机、提升自身的专业兴趣、内化自身的理想信念及价值观。所以，大学新生不仅要注重智育方面，同时还应注重德育、体育、美育、劳育等的全面发展。

部分大学新生一入校园往往会无所适从，目标不明确，本着“我是新生可以慢慢适应”的想法无所事事。新生教育工程一方面需要转变新生观念，让大学新生开始进行自我评估与自我期待，了解自身潜在的行为能力，进而在各个水平层次上进行转化；让学生积极确认自我，适应新的环境。这里强调自我成长，从内在转化，而不仅仅是强迫的、通过外在行为的改变。鼓励阅读和钻研，养成自主性学习的习惯，将所学知识加以运用。要实现学习方式的转变，并结合实践，将知识转化为能力，转变应试教育的学习方式，提高素质教育学习能力，促进自身全面发展，进而提升综合素质。新生教育工程要做出合理的计划，以学生各项素质能力全面发展为目标，按需供给，精准施策。

(三)保障新生全面健康成长发展

大学新生成长发展过程中的影响因素非常复杂，为满足学生成长与发展独立人格需求，需将教育治理理念用以指导大学新生教育，做到教育活动主体多元、民主开放，突出新生的主体性,形成有利于大学新生独立人格成长发展的制度体系。

在新生教育中,要把培养学生独立健全的人格放在重要位置,因此让学生对自己的未来发展以及职业生涯进行规划就显得尤为重要。新生教育工程通过专题讲座、社团活动、开设职业生涯规划课程等方式,让学生学会选择,传授职业生涯规划与职业决策的基本知识与能力,引导大学新生尽快适应社会发展需求,提高选择发展的自主意识。同时,在职业生涯规划过程中可以了解社会信息、政治信息,关注社会问题,了解社会管理和社会服务状况,认清今后的机遇和挑战,逐渐形成对社会的责任感,为承担社会责任做好准备。通过大学新生入学教育,让学生养成独立人格,有独立的思考和见解,而非人云亦云;学会独立判断,去伪存真;建立独立生存意识,不依靠他人。

作为大学新生入学教育目标的组成要素,适应大学、转变观念、超越自我是相辅相成的,并共同构成了大学新生教育的认知目标。在大学新生教育目标体系中,认知是基础,适应是重点,转变是关键,养成独立人格是核心,这几个方面是密切相关的。

新生教育工程要总体围绕立德树人这一中心环节,以大学新生这一主体的成长发展为核心,以社会主义核心价值观为引领,利用新生教育系统可控性的特征,实现该系统的平衡发展,将新生教育贯穿于教育教学与学习生活全过程,促进新生全面健康成长,构建新时代高校大学新生教育工作的新格局。

二、认知系统的构建主体

思想政治教育过程要素划分和界定,是思想政治教育过程研究的重要问题。目前,虽然学术界对这一问题的研究存在一些争议,但也形成了诸多有代表性的观点。传统的四要素划分认为,思想政治教育过程是在环体(社会环境及其提供的支撑条件)的背景下,主体(教育者)通过介体(内容和方法)作用于客体(受教育者)。

但在大学新生学习生活认知教育中,应凸显“双向主体”。参与大学新生成长培育的主体是大学新生以及与大学新生成长培育密切相关的培育主体即学校和社会。但是社会主体对于新生的学习生活教育不能仅仅局限于课堂或校内,而是要从课上延伸到课外,从校内延伸到校外。与家长建立通畅的联系,赢得社会的人文关怀和充分支持。除此之外,还要给学生多创造接触社会、服务社会的志愿服务活动机会,在社会实践中促进大学新生的全面发展,而这些工作也是通过学校才能推动。因此可以认为,认知的主体主要是新生和学校两个方面。学校在充分了解学生个体的基础上,构建系统、科学的新生教育体系,更好地帮助大学新生充分认知大学与自我,适应并融入大学学习生活,从而为大学新生的整个大学生活奠定坚实基础,确立正确的成长发展方向。

(一)大学新生主体

在大学新生学习生活的教育治理中,要坚持以人为本理念,突出大学新生主体。这既包含了高校对当代大学生的人文关怀,也体现了高校对人才培养的重视和对学生主体的尊重。要有效地提高新生教育的实效性,引导和帮助大学学生健康发展和成长。

大学新生是指还没有从高中阶段环境中抽离出来的,在学习、生活和心理上暂时处于迷茫阶段,且需要得到各方面的引导和帮助的大学第一学年的学生。他们正处于高中和大学之间的过渡阶段。这个新生群体的共同特点集中体现在发展目标不明确、学习动力不足、学习方法不适应、生活方式不习惯、专业认知局限、职业选择迷失等，尤其以学习、生活和心理三个问题更为突出。

1. 学习方面

首先，在学习上的适应性困难是由于学习动机的丧失。在高中阶段的学习动机是紧紧围绕如何考上一所好的大学或在高考中取得更高的分数为主，从而能够激励自己主动学习。而在大学校园里，大部分的同学对自己所选专业不够了解，不能确定自己是否真的喜欢所选专业，这可能直接导致学习情绪低落，甚至丧失学习动机。有一部分同学由于一些其他原因，不得已选择了自己本身就不感兴趣的专业，这可能导致学习动机的直接丧失，失去了学习的兴趣，不可能会拥有一个良好的学习状态，以导致学习困难。

其次，新生学习困难的另一原因就是无计划性。我国高中阶段的教学重点主要是围绕着课堂，以老师为中心，学生时常处于被动地位。而在大学阶段，则强调的是学生需要具备良好的自我学习能力和专业技能，在学习中处于主动的地位。大学生新生还不能够很好地适应这样的学习方式，没有完成角色的转变，学习没有目的性和计划性，导致学习能力逐渐下滑。

再次，新生失去明确的学习目标。大部分新生对未来处于一种茫然状态，不明确学习的目的及自己的职业生涯规划，不知道该学什么和为什么而学。

2. 生活方面

大学新生还容易出现生活方面的适应性困难的问题。与大学里的生活不同，高中阶段的学生是以知识学习为主要生活内容。进入大学后，学生的生活除去学习之外，更多的是综合素质的锻炼，实践能力的提高，以及加强适应社会生活的能力等。所有的事情都要依靠自己解决。因此，那些自理能力较差的学生就会出现大学生活难适应的情况。

首先，日常生活环境的变化会引起大学生的不适应性。很多学生是第一次离开家乡，甚至是第一次住进集体宿舍，加上大学一年级是一个过渡性的特殊阶段，陌生的宿舍环境和校园环境都会引起身体上和心理上的不适。不同地区的学生有着不同的生活习惯，更增加了新生生活上的不适应性。

其次，大学的课程时间安排远远少于高中的课程安排，业余时间增加，并且由学生自主安排，能否合理运用课余时间就成为新生的一个难题。课余爱好的培养、实践活动的参与、学习与休息时间的合理分配等，都是新生面临的困境，这些都需要新生在学校的指导下充分了解和适应。

3. 心理方面

心理适应困难是相对比较重要的一个问题。基于立德树人的根本任务，高校首先要培养学生形成一个健康健全的人格，其次才是培养德智体美劳全面发展的社会主义建设者和接班人。大学新生的心理问题与入学前的家庭、学校、社会的过度保护，以及片面重视智育而忽视个性、品格的培养密切相关。环境的变化便引发潜在的问题。

首先，在大学新生离开父母呵护开始独立生活的时候，面临自我管理的考验。生活在一个大集体里边，很容易在生活上、心理上和学习上出现竞争甚至攀比的心理，导致学生自卑、孤独以及心理压力过大的情况。

其次，约一半的学生都来自独生子女家庭，过去一直受到家庭和学校乃至社会的精心呵护，生活中很少遭遇困难和挫折,因此,在大学生活中遇到一些困难和挫折需要自己去解决时,常常茫然不知所措。特别是对于部分心理承受能力较弱的学生来说,这种情况很容易导致心理问题。近年来,大学生自杀率逐年上升,也与新生期间这些问题没有得到妥善解决密切相关。

正是因为大学新生具有上述普遍性的特征,所以需要通过有效的新生教育,引导他们对大学的方方面面形成系统科学的认知,建立起对大学学习生活全面正确的认识,从而做到理性的适应、选择和融入。

(二)学校主体

落实立德树人根本任务、提升人才培养质量是大学的最高价值追求,人才培养质量的提高主要取决于学生的明知与主动。高校作为新生学习生活认知的另一主体,一定要全面了解学生的素质能力基础和成长发展的客观诉求,在充分认知的基础上,根据学生成长规律和教育规律,构建大学新生学习生活生态化教育方案与治理体系,引导学生尽快适应和转变。

环境创造人,大学新生处在一个成长发展的特殊阶段,他们的思想和行为的很多方面受到学校、家庭、社会所创设的环境的影响,有什么样的环境就有什么样的新生。大学新生对学习、发展、社会的认识以及他们的素质能力基础,都是社会环境的映射。所以,好的新生治理需要从人与环境的关系出发,了解认知环境给予了人什么,人对环境的认识是什么,根据人创造环境的理念,利用大学新生学习生活环境具有一定可控性的特点,改善大学新生学习生活环境,构建良好的新生成长生态系统。

美国心理学家马斯洛认为,人的需求像阶梯一样由低到高,自我实现的需要是最高等级的需要。满足这种需要就要充分地发挥自己的潜在能力。所以,学校要帮助新生充分认知自我,适时地对自我做出评价,积极地探测自身的发展潜力和短板,开新补缺,发挥自身的创造性,以达到自我实现的需要。

新生与学校都是大学新生认知系统的主体,两个主体之间相互联系、相互影响。新生教育就是要激活新生、学校之间的联系,形成共治格局,以保证新生学习生活教育治理的成效最大化。同时,新生教育要优化主体功能,以新生主体为中心,并最大限度地发挥学校主体的作用,优化大学新生的治理系统,不断深化双向认知。

三、认知系统的构建原则

皮亚杰的认知发展理论提出,认知发展是在个体自出生后,在适应环境的活动中对事物的认知及面对问题情境时的思维方式和能力表现。将这个理论运用于大学新生的教育工作当中,可以理解为大学新生出现一系列的不适应大学生活问题的原因,是由于随着自身的成长,在面对新的问题情境时没有呈现出更加成熟的思维方式以及作出与此相适应的能力表现。根据大学新生成长发展的自身特点和学校教育引导过程的特点,认知系统的构建需要把握双向性认知、渐进性认知、适应与成长导引、共性与个性相结合四个基本原则。

(一)双向性认知原则

大学新生学习生活认知系统的构建包含两个向度:一是新生对大学的认知,包括对大学学习、专业发展、成长目标、生活交往等各个方面的认知;二是大学或教育者对新生的认知,包括对新生的思想素质、理想信念、学习能力、创新素质、人际沟通能力、领导能力、身心健康等方面素质能力水平的基本评价,以及新生对大学能够给自身素质能力提升方面的期待与需求。认知系统构建过程中,二者相辅相成、缺一不可。只有深入了解新生对大学的认知,才能准确掌握新生成长发展需求及对大学学习生活的认知偏差,以提供更精准的教育引导,进而实现正确的认知。只有较为精准地掌握新生各方面素质能力的水平,才能进行有针对性的教育供给,以实现新生成长发展的美好愿景。

(二)渐进性认知原则

大学新生学习生活认知系统构建过程中需要把握渐进性原则,即新生对学习生活的认知是一个动态变化调整的过程,是一个由浅入深、由表及里的循序渐进的发展过程。例如新生结束高考后认知的大学应当是自由、轻松的学习状态,然而,进入大学学习后就会发现,面临着比高中阶段更加繁重的学习任务,大学一节课的课堂容量远大于高中,对学业要求也非常严格,这就是他们认知的渐进性变化过程。同样的道理,大学或教育者对学生素质能力的认知也是一个渐进性发展变化的过程,因为随着大学开展的专业教育、新生教育等一系列多维度教育资源供给,以及新生自身的自然成长发展,新生的素质能力会发生阶段性的变化。

(三)适应与成长导引原则

大学新生学习生活认知系统的构建始终是围绕着适应与成长发展开展的,必须坚持适应与成长导引原则。从新生认知大学学习生活的角度理解,认知是为了更好的适应,以取得更好的成长发展。从大学或教育者认知新生素质能力水平的角度理解,把握不同阶段新生的素质能力水平状况,是为了精准掌握新生素质能力水平与教育供给之间的关系,从而通过调整,实现科学供给,以帮助新生更好更快地适应大学学习生活,实现更高的素质能力增值,全面健康成长发展。认知系统的构建要紧密围绕着如何帮助新生更快地适应和成长,适应和成长始终指导认知活动的开展。

(四)共性与个性结合原则

大学新生学习生活认知系统构建过程中,需要把握共性与个性相结合的原则。大学新生作为一个群体,在学习生活和成长发展过程中既有一些共同的困惑和迷茫,又有一些个体独有的困惑和迷茫;既有一些普遍性的特点和需求,又有一些个体化的特点和需求。这就要求我们在认知系统构建过程中充分认识到共性与个性的关系——共性寓于个性之中,个性是共性的融入和延伸。只有充分把握二者密不可分的关系,才能形成全面科学合理的认知系统。同样,共性与个性结合的认知系统构建原则也给我们开展新生教育提供了指导,既要做好普遍性的漫灌,同时还要做好精准化的喷灌。

四、认知系统的构建依据

(一)新时代高等教育人才培养的目标要求

习近平总书记在2018年9月召开的全国教育大会上指出,以凝聚人心、完善人格、开发人力、培育人才、造福人民为工作目标,培养德智体美劳全面发展的社会主义建设者和接班人。[1] 根据这一教育目标，我们着力构建一套覆盖德智体美劳各方面素质能力的指标体系，通过测量新生的各项素质能力得出赋值，根据各项能力赋值高低，掌握新生的整体素质情况，分析得出科学、客观的新生受教育需求，最终通过新生教育的精准施策，实现学生素质能力的增量。

1. 德育教育

早在《中共中央关于进一步加强和改进学校德育工作的若干意见》及《中国普通高等学校德育大纲》等系列重要文件的相继发布过程中，德育教育在高等教育中的重要地位便已得以体现。

德育教育不能狭义地理解为促进学生道德发展的道德教育，实质意义上的德育教育是在道德教育的同时，对学生进行思想、政治、法律和心理健康等各方面的培养提高。思想教育是培养学生形成一定的世界观、人生观、价值观；政治教育是培养学生增强政治观念、政治信念和政治信仰；法律教育是为学生普及法律常识，增强法律意识，促进知法、懂法、守法；心理健康教育是培养学生良好的心理素质，促进其身心和谐健康发展。

德育教育是高等教育工作的重要组成部分，与智育、体育、美育、劳育等相互联系，彼此渗透，密切协调，对学生健康成长成才和学校教育工作具有重要的导向、动力和保障作用。其基本任务是把学生培养成为热爱祖国、遵纪守法，具有社会公德和文明行为习惯的公民，进而成为报效祖国、积极进取、诚实守信、敬业乐群、具有社会责任感和创业精神的高素质劳动者。重视及优化德育教育，不仅能够帮助学生端正学习生活态度，强化社会法律思想，促进学生自身的全面发展，更有利于高校学风建设的有效推进，为教育工作营造积极向上的校园氛围。

然而，当前高等学校中的德育教育，或多或少地存在德育课程开发和学科德育渗透性不强，德育的实践教育偏少，德育方法缺乏创新等问题。与此同时，在现实生活中，品德的发展，世界观、人生观的形成，政治觉悟的提高，法律意识的增强，心理健康的实现等培养目标都各自属于不同层面的问题，实现过程和机制是不一致的。同时，由于时代环境以及个体的差异，这些素质能力在新生群体中呈现出全然不同的发展程度。

所以，在高校中进行的德育教育，不能以一成不变的手段和方法，通过模式化途径和程序，遵循固有的原则开展，而应该做到以人为本，贴近实际，切实满足学生的需求，将德育教育落到实处，讲求实际效果，克服形式主义倾向，真正实现为文化素质教育的深入开展提供内在的精神动力和前提保障。

因此，在我们设计的这一套量表中，设置了相应的板块以及各板块下的具体问题，对学生在德育，即思想、政治、道德、法律、心理健康各方面的综合素质水平进行赋值评估，用以综合评析现阶段学生的德育教育短板与需求，制定因生施教的德育模式与途径。

例如，对于社会及国家责任、国际视野等维度的自我评估，意在了解学生是否关心了解社会及国际时事，是否对社会有正确的认识，且是否具备一定的公德心并关心国家的发展，是否具有广阔、全面的国际视野。这里面不仅涵盖了对学生法律认识的判断，还有对政治意识的界定。

而对于适应力、沟通能力、人际技巧以及身心健康等维度的自我评估，则是为了掌握学生是

[1] 《习近平在全国教育大会上强调　坚持中国特色社会主义教育发展道路　培养德智体美劳全面发展的社会主义建设者和接班人》，《人民日报》，2018 年 9 月 11 日 01 版。

否具备良好、稳定的心理状态以及一定程度的群体技能，对环境是否具备相应的适应和协调能力。

通过以上各项维度的赋值评估，我们可以对学生的德育综合素质水平有一个科学、客观的认识，并在此基础上，与时俱进地制定满足学生具体需求、切实补足短板的教育方案，并与现代化的教学手段相结合，给予学生更多的启发式教学和体验式培养。

同时，学生道德素质、思想意识等方面的形成与提高是一个循序渐进、潜移默化的过程，因此德育教育不能局限于短期内的新生教育，而应该作为贯穿整个高等教育过程中的重要组成部分，与智育、体育、美育、劳育各个方面相互融合，彼此贯通，形成全方位育人、全过程育人、全员育人的德育格局，提升高校德育教育质量，共同促进学生综合素质的全面发展。

2. 智育教育

智育教育是教育者通过一定的方法创建特定的情境，有计划、有目的、有组织地提升教育对象的智力的一种教育形式。智力可以表现为观察力、记忆力、思维能力、想象能力、创新能力等各种认识方面能力的综合，也可以理解为一种系统处理和加工信息的综合心理能力。智育的主要内容是传授知识、发展技能及培养自主性和创造性。

在高等教育中，智育体现为对学生进行科学技能和知识文化的教育，启迪他们的智慧与思想，提高其文化素质水平及专业技能应用能力，引导学生提高创造性思维水平，使其具备科学的头脑、专业的知识以及服务社会的能力。

智育教育在高等教育体系中占据关键地位，其教育目标与社会人才需求、科学技术发展相匹配。从某种意义上说，智育是德育、体育、美育、劳育等各范畴教育的基础，只有学生具备一定的知识基础和文化素养，才能真正理解与吸收各方面教育的内容，将外在的要求内化为价值观念与判断，并将其作为自身思想的尺度与行为的准则。

《中共中央、国务院关于深化教育改革，全面推进素质教育的决定》这一纲领性文件中就曾指出："智育工作要转变教育观念，改革人才培养模式，积极实行启发式和讨论式教学，激发学生独立思考和创新的意识，切实提高教学质量。要让学生感受、理解知识产生和发展的过程，培养学生的科学精神和创新思维习惯，重视培养学生收集处理信息的能力、获取新知识的能力、分析和解决问题的能力、语言文字表达能力以及团结协作和社会活动的能力。"这一文件精神至今仍对高校推进智育教育体系的构建与完善具有重要的指导性意义，是高等教育过程中开展智育工作的最终目标。

当代智育发展的困境一部分体现在与德育、体育等方面的模糊与冲突。智育虽与德育等其他方面的教育内容间存在相互协调与融合的关系，但正确厘清它们具体的内涵与彼此之间的界限仍是十分必要的。必须清楚认识到它们各自对于学生不同层面的素质发展具备的独特作用，以及它们之间彼此促进的内在联系，才能在构建教育体系时对各方面给予应有的重视，不厚此薄彼或简单地用部分来取代整体，而是注重对学生进行全面、综合的培养。

智育教育面临的一大问题是存在狭隘的教育目标与单一化、程序化的教育模式，未能真正做到针对学生因材施教，同德育素质水平一样，学生的知识、技能掌握程度以及成长发展目标也受时代背景、社会环境、个体学习领悟能力等各因素差异的影响，在不同群体中呈现不同的受教育需求。

《大学新生成长发展自我评估量表》选取了自主学习、解决问题、目标实现、创新思维等几个主要方面让学生进行自我评估。

自主学习能力主要体现在学生是否具有主动学习的意识并自主创造学习的机会、能否分析总结自身的劣势并加以规避弥补、是否乐于学习并能结合自身实际选择合适的学习方案等方面。这一维度的调查,意在了解学生更适宜主动型或被动型的学习模式,其学习方面需以何种途径提高。

解决问题能力是为了掌握学生能否准确地识别问题的性质,制定并执行策略解决问题,判断我们是否在对学生进行实践性教学方面有所缺失。

目标实现能力是评估学生能否主动掌握并调整自身的心理与行为以达到预期计划与目标的自我实现,其不仅体现了学生知识技能文化水平,也反映了学生的心理素质与行为能力。

创新思维能力反映学生能否发现新角度、新构思、新方法,体现学生的创新精神与创造能力,同时也反映了学生知识面的广度与思维的活跃性。

通过这些维度的赋值评估,我们可以了解学生在智慧水平素质上的综合水平与短板,在重视智育教育的基础上,结合学生实际的学习需要,进行学习方法、学习能力的指导与提高,创新、改进教育方式,优化智育结构。

3. 体育教育

体育教育是指以身体与智力活动为基本手段,根据人体生长发育、技能形成和机能提高等规律,达到促进全面发育、提高身体素质与全面教育水平、增强体质与提高运动能力、改善生活方式与提高生活质量的一种有意识、有目的、有组织的社会活动。

高等教育中的体育教育既不是一般的体育锻炼,也不同于竞技体育训练。学校体育具有一定的集体性、纪律性,比一般的体育锻炼更为系统、全面。其首要目标是促进学生体质和技能的提高,以学习掌握运动知识、技能为手段,侧重最基本的运动知识、技能和技巧的传授,突出教育性。

《中共中央、国务院关于深化教育改革,全面推进素质教育的决定》中指出,体育教育的目标是:"使学生掌握基本的运动技能,养成坚持锻炼身体的良好习惯……培养学生的竞争意识、合作精神和坚强毅力……培养学生的良好卫生习惯,了解科学营养知识。"这是高校开展体育教育工作的指导方向。

高等教育是培养高素质人才的重要阵地,而强健的体魄是高素质人才的必备条件之一,因此体育教育是人才的培养过程中不可或缺的重要环节,也是进行高等教育的重要手段。

体育活动不仅能够使人掌握必要的体育技能,还能使人形成健康的生活方式,达到增强体质的目的,并且对德育、智育等方面的发展起着积极的促进作用。

同时,大学体育能培养大学生的进取意识和竞争精神,还能锻炼其迎难而上、灵活多变、勇敢坚毅的精神品质,提高大学生遵守规则、适应环境、团结协作的意识能力,使体育发挥真正的作用,成为培养人才的基石,并能充分挖掘体育对德育、智育的人文价值。

近年来,随着教育改革的不断深化与素质教育的全面推进,高等教育中体育教育的发展取得了很大的进展,校园中的体育场馆、设施建设完善,体育课程、训练水平持续提高,课外体育活动形式更为丰富,体育师资队伍不断加强。然而,我们要清晰地认识到,体育教育仍需要在高校教育中进一步加强。同时,新时代经济、政治、文化、科技的发展,也对新时代人才素质提出了新的要求。

我们通过身心健康这一维度对学生的身体素质进行评估,了解他们是否具有规律的作息和锻炼习惯,是否拥有健康的体魄并保持充沛的精力投入学习与生活。在此基础上,针对体育教育中的突出问题,寻求教育方式的改革与创新。

要充分认识到体育工作对学生全面发展的重要意义,在结合学生实际需求的情况下,切实加强体育教育,完善对体育教育的领导与管理,大力推进体育课程改革,重视建设师资队伍,广泛开展学生课外体育活动,努力提高学生的体育素质水平,为学生提升科学文化素养打下良好的身体基础与精神基础。

4. 美育教育

美育教育即审美教育,是通过传授审美观念与审美经验,培养审美能力与立美能力的教育形式。其目的是以丰富的直观性体验使学生心灵在感受形式、领悟意义和体察价值的过程中,潜移默化地实现情感与理性的沟通和价值的取舍。其潜在功能是为其他教育形式的作用发挥提供前提条件,将人生理想的树立、品格的塑造与审美教育相结合,以此促进道德培养、智力发展、体质提升、实践能力加强,从而实现各种能力全面、协调、和谐发展,最终促进人格的完善。

当代高等教育中的美育,是为培养学生心灵美和行为美,促进学生综合素质的提升而服务的。它广泛而深入地影响着学生的情感、思想、意志和品质,以多样化的形式丰富学生的精神文化生活,提升学生的情感体验,培养学生高尚的道德情操与人生追求,帮助学生提高对善与恶、美与丑等的鉴别能力,既含有对自然现象的审美与认识,又包括对社会现状的理解与判断。

可以说,美育对学生的教育影响是深入而长远的,而其重要性却与现实中受关注程度不相匹配。大学生普遍缺乏对美育的正确理解与认识,将其简单地与艺术、美术相对等。同时,大学生审美能力缺失、审美观念偏颇等现象,也反映出部分高校中美育工作的相对薄弱。就当前的高等教育而言,美育教育的开展大多以设置通识教育及选修课程为途径。部分高校在实施过程中存在着课程种类单一、教学形式创新不足、实践锻炼较少等问题,导致学生在此方面学习兴趣较低、学习空间不足、学习成效有限等,使得现实中美育对于育人的作用难以充分发挥。

现代社会对经济增长及效率提高的追求对文化环境带来冲击,社会中的一些负面因素及扭曲的价值观念对学生造成了一定的影响。同时,由于地区间基础教育水平的差异以及家庭氛围环境的潜移默化,造成学生在基础知识、欣赏能力、审美情趣上差距较大。因此,客观掌握学生的实际情况与需求,是改进美育工作的必经之路。

本书在《大学新生成长发展自我评估量表》中设置文化欣赏这一评估范畴,了解学生是否懂得欣赏、品鉴各类文化表现形式,具备审美能力与客观的审美观念。同时,结合其他方面对学生道德素质、判断能力与人生追求的考察,综合评析学生在美育方面的素质能力,探索开展更为有效且贴合需求的美育工作的实现途径。

要将美育与学科教育紧密联系,使之渗透于校园文化活动当中,培养新观念、寻找新思路、开展新举措,遵循美育特点,弘扬美育精神,以美立德,以美树人,以美储善,以美启真,以美养性,以美怡情,以美治言,以美导行,充分发挥美育的育人功能和教化作用,促进学生的高素质发展。

5. 劳动教育

劳动教育是使学生树立正确的劳动观点和劳动态度,热爱劳动和劳动人民,养成劳动习惯的教育,是德智体美劳全面发展的主要内容之一。

教育与劳动生产相结合是马克思主义教育思想中一项重要观点，也是我国教育方针中的重要内容。

在高等教育中开展的劳动教育，重点并不在于学生能取得何等的劳动成果，而是在于学生在实践过程中的参与性，培养学生树立正确的劳动观念与态度，尊重劳动人民与劳动成果，培养勤于实践、身体力行的求真精神。开展劳动教育的核心，并非劳动技能的培养，而是一种内化于心、外化于行的价值观培育。

在劳动实践的不断锤炼中，有利于思想品德的培养提升，也会对脑力劳动即科学知识的吸收学习起到指引和促进作用，同时劳动有利于锻炼身体素质，塑造强健体魄，以及加强对美的不同形式的认识，增加创造的多样性，因此劳育对德育、智育、体育、美育等方面同样能起到积极的促进作用。

在实现德育、智育、体育、美育、劳育“五位一体”的统筹教育发展过程中，各教育部门及学校都对劳动教育如何适应新形势变化，融入高等教育体系，发挥其作用作出了积极的探索，但校园中的劳动教育困境仍然存在。

当前，部分高校中轻视劳动、不会劳动、不珍惜劳动成果的现象仍比较普遍，而校园中却普遍缺乏作为独立课程形态的劳动技能课和相关的劳动实践活动，缺乏对于劳动意识方面的系统性教育。尽管随着时代的发展，对大学生的劳动素质要求更多地体现在劳动观念与实践能力方面，但劳育依旧需要具体的相关活动作为载体。

开展劳动教育工作，要在为学生提供劳动实践活动的基础之上，培养其动手实践能力，树立劳动和实践意识，促进其劳动素质和实践精神的提升。

（二）中国学生发展核心素养培育的要求

2016 年 9 月，教育部委托北京师范大学，联合国内高校近百位专家成立课题组，历时 3 年完成的《中国学生发展核心素养》研究成果发布。核心素养以培养“全面发展的人”为核心，分为文化基础、自主发展、社会参与三个方面（图 2-1），综合表现为人文底蕴、科学精神、责任担当、实践创新、学会学习、健康生活、六大素养（图 2-2）。表 2-1 详细展示了具体细化后的诸如国家认同等 18 个基本要点，明确学生应具备的必备品格和关键能力，从中观层面深入回答“立什么德、树什么人”的根本问题，引领课程改革和育人模式变革。

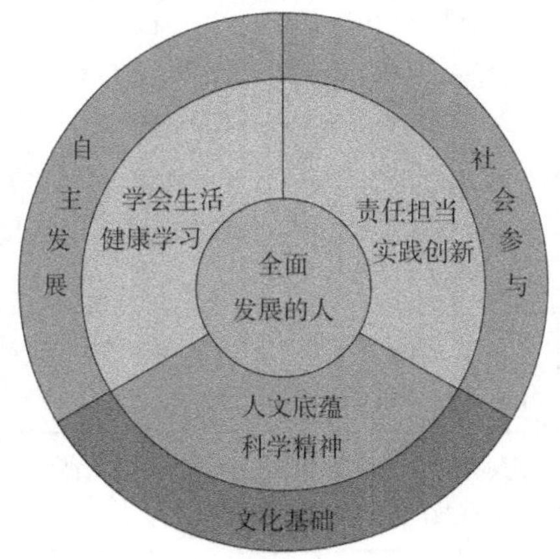

图 2-1　中国学生发展核心素养框架

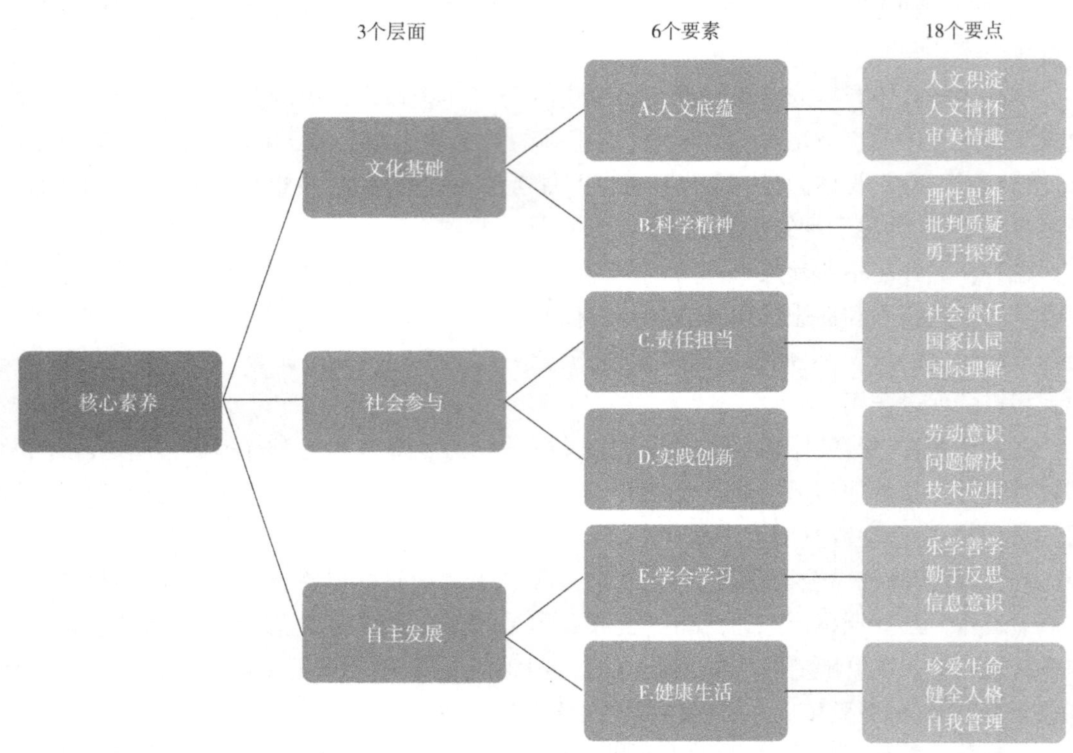

图 2-2 中国学生发展核心素养的 18 个要点

中国学生发展核心素养的 18 个要点释义　　表 2-1

一级指标（3 个层面）	二级指标（6 个要素）	三级指标（18 个要点）	三级指标释义
文化基础	人文底蕴	人文积淀	具有古今中外人文领域基本知识和成果的积累；能理解和掌握人文思想中所蕴含的认识方法和实践方法等
		人文情怀	具有以人为本的意识，尊重、维护人的尊严和价值；能关切人的生存、发展和幸福等
		审美情趣	具有艺术知识、技能与方法的积累；能理解和尊重文化艺术的多样性，具有发现、感知、欣赏、评价美的意识和基本能力；具有健康的审美价值取向；具有艺术表达和创意表现的兴趣和意识，能在生活中拓展和升华美等
	科学精神	理性思维	崇尚真知，能理解和掌握基本的科学原理和方法；尊重事实和证据，有实证意识和严谨的求知态度；逻辑清晰，能运用科学的思维方式认识事物、解决问题、指导行为等
		批判质疑	具有问题意识；能独立思考、独立判断；思维缜密，能多角度、辩证地分析问题，做出选择和决定等
		勇于探究	具有好奇心和想象力；能不畏困难，有坚持不懈的探索精神；能大胆尝试，积极寻求有效的问题解决方法等

续上表

一级指标（3个层面）	二级指标（6个要素）	三级指标（18个要点）	三级指标释义
社会参与	责任担当	社会责任	自尊自律，文明礼貌，诚信友善，宽和待人；孝亲敬长，有感恩之心；热心公益和志愿服务，敬业奉献，具有团队意识和互助精神；能主动作为，履职尽责，对自我和他人负责；能明辨是非，具有规则与法治意识，积极履行公民义务，理性行使公民权利；崇尚自由平等，能维护社会公平正义；热爱并尊重自然，具有绿色生活方式和可持续发展理念及行动等
		国家认同	具有国家意识，了解国情历史，认同国民身份，能自觉捍卫国家主权、尊严和利益；具有文化自信，尊重中华民族的优秀文明成果，能传播弘扬中华优秀传统文化和社会主义先进文化；了解中国共产党的历史和光荣传统，具有热爱党、拥护党的意识和行动；理解、接受并自觉践行社会主义核心价值观，具有中国特色社会主义共同理想，有为实现中华民族伟大复兴中国梦而不懈奋斗的信念和行动
		国际理解	具有全球意识和开放的心态，了解人类文明进程和世界发展动态；能尊重世界多元文化的多样性和差异性，积极参与跨文化交流；关注人类面临的全球性挑战，理解人类命运共同体的内涵与价值等
	实践创新	劳动意识	尊重劳动，具有积极的劳动态度和良好的劳动习惯；具有动手操作能力，掌握一定的劳动技能；在主动参加的家务劳动、生产劳动、公益活动和社会实践中，具有改进和创新劳动方式、提高劳动效率的意识；具有通过诚实合法劳动创造成功生活的意识和行动等
		问题解决	善于发现和提出问题，有解决问题的兴趣和热情；能依据特定情境和具体条件，选择制订合理的解决方案；具有在复杂环境中行动的能力等
		技术应用	理解技术与人类文明的有机联系，具有学习掌握技术的兴趣和意愿；具有工程思维，能将创意和方案转化为有形物品或对已有物品进行改进与优化等
自主发展	学会学习	乐学善学	能正确认识和理解学习的价值，具有积极的学习态度和浓厚的学习兴趣；能养成良好的学习习惯，掌握适合自身的学习方法；能自主学习，具有终身学习的意识和能力等
		勤于反思	具有对自己的学习状态进行审视的意识和习惯，善于总结经验；能够根据不同情境和自身实际，选择或调整学习策略和方法等
		信息意识	能自觉、有效地获取、评估、鉴别、使用信息；具有数字化生存能力，主动适应“互联网＋”等社会信息化发展趋势；具有网络伦理道德与信息安全意识等
	健康生活	珍爱生命	理解生命意义和人生价值；具有安全意识与自我保护能力；掌握适合自身的运动方法和技能，养成健康文明的行为习惯和生活方式等
		健全人格	具有积极的心理品质，自信自爱，坚韧乐观；有自制力，能调节和管理自己的情绪，具有抗挫折能力等
		自我管理	能正确认识与评估自我；依据自身个性和潜质选择适合的发展方向；合理分配和使用时间与精力；具有达成目标的持续行动力等

第二节 认知系统内容

认知系统内容涉及大学新生主体和高校主体双向互动认知，即学生通过新生教育认知大学,大学通过相关的大数据可以总结判断出新生较为薄弱的环节即需要提升的素质能力,掌握新生存在的共性问题和个性需求,(对应的就是新生对大学教育的期待)。

一、认知大学:新生教育工程

新生学习生活认知教育是高校新生教育工作的逻辑起点。新生对大学的认知不可能通过一个自然而然的过程得以实现,需要大学做出科学系统的教育安排。根据认知原则,新生认知大学是一个动态发展的渐进过程,且受新生适应需要与成长需要的导引,呈现出共性与个性结合的复杂状态。认知、适应、转变构成了大学新生教育体系,我们可以称之为“新生教育工程”。

按照长安大学多年的工作实践,新生教育工程设置为六个板块,即入学适应性教育、素质养成教育、专业学科与职业认知教育、学务指导与学风教育、奖励与资助教育、成长与发展教育。这些板块的实施都是从认知开始,或者说认知是首要且重要的内容。

(一)入学适应性教育

开展入学适应教育,主要是帮助新生认知并适应大学环境的各方面,包括学校内外地理环境、学校的各项规章制度、学校内部系统及运行机制、学科体系及校园文化等。教育活动主要有环境认知适应教育、生活认知适应教育、学习模式认知适应教育、集体生活认知与适应教育、校史校情教育、法制与安全教育、形势政策教育等。

(二)素质养成教育

素质养成教育,主要是帮助新生认识并养成良好的行为习惯和绿色生活方式,包括认知并认同校规校纪、社区与宿舍规范、文明行为要求、学习规律、集体观念、一日生活制度、早操和晚点名等良好学习生活养成的意义及其学校的具体要求。教育活动主要有大学新生军训、军训成果巩固教育、新生校规校纪教育月活动、宿舍文明公约与文明宿舍创建教育、社区文化与行为规范教育、学习时间规划与学习习惯养成教育、集体主义观念教育、一日生活制度教育(指从早晨起床到晚上就寝的一天生活如何有序安排)、大学生形象设计和文明言行教育、民族团结进步教育等。

(三)专业学科与职业认知教育

专业学科与职业认知教育,主要是帮助学生正确地认识所学专业,包括专业形成历史和发展趋势以及与其他专业的关系,所学专业对应的职业以及这些职业的分布行业、企事业,职业、行业、企业对从业者素质能力的要求等。通过专业学科认知教育,加深新生对专业及其职业的了解,培养他们的专业兴趣,巩固他们的专业思想,唤起他们对职业素质的思考。进而帮助新生规划职业方向,使新生了解应对未来社会的挑战应在知识、技能、素质等方面做好那些准备,使新生的成才方向和阶段性目标更加明晰,为其以后的职业生涯奠定基础。教育活动主要有学科专业认识教育、未来职业认知教育、行业企事业认知教育、自我认知教育、职业选择教育、职业精神教育、素质拓展教育等。

(四)学务指导与学风教育

学务指导与学风教育,主要是帮助新生认知并认同适应大学的人才培养模式、课程结构与课程意义、学习方法、实践性教学途径实施方法、课外学习、阶段性学业考核方式、考试制度与考风考纪、毕业条件与考核、学风教风建设等。主要教育活动包括学习制度教育、学籍管理制度教育、课程模块和选课指导教育、专业知识与专业技能学习指导教育、学业指导与学习方法教育、学业困难帮扶、诚信考试教育、考风考纪教育、课外文化素质教育等。

(五)奖励与资助教育

奖励与资助教育,是为了帮助新生全面认知国家奖助学金制度政策及其实施办法、学校学生奖惩制度和资助体系以及社会各类奖助学金设置宗旨及其实施办法。通过全面认知,明确努力方向目标,增强自我约束意识,激励新生按照评优奖励要求积极进取。主要教育活动包括奖励制度教育、家庭经济困难学生精准识别体系教育、资助制度教育、国家助学贷款和其他资助项目实施办法教育、助后管理教育、心理健康教育与咨询、少数民族学生成长发展支持计划教育、诚信教育、自立自强教育以及感恩教育等。

(六)成长与发展教育

成长与发展教育,主要是帮助新生认知大学的人才培养目标和宗旨、大学成长发展的路径和机遇、学校各类组织特别是学生社团组织的价值和育人意义以及社会用人制度和人才选拔机制,选择并制定自身成长发展规划,努力使新生避免成长过程的盲点误区,少走弯路,根据自身条件理性选择素质拓展方向和路径,积极投入成长实践,促进全面发展。主要教育活动包括办学宗旨和人才培养目标认知教育、党团组织和各类学生组织认知教育、学生发展规划教育、新生素质拓展教育、形势与政策教育、国情与“四史”教育、典型与特殊群体培养和管理、职业生涯规划教育等。

二、认知新生:大学新生学习生活状况大数据调查

大学新生处于教育阶段转换期,也是人生发展转折的关键期。新生教育的目的就是帮助他们正确评价自我,找出客观不足和主观诉求,从而按需供给,精准施策,做到有针对性的教育供给。但是现阶段可见的新生教育成果与开展工作的效果与预期之间仍有一定的差距。基于这一困惑,我们致力于寻求一种更为科学有效的新生认知模式,而大数据的发展为新生基础素质与成长发展需求认知提供了新的方法途径。

(一)大数据调研意义

调查问卷的设计,综合考虑了与新生学习、生活、思想相关联的方方面面,结合实际情况选取了具有代表性的调查问题,致力提高问卷的科学性与有效性。

这种调研思路虽然是采用新生填写问卷的形式,但问卷通过量表的形式进行测试,通过赋值的量化评判标准,能够科学客观地展现出新生在某方面的素质能力。同时,该调查问卷涵盖个人基本信息、家庭情况、成长环境、社会责任、适应能力、沟通能力、人际技巧、团队合作等各方面信息与多项素质能力,在问卷题目方面采取选择题与问答题综合的设题形式,设置的问题较为精准、有代表性且具备评判价值,有利于准确全面了解把握新生的各项素质能力水平。

通过问卷的调查结果及总结分析,我们可以精准地把握新生个性化的教育需求,并且根

据这一综合情况为新生教育设置贴合需求、精准施策的方案，从而为新生教育工作的开展提供保障。

（二）调研对象

为了保证调研的效度及数据的准确性，根据渐进性原则，我们选取 2018 级新生作为研究对象，分阶段进行了三次调查。

第一次调研时间确定在 2018 级新生开学初期（2018 年 9 月），采用分层抽样的方法抽取长安大学 2018 级新生总量的 15% 进行调研，抽取样本量总数为 893，收回问卷 893 份，其中有效问卷 893 份，样本有效率 100%。本次调研对象全部为长安大学 2018 级新生，其中男女比例为 7.1∶2.9，分别来自陕西、甘肃、河南、山西、广西等 25 个省、自治区、直辖市，主修工学、管理学、理学、文学艺术等不同专业。

第二次调研设置在 2018 级新生第一学期末（2018 年 12 月，即新生入学 4 个月），同样采用分层抽样的方法。为提高调研结果的准确率和代表性，这一次将样本量扩大为抽取长安大学 2018 级新生总量的 25% 进行调研，样本总量为 1496，收回问卷 1461 份，其中有效问卷 1461 份，样本有效率 97.66%。本次调研对象全部为长安大学 2018 级新生，其中男女比例为 6.7∶3.3，分别来自陕西、河南、甘肃、山西、新疆、贵州等 30 个省、自治区、直辖市。

第三次调研设置在 2018 级新生第一学年末（2019 年 6 月，即新生入学 10 个月），选取了来自全国 21 所高校的学生参与调研，样本总量为 2518，收回问卷 2510 份，样本有效率为 99.72%。本次调研对象为来自武汉大学、大连理工大学、长安大学、中国石油大学、西北工业大学、广西大学等全国 21 所高校的学生，其中男女比例为 6.2∶3.8，分别来自陕西、山东、河南、河北、广西、山西等 33 个省、自治区、直辖市。

调研采用新生填写问卷的形式，以量表的形式进行测试，通过赋值的量化评判标准，能够科学客观地展现出新生在某方面的素质能力。三次调研问卷均采用量表形式围绕大学生素质能力展开，结合高等教育要培养德智体美劳全面发展的社会主义建设者和接班人的培养目标所要达到的十三项素质能力，制作《大学新生成长发展自我评估量表》，力求科学、全面地掌握大学新生的素质基础及其主客观需求，从而更精准的实施新生教育工程。

（三）调研问卷设计与指标构建

学生对自我的正确认知以及学校认知学生的个性需求都至关重要。根据认识新生成长规律、探索新生教育规律的认知目标，为及时准确反映新生知识能力素质信息，为分析治理生态系统构建问题提供相关的数据，营造良好的服务型学习环境，我们以中国学生发展核心素养为依托，着力构建一套覆盖德智体美劳各方面素质能力的指标体系。通过测量新生的各项素质能力得出赋值，根据各项能力赋值高低掌握新生的整体素质情况，分析得出科学、客观的新生受教育需求，最终通过新生教育的精准施策，实现学生素质能力的提升。

调研问卷均采用量表形式，根据德智体美劳全面发展的培养目标要求，确定 13 项素质能力指标，即文化欣赏、创新思维、解决问题、目标实现、社会及国家责任意识、国际视野、学习发展、领导才能、团队合作、适应力、身心健康、沟通能力、人际技巧，以此制作《大学新生成长发展自我评估量表》。

本量表共包括13个维度、90项具体指标,是一份可靠有效的评估工具(表2-2)。它不仅能使研究者获得全面可靠的第一手资料,也便于学生了解各项素质要求,进行自我检测,引导学生根据自身实际情况,发挥主观能动性,自发增强自己相应的素质。测试问卷所有题目均经过多次修改和校订,信度和效度良好,问卷结构完善。

13项素质能力维度与指标介绍 表2-2

一级指标	二级指标	三级指标	释 义
文化基础	人文底蕴	文化欣赏	懂得欣赏、评论各类文化表现形式,对我国文化遗产感兴趣
	科学精神	创新思维	能发掘新角度、新构思、新方法,去理解和解决日常的问题
		解决问题	能准确地去识别问题的性质,制定并执行策略去解决问题
		目标实现	能主动掌握自身的心理与行为,调整自己的动机与行动,以达到所预定的模式或目标的自我实现
社会参与	责任担当	社会及国家责任意识	对社会有正确认知,帮助有需要的人,有公德心,有感恩意识,关心国家的发展
	实践创新	国际视野	具有广阔、全面的国际眼界,懂得与不同文化背景的人士沟通,关心国际时事,具有深刻的国际眼光,能够洞悉世界风云变幻的实质,具有正确的国际视角
自主发展	学会学习	学习发展	能保持自主学习、独立学习、终身学习、全方位学习的学习精神,能不断解决好自身发展面临的各种问题,合理设计自己的成才之路,并能将学习和人生规划相结合
		领导才能	组织及维系团队朝共同目标努力,能鼓舞和影响其他成员
		团队合作	愿意分担团队中的责任,并能有效地与队员合作,一起追求共同目标
	健康生活	适应力	能够应对环境变化并与之保持平衡
		身心健康	有健康的身体和正常愉快的心态
		沟通能力	能运用语言及写作技巧与他人进行有效沟通
		人际技巧	以开放真诚的态度与他人建立关系,融入社会群体

以性别、民族、生源地、是否申请了助学贷款、家庭上一年的全年家庭总收入、中学阶段参加过各类培训、父母情况等11项个人信息为自变量,以社会及国家责任、身心健康、学习发展与自我激励等13项为因变量,运用SPSS统计软件,主要使用Spearman相关系数对13项因变量的90余项具体指标进行显著性分析和相关性分析,最后得出结论并提出建议。

三、双向认知的价值分析

(一)提升大学新生教育精准性

学校通过大学新生学习生活状况大数据调查,精准识别新生生源特征、素质能力以及成长发展需求,运用有针对性且科学有效的方法开展新生教育,增强教育供给和思想政治工作的实效。实施系统的新生教育工程,帮助新生系统化地认知大学学习生活的各个方面,避免新生对大学学习生活的误读,少走弯路,提高成长发展的效能。双向认知共同提升了新生教育的精准性。多年来,长安大学规划实施的新生教育工程,着眼于新生的正确认知、快速适应、成功转变,所积累的经验佐证了双向认知的教育价值。尤其是近年来大数据的快速发展,为科学认知提供了有力支持。借助大学新生学习生活的大数据调查，根据各项能力赋值高低掌握科学、客观的新生受教育需求，通过新生教育的精准施策，实现学生素质能力的提升，让大学新生教育工程做到按需供给、精准施策，极大地推进了大学新生学习生活教育治理的现代化。

(二)奠基高等教育质量工程

在高等教育的教与学两个方面，“学”始终是矛盾的主要方面。学生是教学或人才培养的内因，其他都是外因。再好的外因条件也必须通过内因的主动内化，才能真正发挥作用。所以，学生的主动、自觉是教育成功的关键，是提高高等教育质量的基础。如何才能使新生成为学习生活能动的主体？从基本维度上讲，关键取决于学生对大学学习生活的认识理解。一般来说，让学生充分认知大学，才能使学生主动适应、主动学习、主动融入。一个对学习生活迷茫、盲从、被动、消极的新生，注定会使新生教育不能取得成功。新生阶段的健康成长是整个大学教育的基础，九尺之台，起于垒土，通过双向认知打造出来的大学新生理性思维和积极求学态度是成功大学教育的前提，可成为高等教育质量工程坚强的奠基石。

(三)引领学生成长成才路径

大学新生在对大学培养目标、专业内涵、学习方法有了充分认知，对自我做出正确认识评价、对社会环境及其未来趋势有了一定了解，才可以客观定位自己，做出成长发展的正确判断。所以说，在认知的基础上，才能确立发展目标，制定学习规划，选择成长路径，充实和优化学习生活内容。因此，充分了解学生的思想实际和发展基础，帮助他们确立新的目标和人生理想，加强世界观、人生观和价值观教育，加强修身与成才教育，进行相应的职业生涯规划教育，让新生提前了解社会对毕业生的素质要求，引发对大学新生学习生活、人生发展、职业选择进行积极思考，引导他们根据自己的志趣和个性特点初步拟订并不断校正人生规划，离不开双向、渐进、成长导引的大学新生学习生活认知教育，便是新生教育工程教育的首要任务。

(四)启航高校思想政治教育

做好高校思想政治工作，要遵循思想政治工作规律，遵循教书育人规律，遵循学生成长规律。“三种规律”是对新形势下高校“培养什么样的人、如何培养人和为谁培养人”根本问题的方法论概括和哲学性反思，蕴含着教师主导性、学生主体性和管理科学性的辩证统一思维，体现了以学生成长为价值基点、以教书育人为重心和以思想政治工作管理科学化相统一的价值协同原理，体现了高校思想政治工作的本质要求。大学新生学习生活认知系统的构建，正是在遵从“三种规律”的基础上，基于学生成长诉求，加强各类要素支撑服务而建设的。双向认知的本质就是贴近新生实际、贴近生活、贴近学生需要。渐进认知的本质就是要因时而进、因势而新。适应成长导引就是目标导向、问题导向，共性与个性相结合，解决发展不平衡的问题。所以，构建大学新生学习生活认知系统，既符合新生教育规律，又符合思想政治教育规律，是大学思想政治教育工作的初心本意所在。

第三节　认知系统特征分析

基于调研数据，对认知系统特征进行分析。新生在进入大学初期，由于正处在基础教育与高等教育过渡的适应阶段,具有困惑、迷茫等显著特点,对大学阶段尚未形成成熟的理解与思考。在此状态下,大学新生自身对大学教育的需求的认识与总结,难免会有所误解与遗漏或出现判断不够准确的问题。因此,我们的研究思路是通过一套量表,在新生入学后分阶段全面测量新生的各项素质能力,根据被调研学生对每项素质能力下的相关问题作出的回答,以及不同的答案对应的特定赋值,通过综合计算各问题赋值,得出该项素质能力的总体水平(平均赋值高即代表此项素质能力较强,平均赋值低即代表此项素质能力较低),随即可以总结判断出每位学生较为薄弱(即需要提升)的素质能力,(对应的就是新生阶段的教育需求),最后得出具有操作性的意见和建议。

一、13 项素质能力(因变量)

将素质能力作为调查的维度,通过量表测量各项能力赋值,其中 1 表示完全不符合,5 表示完全符合,从 1 至 5 符合程度渐进,从而进行量化比较。经统计,13 项成长发展自我评估能力得分见表 2-3。

13 项成长发展自我评估能力三次调查均值对比 表 2-3

新生上课一周		新生上课一学期		新生上课一学年(仅含长安大学)	
素质能力指标	均值	素质能力指标	均值	素质能力指标	均值
社会及国家责任	4.07	社会及国家责任	4.55	社会及国家责任	4.66
身心健康	3.95	身心健康	4.33	身心健康	4.51
团队合作	3.82	团队合作	4.24	团队合作	4.28
自主学习	3.81	人际技巧	4.21	人际技巧	4.34
解决问题	3.8	解决问题	4.13	解决问题	4.34
人际技巧	3.76	自主学习	4.11	文化欣赏	4.34
目标实现	3.75	文化欣赏	4.08	自主学习	4.34
适应能力	3.73	目标实现	4.05	沟通能力	4.33
创新思维	3.67	创新思维	4.02	目标实现	4.3
文化欣赏	3.55	沟通能力	4.01	创新思维	4.28
沟通能力	3.55	适应能力	3.97	适应能力	4.26
国际视野	3.37	国际视野	3.85	国际视野	4.22
领导才能	3.32	领导才能	3.82	领导才能	4.12

从调研对比可以看出:

(1)通过近一学年的大学教育,学生各项能力均有提升。

调研群体相同,时间不同:第一次调研时间为新生入校一个月左右,正式上课一周后;第二次调研时间为新生入校四个月左右,基本已接受一学期的大学教育;第三次调研在新生入学近一年的时间(入学 10 个月)。

(2)新生的社会及国家责任意识(感恩意识)、适应能力、身心健康三项能力较强。

在三次调研中,这三项能力的均值一直是最高的。近年来高校一直注重对学生的思想政治教育,采用多种活动载体形式,注重培养他们的爱国情操和政治素养,并将其纳入学生素质形象工程的建设过程中,使学生身心健康、感恩意识、社会及国家责任感得到加强。

(3)新生虽然团队合作能力较强,但领导才能较弱。

三次调研的团队合作能力均值在13项能力中排序始终靠前,但领导能力的均值始终垫底。

(4)通过一学期的大学教育,新生在文化欣赏、人际技巧、创新思维和沟通方面的能力有明显提升。

在三次调研均值的排序中,而第三次调研中的文化欣赏、人际技巧、创新思维和沟通能力的排序较第一次和第二次调研有明显提升。这说明新生教育工作成效明显,学生获得感强。

(5)新生国际视野较弱。

该项能力的均值在三次调研中均为末尾,后期可以通过大学提供的各项平台进行精准补给。

(6)自主学习、目标实现和适应能力排序不断下降。

学生对高中到大学的学习管理环境变化仍不适应,且这种不适集中反映在学业方面。这也提醒我们对新生教育在学业方面的相关工作需要加强布局、加大力度。

(一)成长发展自我评估:社会及国家责任

从表2-4能得出以下基本结论:当代在校大学生具有高度的社会、国家责任感和诚信、感恩、自强和修身意识。这也与图2-3和图2-4所反映的情况相吻合。

成长发展自我评估的社会及国家责任分析 表2-4

题　　目	选　　项					平均分
	1	2	3	4	5	
我知道国家基本的法律并能自觉遵守	202 (8.04%)	76 (3.03%)	346 (13.78%)	528 (21.03%)	1359 (54.12%)	4.1
我了解中国社会的现状,并能客观地看待其发展成果和问题	184 (7.33%)	99 (3.94%)	468 (18.64%)	705 (28.08%)	1055 (42.02%)	3.94
我认为自己是社会的一分子,回馈社会,服务大众是我的义务	193 (7.69%)	89 (3.54%)	375 (14.93%)	649 (25.85%)	1205 (47.99%)	4.03
我能主动参加志愿活动,帮助有需要的人	192 (7.65%)	118 (4.7%)	451 (17.96%)	622 (24.77%)	1128 (44.92%)	3.95
当个人利益与国家政治、经济利益冲突时,我能够自觉维护国家、社会利益	192 (7.65%)	82 (3.27%)	370 (14.74%)	636 (25.33%)	1231 (49.02%)	4.05
在生活中,我能用实际行动来理性地表达自己的爱国情绪	193 (7.69%)	80 (3.19%)	357 (14.22%)	641 (25.53%)	1240 (49.38%)	4.06

续上表

题目	选项					平均分
	1	2	3	4	5	
我能主动通过合法的渠道给政府决策提意见和建议	224 (8.92%)	185 (7.37%)	532 (21.19%)	534 (21.27%)	1036 (41.26%)	3.79
对父母养育之恩心存感激,无论如何不好,仍能正确看待	191 (7.61%)	78 (3.11%)	304 (12.11%)	626 (24.93%)	1312 (52.25%)	4.11
小计	1571 (7.82%)	807 (4.02%)	3203 (15.94%)	4941 (24.6%)	9566 (47.62%)	4

总体分值较高,说明大学新生基本具有责任意识、国家意识,但其中"我能主动通过合法的渠道给政府决策提意见和建议"这一项均分最低,说明学生对国家献言献策政策了解不充分,或者主动性不够。

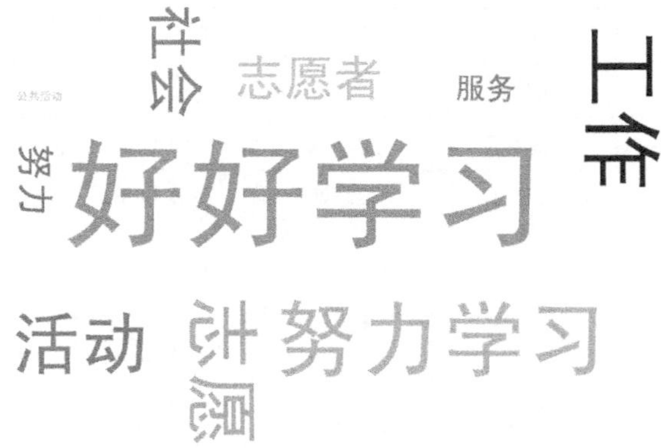

图 2-3 当问到"你会以何种方式回馈社会"学生的回答

图 2-4 当问到"你认为当代大学生如何更好地培养自强精神?"学生的回答

(二)成长发展自我评估:文化欣赏

成长发展自我评估的文化欣赏分析见表 2-5,从中可以得出的基本结论是:大学生的文化欣赏水平与家庭经济收入呈现正相关关系，即家庭经济收入较高的大学生，占有的社会资源较多，拥有更多的学习机会，能够及时掌握新的信息，重视自身精神文化水平的提升。

成长发展自我评估的文化欣赏分析 表2-5

自变量	运算结果	我了解中国的语言、传统、习惯和制度	我能够自觉保护中国传统文化遗产	我懂得欣赏中国的文艺创作、哲学著作、宗教信仰、风俗习惯、饮食器服等	我对中国传统文化有着浓厚的兴趣，并乐在其中	我掌握一定的文化专业知识，具有一定的审美能力，并能对各类文化表现形式作出较为客观的评价
你的性别是？	相关系数	0.07	0.092	0.056	0.059	0.032
	p 值	0.627	0.526	0.701	0.684	0.828
你的家乡位于？	相关系数	0.339 * *	0.295 * *	0.344 * *	0.271	0.355 * *
	p 值	0.016	0.038	0.015	0.057	0.011
你来自的省？	相关系数	-0.007	0.038	0.066	0.076	0.059
	p 值	0.961	0.793	0.648	0.599	0.683
你全家去年的全年家庭总收入处于以下哪个区间？	相关系数	0.370 * *	0.354 * *	0.412 * *	0.376 * *	0.406 * *
	p 值	0.008	0.012	0.003	0.007	0.003
你是建档立卡生吗？	相关系数	0.248	0.282 * *	0.244	0.293 * *	0.222
	p 值	0.083	0.047	0.087	0.039	0.121
你是否申请了助学贷款？	相关系数	0.300 * *	0.333 * *	0.345 * *	0.306 * *	0.279
	p 值	0.034	0.018	0.014	0.031	0.05
高中阶段，你是否参加过各类型的兴趣班？	相关系数	0.321 * *	0.302 * *	0.362 * *	0.398 * *	0.340 * *
	p 值	0.023	0.033	0.01	0.004	0.016
你父亲母亲是否健在？	相关系数	-0.019	-0.04	-0.024	-0.056	-0.013
	p 值	0.898	0.783	0.869	0.698	0.927
你父亲母亲是否离异？	相关系数	-0.027	-0.009	-0.024	0.009	-0.029
	p 值	0.855	0.951	0.866	0.951	0.842

注：$*p<0.05$；$**p<0.01$。

（三）成长发展自我评估：创新思维

成长发展自我评估的创新思维分析见表2-6，从中可以得出的基本结论是：大学生的创新思维与全年家庭总收入处于以下哪个区间这一变量，具有显著的正相关性。

成长发展自我评估的创新思维分析 表 2-6

自变量	运算结果	在解决问题的时候，我总是愿意从多个维度来思考，并享受这个过程	我总是能用打破常规的思路去解决一些常规问题	我喜欢观察生活，对周围的事物充满了好奇感，并愿意主动动手去解决日常生活中的问题	我敢于，并能对权威性的观点提出疑问	我认为创新必须具有广博的知识基础，在平时学习生活中我乐于去涉猎各方面的知识
你的性别是？	相关系数	-0.022	0.025	0.019	0	0.034
	p 值	0.877	0.861	0.894	1	0.813
你的家乡位于？	相关系数	0.252	0.289 * *	0.221	0.290 * *	0.193
	p 值	0.077	0.042	0.123	0.041	0.179
你来自的省？	相关系数	0.117	0.02	0.073	0.079	0.072
	p 值	0.42	0.893	0.615	0.588	0.621
你家去年的全年家庭总收入处于以下哪个区间？	相关系数	0.398 * *	0.394 * *	0.408 * *	0.443 * *	0.402 * *
	p 值	0.004	0.005	0.003	0.001	0.004
你是建档立卡生吗？	相关系数	0.165	0.177	0.181	0.151	0.202
	p 值	0.251	0.219	0.209	0.294	0.159
你是否申请了助学贷款？	相关系数	0.339 * *	0.265	0.297 * *	0.263	0.232
	p 值	0.016	0.063	0.036	0.065	0.104
你父亲母亲是否健在？	相关系数	-0.108	-0.093	-0.119	-0.074	-0.108
	p 值	0.454	0.521	0.411	0.612	0.455
你父亲母亲是否离异？	相关系数	0.11	0.097	0.119	0.079	0.106
	p 值	0.446	0.501	0.41	0.586	0.466
高中阶段，你是否参加过各类型的兴趣班？	相关系数	0.418 * *	0.416 * *	0.452 * *	0.480 * *	0.515 * *
	p 值	0.003	0.003	0.001	0	0
你是否申请了助学贷款？	相关系数	0.339 * *	0.265	0.297 * *	0.263	0.232
	p 值	0.016	0.063	0.036	0.065	0.104
你家去年的全年家庭总收入处于以下哪个区间？	相关系数	0.398 * *	0.394 * *	0.408 * *	0.443 * *	0.402 * *
	p 值	0.004	0.005	0.003	0.001	0.004
您的家乡位于？	相关系数	0.252	0.289 * *	0.221	0.290 * *	0.193
	p 值	0.077	0.042	0.123	0.041	0.179

续上表

自变量	运算结果	在解决问题的时候，我总是愿意从多个维度来思考，并享受这个过程	我总是能用打破常规的思路去解决一些常规问题	我喜欢观察生活，对周围的事物充满了好奇感，并愿意主动动手去解决日常生活中的问题	我敢于，并能对权威性的观点提出疑问	我认为创新必须具有广博的知识基础，在平时学习生活中我乐于去涉猎各方面的知识
高中阶段，你是否参加过各类型的兴趣班？	相关系数	0.418 * *	0.416 * *	0.452 * *	0.480 * *	0.515 * *
	p 值	0.003	0.003	0.001	0	0
你来自的省？	相关系数	0.117	0.02	0.073	0.079	0.072
	p 值	0.42	0.893	0.615	0.588	0.621
你父亲母亲是否健在？	相关系数	-0.108	-0.093	-0.119	-0.074	-0.108
	p 值	0.454	0.521	0.411	0.612	0.455
你父亲母亲是否离异？	相关系数	0.11	0.097	0.119	0.079	0.106
	p 值	0.446	0.501	0.41	0.586	0.466

注：$*p<0.05$；$**p<0.01$。

(四)成长发展自我评估：解决问题

成长发展自我评估的解决问题分析见表2-7，从中可以得出的基本结论是：大学生解决问题能力与全家家庭总收入、是否申请了助学贷款、高中阶段是否参加过各类兴趣班呈现一定程度的正相关性，表明学生家庭收入对学生解决问题能力存在一定的影响。

成长发展自我评估的解决问题分析 表2-7

自变量	运算结果	我能在观察和思考中发现问题所在	我能以积极的心态面对所遇到的问题	我能够冷静地分析问题，并寻找解决的方法（如运用身边资源），做出正确的决策	我能将解决问题的方案不折不扣地去执行	我能在问题解决的过程中，不断反思，总结经验	我能依据明确的规则来协调各种相冲突的意志和行为，从而解决问题	我根据现有的客观的证据和事实得出结论和解决方法
你的性别是？	相关系数	-0.031	-0.016	0.009	0.004	-0.012	-0.055	-0.019
	p 值	0.829	0.91	0.951	0.975	0.934	0.704	0.893
你的家乡位于？	相关系数	0.368 * *	0.362 * *	0.362 * *	0.315 * *	0.345 * *	0.367 * *	0.308 * *
	p 值	0.009	0.01	0.01	0.026	0.014	0.009	0.029

续上表

自变量	运算结果	我能在观察和思考中发现问题所在	我能以积极的心态面对所遇到的问题	我能够冷静地分析问题，并寻找解决的方法（如运用身边资源），做出正确的决策	我能将解决问题的方案不折不扣地去执行	我能在问题解决的过程中，不断反思，总结经验	我能依据明确的规则来协调各种相冲突的意志和行为，从而解决问题	我根据现有的客观的证据和事实得出结论和解决方法
你来自的省？	相关系数	0.116	0.055	0.031	0.017	0.024	0.095	0.022
	p 值	0.424	0.702	0.83	0.906	0.867	0.513	0.879
你家去年的全年家庭总收入处于以下哪个区间？	相关系数	0.441**	0.420**	0.420**	0.438**	0.456**	0.455**	0.396**
	p 值	0.001	0.002	0.002	0.001	0.001	0.001	0.004
你是建档立卡生吗？	相关系数	0.193	0.209	0.202	0.161	0.128	0.163	0.119
	p 值	0.178	0.145	0.158	0.265	0.374	0.259	0.41
你是否申请了助学贷款？	相关系数	0.386**	0.393**	0.348**	0.367**	0.408**	0.396**	0.347**
	p 值	0.006	0.005	0.013	0.009	0.003	0.004	0.013
你父亲母亲是否健在？	相关系数	-0.171	-0.182	-0.177	-0.119	-0.122	-0.121	-0.066
	p 值	0.235	0.206	0.22	0.411	0.399	0.402	0.648
你父亲母亲是否离异？	相关系数	0.112	0.121	0.114	0.075	0.071	0.073	0.026
	p 值	0.438	0.403	0.429	0.605	0.625	0.616	0.855
高中阶段，你是否参加过各类型的兴趣班？	相关系数	0.461**	0.450**	0.419**	0.428**	0.432**	0.443**	0.389**
	p 值	0.001	0.001	0.002	0.002	0.002	0.001	0.005

注：$*p<0.05$；$**p<0.01$。

（五）成长发展自我评估：目标实现

成长发展自我评估的目标实现分析见表2-8，从中可以得出的基本结论是：大学生的目标实现各方面能力与全年家庭总收入处于以下哪个区间、是否申请了助学贷款、高中阶段是否参加过各类型的兴趣班三个变量呈现正相关关系。

成长发展自我评估的目标实现分析 表2-8

自变量	运算结果	在做一件事之前，我有明确的目标，知道自己到底想要什么	我在制定目标时，认真思考过实现该目标的意义，并能在实现目标前保持持久的动力	我在目标制定以后，对如何实现目标有详细可行的规划	我在没有突发事件的情况下，能够有效率地完成计划	在计划实施的过程中，我能主动进行自我检查，并及时纠正错误	在遇到困难和突发事件的时候，我能够及时调整心态和计划，并将计划实施下去	我能够建立长期的目标，并为之不断付出努力
你的性别是？	相关系数	-0.001	0.029	-0.045	-0.008	-0.046	-0.052	0
	p 值	0.992	0.844	0.757	0.959	0.75	0.718	1
你的家乡位于？	相关系数	0.414 * *	0.366 * *	0.367 * *	0.299 * *	0.361 * *	0.356 * *	0.302 * *
	p 值	0.003	0.009	0.009	0.035	0.01	0.011	0.033
你来自的省？	相关系数	0.106	0.066	0.113	0.093	0.127	0.092	0.086
	p 值	0.463	0.649	0.435	0.522	0.378	0.524	0.552
你家去年的全年家庭总收入处于以下哪个区间？	相关系数	0.438 * *	0.432 * *	0.428 * *	0.397 * *	0.418 * *	0.445 * *	0.384 * *
	p 值	0.001	0.002	0.002	0.004	0.002	0.001	0.006
你是建档立卡生吗？	相关系数	0.203	0.216	0.157	0.215	0.201	0.128	0.186
	p 值	0.157	0.133	0.277	0.134	0.163	0.374	0.196
你是否申请了助学贷款？	相关系数	0.379 * *	0.350 * *	0.384 * *	0.319 * *	0.369 * *	0.333 * *	0.376 * *
	p 值	0.007	0.013	0.006	0.024	0.008	0.018	0.007
你父亲母亲是否健在？	相关系数	-0.109	-0.123	-0.098	-0.119	-0.106	-0.058	-0.079
	p 值	0.453	0.397	0.499	0.409	0.466	0.687	0.583
你父亲母亲是否离异？	相关系数	0.049	0.069	0.044	0.062	0.048	0.011	0.027
	p 值	0.737	0.634	0.761	0.669	0.738	0.939	0.855
高中阶段，你是否参加过各类型的兴趣班？	相关系数	0.403 * *	0.367 * *	0.398 * *	0.381 * *	0.424 * *	0.395 * *	0.398 * *
	p 值	0.004	0.009	0.004	0.006	0.002	0.005	0.004

注：$*p<0.05$；$**p<0.01$。

(六)成长发展自我评估:国际视野

成长发展自我评估的国际视野分析见表2-9,从中可以得出的基本结论是大学生的国际视野与全年家庭总收入处于以下哪个区间、是否申请了助学贷款、高中阶段是否参加过各类型的兴趣班三个变量呈现正相关关系。即家庭经济收入较高的大学新生,具有更好的国际视野。培养学生国际视野的重要目的之一,是为他们未来职业选择、职业生涯等提供前瞻性思维,可以提升学生们宏观职业实践能力,获取更宽广的职业生涯空间。

成长发展自我评估的国际视野分析 表2-9

自变量	运算结果	我关注当今国际社会政治经济的问题和变化	我对国际时事能形成自己的认知和看法	我至少掌握一门外语,并能把这门语言作为获得信息和与人交流的工具	我有意了解并遵守国际惯例和国际礼仪	我有意培养与不同文化背景的国内外优秀人士竞争与合作的能力	我能批判地吸收当今世界各国的先进文化,具有开阔的国际眼界熟悉世界各国历史、文化、艺术、风俗
你的性别是?	相关系数	-0.019	-0.063	-0.055	-0.058	-0.07	-0.079
	p 值	0.893	0.664	0.704	0.688	0.628	0.584
你的家乡位于?	相关系数	0.268	0.259	0.306**	0.305**	0.320**	0.286**
	p 值	0.06	0.07	0.031	0.031	0.023	0.044
你来自的省?	相关系数	0.084	0.129	0.121	0.108	0.122	0.153
	p 值	0.562	0.37	0.403	0.457	0.4	0.29
你家去年的全年家庭总收入处于以下哪个区间?	相关系数	0.422**	0.418**	0.401**	0.441**	0.447**	0.407**
	p 值	0.002	0.003	0.004	0.001	0.001	0.003
你是建档立卡生吗?	相关系数	0.179	0.177	0.163	0.13	0.168	0.197
	p 值	0.213	0.218	0.259	0.367	0.244	0.171
你是否申请了助学贷款?	相关系数	0.321**	0.339**	0.257	0.371**	0.305**	0.303**
	p 值	0.023	0.016	0.071	0.008	0.031	0.033
高中阶段,你是否参加过各类型的兴趣班?	相关系数	0.370**	0.370**	0.372**	0.394**	0.432**	0.391**
	p 值	0.008	0.008	0.008	0.005	0.002	0.005

续上表

自变量	运算结果	我关注当今国际社会政治经济的问题和变化	我对国际时事能形成自己的认知和看法	我至少掌握一门外语，并能把这门语言作为获得信息和与人交流的工具	我有意了解并遵守国际惯例和国际礼仪	我有意培养与不同文化背景的国内外优秀人士竞争与合作的能力	我能批判地吸收当今世界各国的先进文化，具有开阔的国际眼界熟悉世界各国历史、文化、艺术、风俗
你父亲母亲是否健在？	相关系数	-0.064	-0.082	-0.053	-0.056	-0.056	-0.074
	p 值	0.661	0.57	0.716	0.702	0.702	0.609
你父亲母亲是否离异？	相关系数	-0.04	-0.022	-0.048	-0.046	-0.046	-0.035
	p 值	0.784	0.879	0.739	0.749	0.749	0.807

注：$*p<0.05$；$**p<0.01$。

(七)成长发展自我评估：学习发展

成长发展自我评估的学习发展分析见表2-10，从中可以得出的基本结论是：大学生的学习发展与全年家庭总收入处于以下哪个区间这一变量呈现正相关关系。即在入学之初，贫困生与非贫困生的总体学业能力存在显著差距，但经过一段时间的学习，二者的差距逐渐缩小并变得不显著。

成长发展自我评估的学习发展分析 表2-10

自变量	运算结果	我具有主动学习的意识，积极利用各种途径为自己创造学习机会	我善于总结成功和失败的经验，以寻求提高自己能力的途径	我善于分析发现自身知识能力与现实要求的差距，并采取行动弥补	我有明确的生涯规划，不断学习相关知识	我能够主动承认并面对自身的劣势及缺点，并尽量规避劣势，改正缺点	我能一直保持对新鲜事物的好奇感，乐于学习	我能结合自身实际，有目的、有选择地创新学习方式
你的性别是？	相关系数	-0.048	-0.06	-0.027	-0.043	-0.066	-0.073	-0.019
	p 值	0.742	0.68	0.852	0.764	0.65	0.613	0.893
你的家乡位于？	相关系数	0.338**	0.316**	0.307**	0.297**	0.330**	0.328**	0.294**
	p 值	0.016	0.025	0.03	0.036	0.019	0.02	0.038
你来自的省？	相关系数	0.021	0.019	-0.01	0.019	0.05	0.06	0.005
	p 值	0.886	0.898	0.944	0.894	0.731	0.681	0.972

续上表

自变量	运算结果	我具有主动学习的意识，积极利用各种途径为自己创造学习机会	我善于总结成功和失败的经验，以寻求提高自己能力的途径	我善于分析发现自身知识能力与现实要求的差距，并采取行动弥补	我有明确的生涯规划，不断学习相关知识	我能够主动承认并面对自身的劣势及缺点，并尽量规避劣势，改正缺点	我能一直保持对新鲜事物的好奇感，乐于学习	我能结合自身实际，有目的、有选择地创新学习方式
你家去年的全年家庭总收入处于以下哪个间?	相关系数	0.375 * *	0.345 * *	0.378 * *	0.313 * *	0.366 * *	0.355 * *	0.337 * *
	p 值	0.007	0.014	0.007	0.027	0.009	0.011	0.017
你是建档立卡吗?	相关系数	0.172	0.157	0.151	0.177	0.19	0.166	0.204
	p 值	0.232	0.276	0.296	0.218	0.186	0.249	0.156
你是否申请了助学贷款?	相关系数	0.352 * *	0.343 * *	0.371 * *	0.325 * *	0.341 * *	0.392 * *	0.329 * *
	p 值	0.012	0.015	0.008	0.021	0.015	0.005	0.019
高中阶段，你是否参加过各类型的兴趣班?	相关系数	0.426 * *	0.374 * *	0.405 * *	0.361 * *	0.411 * *	0.408 * *	0.364 * *
	p 值	0.002	0.007	0.004	0.01	0.003	0.003	0.009
你父亲母亲是否健在?	相关系数	-0.058	-0.069	-0.066	-0.077	-0.069	-0.072	-0.066
	p 值	0.688	0.635	0.647	0.595	0.635	0.621	0.648
你父亲母亲是否离异?	相关系数	0.013	0.022	0.022	0.027	0.022	0.022	0.022
	p 值	0.927	0.879	0.879	0.855	0.879	0.879	0.879

注：$*p<0.05$；$**p<0.01$。

(八)成长发展自我评估：领导才能

成长发展自我评估的领导才能分析见表2-11，从中可以反映出的基本结论是：领导才能具体包括策划决断能力、知人善任能力、组织指挥能力、灵活应变能力、人际交往能力、开拓能力、口头与文字表达能力。大学生的领导才能与家庭总收入基本呈现正相关关系，即家庭收入较高的同学，领导才能较高。

成长发展自我评估的领导才能分析　　表 2-11

自变量	运算结果	我有良好的沟通能力，能和每个成员进行有效的交流	我有良好的组织能力，能够有效管理团队	我有较强的号召力，能够鼓舞激励成员	我有敏锐的洞察力，能预测和把握未来，掌握团队的动态	我有较强的决策能力，为团队制定目标，在遇到突发事件时及时有效的处理	我能准确的评估成员在团队中的贡献，并能评估整个团队的有效性
你的性别是？	相关系数	0.057	0.028	-0.018	0.052	-0.012	0.04
	p 值	0.695	0.846	0.902	0.72	0.935	0.782
你的家乡位于？	相关系数	0.249	0.197	0.254	0.184	0.195	0.22
	p 值	0.081	0.169	0.075	0.201	0.175	0.126
你来自的省？	相关系数	0.092	0.13	0.141	0.094	0.176	0.117
	p 值	0.527	0.369	0.328	0.516	0.221	0.417
你家去年的全年家庭总收入处于以下哪个区间？	相关系数	0.402 * *	0.281 * *	0.374 * *	0.357 * *	0.352 * *	0.379 * *
	p 值	0.004	0.048	0.007	0.011	0.012	0.007
你是建档立卡生吗？	相关系数	0.324 * *	0.297 * *	0.256	0.267	0.269	0.274
	p 值	0.022	0.037	0.073	0.061	0.059	0.054
你是否申请了助学贷款？	相关系数	0.330 * *	0.296 * *	0.355 * *	0.238	0.293 * *	0.283 * *
	p 值	0.019	0.037	0.012	0.097	0.039	0.046
高中阶段，你是否参加过各类型的兴趣班？	相关系数	0.369 * *	0.315 * *	0.356 * *	0.340 * *	0.325 * *	0.347 * *
	p 值	0.008	0.026	0.011	0.016	0.021	0.014
你父亲母亲是否健在？	相关系数	-0.166	-0.163	-0.158	-0.134	-0.169	-0.155
	p 值	0.248	0.258	0.272	0.354	0.241	0.283
你父亲母亲是否离异？	相关系数	0.154	0.209	0.143	0.186	0.211	0.193
	p 值	0.284	0.146	0.321	0.196	0.141	0.179

注：$*p<0.05$；$**p<0.01$。

(九)成长发展自我评估：团队合作

成长发展自我评估的团队合作分析见表 2-12，从中可以反映出的基本结论是：在影响大学生团队合作各能力中，与全年家庭总收入处于以下哪个区间这一变量具有显著的正相关性。即父母经济地位较高的大学生具有积极的团队合作机能,沟通水平较高。

成长发展自我评估的团队合作分析 表 2-12

自变量	运算结果	我能与其他成员密切合作,配合默契,共同决策	我能在决策前听取相关意见,把任务和别人的意见联系起来	团队合作时,我能在变化的环境中担任各种角色	我能做到与团队成员信息共享,并及时将任务进程反馈给团队负责人或搭档	我能够以团队利益为出发点,不过多计较个人得失	我能主动参与和自身利益相关的管理,通过正当的渠道发表自己的看法、意见和建议
你的性别是?	相关系数	0.003	0.037	0.003	0.03	0.004	-0.04
	p 值	0.984	0.797	0.984	0.836	0.975	0.781
你的家乡位于?	相关系数	0.264	0.237	0.246	0.233	0.292 * *	0.317 * *
	p 值	0.064	0.098	0.084	0.103	0.04	0.025
你来自的省?	相关系数	0.065	0.02	0.065	0.016	0.045	0.076
	p 值	0.653	0.893	0.653	0.912	0.755	0.599
你家去年的全年家庭总收入处于以下哪个区间?	相关系数	0.382 * *	0.317 * *	0.366 * *	0.331 * *	0.400 * *	0.405 * *
	p 值	0.006	0.025	0.009	0.019	0.004	0.004
你是建档立卡生吗?	相关系数	0.259	0.272	0.259	0.243	0.251	0.217
	p 值	0.07	0.056	0.07	0.089	0.079	0.131
你父亲母亲是否健在?	相关系数	-0.111	-0.119	-0.111	-0.125	-0.103	-0.109
	p 值	0.442	0.411	0.442	0.389	0.478	0.453
高中阶段,你是否参加过各类型的兴趣班?	相关系数	0.328 * *	0.318 * *	0.328 * *	0.313 * *	0.417 * *	0.359 * *
	p 值	0.02	0.024	0.02	0.027	0.003	0.011

注: $*p<0.05$; $**p<0.01$。

(十)成长发展自我评估:适应力

成长发展自我评估的适应力分析见表 2-13,从中可以反映出的基本结论是:在适应力方面,无明显的性别、家庭背景等差异;高中阶段参加过各类型的兴趣班的同学,表现出更强的适应力。尤其是能用积极的方法应对因变化产生的压力和焦虑,保持心理平衡和正常行为。

成长发展自我评估的适应力分析 表 2-13

自变量	运算结果	当现实不能满足我的需要、妨碍我达到目的时,我能够千方百计地改变现实,使其符合我的要求	当无法改变外界环境时,我能够及时改变自己适应环境,如改变思维方法、调整目的需求、修订行动计划、改革行为的方式和习惯等	当只改变某一个方面不能达到适应、平衡的目的时,我能够既改变现实又改变自己,双管齐下,平衡协调	我能用积极的方法应对因变化产生的压力和焦虑,保持心理平衡和正常行为
你的性别是?	相关系数	-0.144	0.088	0.021	0.079
	p 值	0.319	0.543	0.885	0.585
你的家乡位于?	相关系数	0.284 * *	0.254	0.303 * *	0.241
	p 值	0.045	0.075	0.032	0.091
你来自的省?	相关系数	0.126	0.098	0.112	0.085
	p 值	0.382	0.497	0.439	0.555
你家去年的全年家庭总收入处于以下哪个区间?	相关系数	0.259	0.206	0.288 * *	0.209
	p 值	0.069	0.152	0.042	0.145
你是建档立卡生吗?	相关系数	0.146	0.174	0.173	0.17
	p 值	0.312	0.226	0.23	0.238
你父亲母亲是否健在?	相关系数	-0.024	0.132	0.122	0.132
	p 值	0.869	0.361	0.398	0.36
你父亲母亲是否离异?	相关系数	-0.049	-0.037	-0.031	-0.04
	p 值	0.737	0.796	0.831	0.784
高中阶段,你是否参加过各类型的兴趣班?	相关系数	0.282 * *	0.340 * *	0.313 * *	0.343 * *
	p 值	0.047	0.016	0.027	0.015

注:$*p<0.05$;$**p<0.01$。

(十一)成长发展自我评估:身心健康

成长发展自我评估的身心健康分析见表 2-14,从中可以反映出的基本结论是:在身心健康方面,无明显的性别、生源地等显著差异,与家庭总收入区间呈现正相关关系。这表明家庭经济收入较高的学生家庭,大学生活目标越清晰,自尊水平越高,具有较高的心理幸福感。同时反映学生健康的身心需要良好的社会风气、文化背景、学习生活环境等。

成长发展自我评估的身心健康分析　　表 2-14

自变量	运算结果	我拥有一个健康的体魄，有充沛的精力应对日常生活和学习	我能够爱惜自己的身体，通过有规律的作息、锻炼去保持健康	我有良好的自我意识，能保持自尊、自信，不会因自己的缺点而感到沮丧，甚至自暴自弃	我有较强的情绪控制力，能保持情绪稳定与心理平衡，对外界的刺激反应适度	我珍惜生命，热爱生活，有自己的人生观和价值观
你的性别是？	相关系数	0.039	0.023	0.091	0.047	0.13
	p 值	0.786	0.877	0.53	0.748	0.367
你的家乡位于？	相关系数	0.233	0.202	0.161	0.216	0.228
	p 值	0.104	0.16	0.263	0.132	0.112
你来自的省？	相关系数	0.115	0.106	0.104	0.105	0.078
	p 值	0.427	0.464	0.471	0.466	0.588
你家去年的全年家庭总收入处于以下哪个区间？	相关系数	0.348 * *	0.344 * *	0.294 * *	0.304 * *	0.343 * *
	p 值	0.013	0.014	0.038	0.032	0.015
你是建档立卡生吗？	相关系数	0.235	0.186	0.177	0.188	0.204
	p 值	0.1	0.195	0.22	0.19	0.156
你父亲母亲是否健在？	相关系数	-0.247	-0.221	-0.099	-0.085	-0.119
	p 值	0.084	0.124	0.494	0.557	0.409
高中阶段，你是否参加过各类型的兴趣班？	相关系数	0.348 * *	0.380 * *	0.329 * *	0.346 * *	0.254
	p 值	0.013	0.006	0.02	0.014	0.075

注：$*p<0.05$；$**p<0.01$。

(十二) 成长发展自我评估：沟通

成长发展自我评估的沟通分析见表 2-15，从中可以反映出的基本结论是：大学生的沟通能力各方面与家庭收入呈现出显著相关性，相关系数值分别是 0.401、0.389、0.367、0.456、0.375、0.347，全部均大于 0，意味着我善于倾听，能准确理解他人所表达的意思，并快速做出相应的反应。

研究表明，由于大学里的同学来自四面八方，每个人的生活环境、家庭背景以及个人的性格都不相同，往往会出现心理不适的现象，在此时就需要进行有效且健康的自我沟通形成合理的沟通认知。

成长发展自我评估的沟通分析

表 2-15

自变量	运算结果	我能通过各种方式吸引他人与我展开沟通	我有较强的听说读写能力，能准确清晰并有组织地表达自己的想法	我善于倾听，能准确理解他人所表达的意思，并快速做出相应的反应	我善于询问，对于对方模糊的表达，当不能领会其中含义时，我会积极询问	我能把握沟通的走向，在交流中占据主导地位	我能接纳并欣赏他人不同的观点
你的性别是?	相关系数	0.052	0.023	-0.023	0.016	0.036	0.087
	p 值	0.718	0.877	0.877	0.91	0.804	0.549
你的家位于?	相关系数	0.237	0.186	0.215	0.211	0.214	0.159
	p 值	0.097	0.196	0.134	0.14	0.135	0.271
你来自的省?	相关系数	0.149	0.113	0.199	0.105	0.168	0.138
	p 值	0.3	0.433	0.166	0.468	0.243	0.339
你家去年的全年家庭总收入处于以下哪个区间?	相关系数	0.401 * *	0.389 * *	0.367 * *	0.456 * *	0.375 * *	0.347 * *
	p 值	0.004	0.005	0.009	0.001	0.007	0.013
你是建档立卡生吗?	相关系数	0.184	0.111	0.171	0.086	0.164	0.095
	p 值	0.202	0.443	0.236	0.551	0.256	0.511
你父亲母亲是健在?	相关系数	-0.064	-0.138	-0.125	-0.125	-0.119	-0.13
	p 值	0.661	0.339	0.388	0.389	0.409	0.369
高中阶段，你是否参加过各类型的兴趣班?	相关系数	0.365 * *	0.382 * *	0.360 * *	0.376 * *	0.391 * *	0.371 * *
	p 值	0.009	0.006	0.01	0.007	0.005	0.008

注：$*p<0.05$；$**p<0.01$。

(十三)成长发展自我评估：人际技巧

成长发展自我评估的人际技巧分析见表 2-16，从中可以反映出的基本结论是：在人际技巧方面，无明显的性别、生源地等的显著差异。与去年的全年家庭总收入处于以下哪个区间这一变量呈现出显著性。

成长发展自我评估的人际技巧分析　　表 2-16

自变量	运算结果	我喜欢参加各种社交活动，与陌生人交流没有恐惧感	我会主动以真诚的态度与他人交往，并能迅速融入这个团体	我愿意同有不同背景的人士交往，并能建立良好的关系	一般情况下，我能和他人融洽地相处，即使遇到矛盾，我也能想办法化解矛盾	我能够和他人保持长久的联系和沟通，建立持久的感情联络	我了解人际和谐相处之道，言谈举止体现对他人的尊重与友好	我待人处事真诚、老实、讲信誉，一言九鼎，一诺千金
你的性别是？	相关系数	0.057	0.15	0.141	0.129	0.042	0.033	0.044
	p 值	0.695	0.297	0.327	0.371	0.774	0.818	0.763
你的家乡位于？	相关系数	0.21	0.209	0.194	0.17	0.265	0.14	0.227
	p 值	0.143	0.145	0.177	0.239	0.063	0.333	0.112
你来自的省？	相关系数	0.105	0.053	0.093	0.072	0.131	0.139	0.116
	p 值	0.469	0.715	0.521	0.619	0.366	0.336	0.422
你家去年的全年家庭总收入处于以下哪个区间？	相关系数	0.371 * *	0.391 * *	0.327 * *	0.308 * *	0.369 * *	0.396 * *	0.441 * *
	p 值	0.008	0.005	0.021	0.029	0.008	0.004	0.001
你是建档立卡生吗？	相关系数	0.188	0.129	0.207	0.18	0.16	0.203	0.198
	p 值	0.191	0.373	0.15	0.212	0.266	0.157	0.168
你父亲母亲是否健在？	相关系数	-0.122	-0.09	-0.083	-0.093	-0.042	-0.11	-0.093
	p 值	0.399	0.532	0.569	0.521	0.772	0.448	0.519
高中阶段，你是否参加过各类型的兴趣班？	相关系数	0.411 * *	0.392 * *	0.336 * *	0.351 * *	0.404 * *	0.447 * *	0.377 * *
	p 值	0.003	0.005	0.017	0.012	0.004	0.001	0.007

注：$*p<0.05$；$**p<0.01$。

二、相关数据分析(主要以生源信息为视角)

(一)家乡位置统计数据

在 2019 年 3 月 20 日对 2511 名新生的调研数据可见，家乡在农村和乡镇的占 49.22%(表 2-17)。这充分体现了被调查高校全面贯彻落实党的教育方针，促进教育公平，遵照《国务院关于深化考试招生制度改革的实施意见》(国发〔2014〕35 号)和《教育部关于做好 2019

年重点高校招收农村和贫困地区学生工作的通知》(教学厅〔2019〕3 号)精神,坚持实施高校专项计划,使更多品学兼优的农村学子享受优质教育资源。

三次调研中的家乡位置数据 表 2-17

家乡位置	第一次调研	第二次调研	第三次调研
农村	668 (66.27%)	1065 (72.9%)	967 (38.51%)
乡镇	85 (8.43%)	123 (8.42%)	269 (10.71%)
县级市/县城	164 (16.27%)	152 (10.4%)	570 (22.7%)
地级市	52 (5.16%)	80 (5.48%)	392 (15.61%)
省会/直辖市	39 (3.87%)	41 (2.81%)	313 (12.47%)

(二)心理健康的大数据

新生心理健康水平逐步提高,而且来自城市的同学(相对于来自农村的同学)、重点大学的同学(相对于非重点大学的同学)、男学生(相对于女学生)的心理健康水平提升更快。

同时大学新生的心理问题依然需要引起重视,在调研中 30.86% 的同学经常感觉压力大,9.48% 的同学总是感觉压力大。同时 3.63% 的同学经常存在不想活的想法,3.86% 的同学总是存在不想活的想法。

针对第 4 题(第 7 小题):进入大学后,你是否有以下感觉?请选择与你感受相符合的选项。(不想活)具体数据见表 2-18。

第 7 小题的数据 表 2-18

X/Y	从不	很少	有时	经常	总是	小计
男	1100 (70.60%)	251 (16.11%)	131 (8.41%)	37 (2.37%)	39 (2.50%)	1558
女	702 (73.66%)	168 (17.63%)	58 (6.09%)	12 (1.26%)	13 (1.36%)	953

针对第 4 题(第 9 小题):进入大学后,你是否有以下感觉?请选择与你感受相符合的选项。(压力大)[矩阵题]具体数据见表 2-19。

第 9 小题的数据 表 2-19

X/Y	从不	很少	有时	经常	总是	小计
男	223 (14.31%)	335 (21.50%)	674 (43.26%)	234 (15.02%)	92 (5.91%)	1558
女	84 (8.81%)	231 (24.24%)	453 (47.53%)	151 (15.84%)	34 (3.57%)	953

新生心理问题的主要表现在以下几个方面,这与表 2-20、图 2-5 和表 2-21、图 2-6 所展示的数据相一致。

第一,生活适应不便。大部分新生是第一次独立在外生活,独立生活的能力相对较低,准备不足,这构成了严重的挑战。在咨询中,经常能够听到类似“希望回家”“希望和以前的朋友在一起”等话语。部分省外的学生由于自然条件的不同，产生了生理上的不适应，也增加了心理压力。

第二，学习压力较大。部分同学还沉浸在高考的影响之中，特别是对自己的高考成绩并不满意，失望和抑郁的情绪相对较重。另一方面，进入大学后，没有父母的监督，时间和空间相对独立，对自主学习要求更高，这也让很多同学难以适应，增加了心理压力。

第三，人际关系紧张。大部分同学开始寝室生活，与非亲属的同学生活在一起，由于生活习惯、个性特点等方面的不同，容易产生小的冲突和摩擦，影响人际关系的健康发展。同学关系的紧张降低了生活幸福感，也增加了心理压力。

第四，缺乏良好的自我评价。大学不再像中小学那样，主要以智育来评价学业，能力和实践等方面的重要性也开始显现。很多同学进入大学之后，很快发现自己在各方面不如其他同学，自我评价降低，自卑感增加。

2018 年 9 月 12 日心理调研数据 表 2-20

题　　目	选　　项				
	从不	很少	有时	经常	总是
焦虑	82(8.13%)	252(25%)	488(48.41%)	159(15.77%)	27(2.68%)
抑郁	275(27.28%)	346(34.33%)	291(28.87%)	76(7.54%)	20(1.98%)
孤独	178(17.66%)	322(31.94%)	362(35.91%)	113(11.21%)	33(3.27%)
悲伤	120(11.9%)	379(37.6%)	421(41.77%)	66(6.55%)	22(2.18%)
沮丧	130(12.9%)	343(34.03%)	466(46.23%)	54(5.36%)	15(1.49%)
失眠	234(23.21%)	360(35.71%)	276(27.38%)	109(10.81%)	29(2.88%)
不想活	762(75.6%)	165(16.37%)	57(5.65%)	12(1.19%)	12(1.19%)
不快乐	146(14.48%)	372(36.9%)	405(40.18%)	64(6.35%)	21(2.08%)
压力大	77(7.64%)	203(20.14%)	468(46.43%)	209(20.73%)	51(5.06%)
生活没有意思	411(40.77%)	333(33.04%)	203(20.14%)	42(4.17%)	19(1.88%)
注意力无法集中	87(8.63%)	300(29.76%)	455(45.14%)	140(13.89%)	26(2.58%)

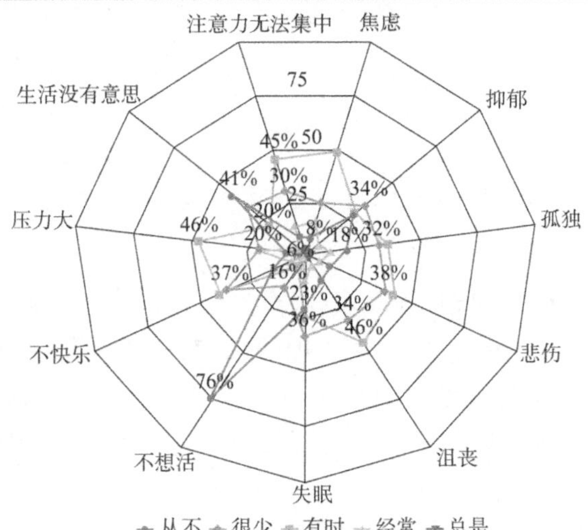

图 2-5　2018 年 9 月 12 日心理调研雷达图

2018 年 9 月 12 日心理调研数据和雷达图　　表 2-21

题　目	选　项				
	从不	很少	有时	经常	总是
焦虑	333(13.26%)	626(24.93%)	1164(46.36%)	278(11.07%)	110(4.38%)
抑郁	694(27.64%)	841(33.49%)	741(29.51%)	153(6.09%)	82(3.27%)
孤独	453(18.04%)	717(28.55%)	973(38.75%)	251(10%)	117(4.66%)
悲伤	470(18.72%)	871(34.69%)	920(36.64%)	169(6.73%)	81(3.23%)
沮丧	436(17.36%)	810(32.26%)	1003(39.94%)	185(7.37%)	77(3.07%)
失眠	775(30.86%)	793(31.58%)	695(27.68%)	165(6.57%)	83(3.31%)
不想活	1802(71.76%)	419(16.69%)	189(7.53%)	49(1.95%)	52(2.07%)
不快乐	516(20.55%)	828(32.97%)	875(34.85%)	199(7.93%)	93(3.7%)
压力大	307(12.23%)	566(22.54%)	1127(44.88%)	385(15.33%)	126(5.02%)
生活没有意思	837(33.33%)	811(32.3%)	602(23.97%)	170(6.77%)	91(3.62%)
注意力无法集中	397(15.81%)	633(25.21%)	936(37.28%)	386(15.37%)	159(6.33%)

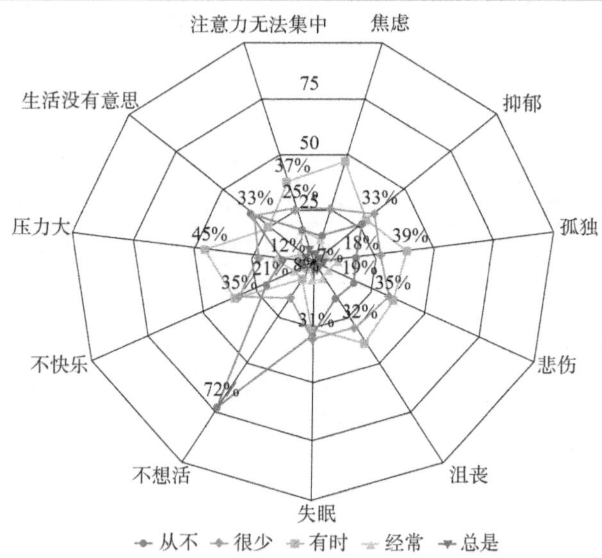

图 2-6　2018 年 9 月 12 日心理调研数据和雷达图

(三)从家庭经济情况数据来看

贫困生会存在较多的心理问题。可能是因为经济负担使他们承受更大的心理压力;贫困生对“贫困”的非理性认知使他们陷入了心理阴影;家长及其家庭的殷切期望和过高的自身要求使贫困生面临着生存与发展的双重压力。当然不是所有的贫困生心理健康水平都低。同样面对“贫困”的现实,积极进取、富有责任心、自我接纳、社会化程度高、宽容他人、是成熟个体的贫困生,其心理也是健康的。

(四)男生新生心理健康水平要高于女生

这可能与性格的性别差异相关。有研究发现,女生相对来说更易具有哭泣、胆怯、懦弱等特点。社会对女生的期望逐步提高,女生的自我期待也相应提高,女生不再将自己的未来局限在家庭角色中,而是希望更广泛地进入社会,未来的理想也主要是职业理想,这在提高女生社会地位的同时,也带来了相应的压力,促使女生在学业、能力等方面同男生竞争。传统观念对女性的歧视依然存在,特别是部分地区重男轻女的思想观念仍比较严重,这对女生在学习、生活和工作等方面造成了压力。

(五)大学新生父亲、母亲在位(健在)的,各方面状态普遍良好

以第三次调研的第28题,父母是否健在对大学新生沟通能力的影响为例,表2-22展示的是大学新生父亲、母亲在位(健在)的情况。

大学新生父亲、母亲在位(健在)数据 表2-22

X	Y					小计	平均分
	1	2	3	4	5		
都健在	152(6.28%)	203(8.38%)	701(28.95%)	670(27.67%)	695(28.71%)	2421	3.64
父亲已故	6(9.09%)	9(13.64%)	19(28.79%)	18(27.27%)	14(21.21%)	66	3.38
母亲已故	0(0.00%)	4(22.22%)	8(44.44%)	4(22.22%)	2(11.11%)	18	3.22

成长发展自我评估:沟通(我能通过各种方式吸引他人与我展开沟通)。

古语有云,养不教,父之过。家长是孩子第一任老师,且是孩子唯一的终生导师。相关研究尤其凸显父亲在位对新生的影响。

父亲在位的定义:子女的心理父亲在位,即父亲对子女的心理亲近和可触及。父亲在位是子女内向对父亲的感知和体验,无论其家庭结构如何,所有子女都拥有父亲在位。高品质的父亲在位是一种积极的心理状态,有利于子女的心理发展。

克兰珀(Krampe)和牛顿(Newton)等人立足于前人在父子关系的研究基础上,依靠心理学理论,同时又借鉴社会学、历史学、神学和人类学等一系列有关理论,基于成年子女的经历及感受,从家庭系统的角度再次审视父亲和子女之间的关系,提出了父亲在位理论,并构建了父亲在位理论的动力学模型(Krampe,2009),如图2-7所示。

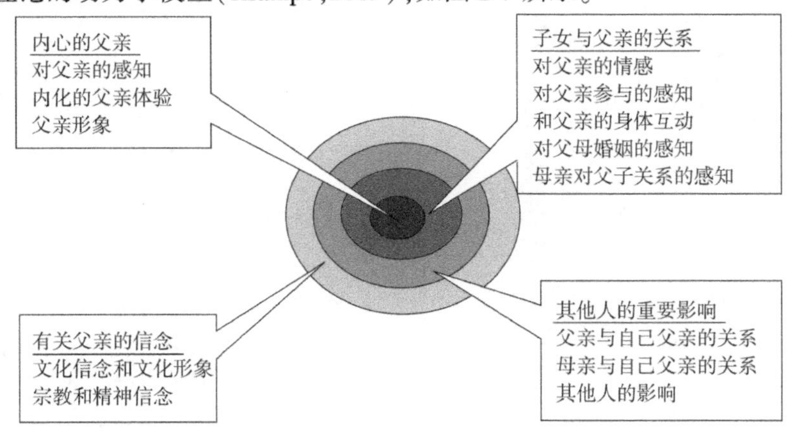

图2-7 父亲在位理论的动力学模型

克兰珀(Krampe)和牛顿(Newton)等人将心理父亲在位划分为三个维度:即,维度一:子女与父亲的关系;维度二:家庭代际关系的影响;维度三:有关父亲的信念。这三个维度互相影响,相互作用。

随着社会的发展,父亲在家庭中的作用也逐渐被人们重视。随着父亲在位理论的提出,国内外的研究视角也逐渐投向一个更为积极的关系圈子中。克兰珀(Krampe)和牛顿(Newton)等人及蒲少华的研究成果均证实,拥有高品质的父亲在位的成年人,其心理健康处于良好水平且人格发展较为完善。但目前国内关于父亲在位的研究,仅于广州、天津等地开展,已有研究成果不能代表国人整体的心理水平。

第三章

大学新生学习生活的成长系统

大学新生成长是指随着时间的推移,在学校教育、社会环境以及个体的自然成熟等多方面因素的交互作用下,大学新生群体向着圆满成熟的方向成长的过程,是一个由思想、心理、交往、学习等多种要素有机结合构成,并在不同阶段有不同成长发展取向的立体动态结构。大学新生的成长规律内在于这个结构,是各要素成长规律和各阶段成长规律的集合。本章在分析大学新生学习生活成长指导理论、把握新生成长的基本规律和适应性规律的基础上,探索构建大学新生学习生活的成长系统。

第一节　成长的指导理论

大学新生成长规律是指在大学新生成长过程中形成的、体现和反映大学新生成长问题本质及必然联系的存在,是大学新生成长过程中诸要素之间的本质联系及其矛盾运动的必然趋势,包括基本规律和适应性规律。深入研究大学新生的成长系统,自觉遵循学生的成长规律开展教育活动,是大学新生思想政治教育的应有之义,是提升思想政治教育科学化水平的客观要求。

由于规律是唯物辩证法的核心范畴之一,关注和解决现实问题是马克思主义的基本价值旨趣,因此,马克思主义理论应是大学新生成长理论阐释的指导理论,其主要包括马克思主义关于人的本质理论、人的自由全面发展理论和青年学说。同时,由于大学新生成长是个体成长的一个特例,大学新生成长规律与个体成长规律在理论上具有一定的共通性,因此关注个体成长的学生发展理论,也应是大学新生成长的指导理论。

一、马克思主义关于人的本质理论

人的本质理论是马克思主义理论体系的有机组成部分,是马克思主义哲学实现革命性变革的重要内容。为了实现人的全面发展,马克思从实践的角度去思考人与人、人与社会、人与自然的关系。它将人看作是主体和客体的统一,科学地指出了人的本质根植于人的社会实践活动以及在此基础上产生的社会关系,首次阐明了人的本质的现实基础。首先,揭示了现实的人具有自然属性和社会属性两种属性,人的本质是两者的统一,社会性是人的本质属性;其次,现实的人生存、生活于由复杂关系所构成的整体社会结构中,如生产关系、政治关系和人伦关系等。因此,人的本质不是某一种社会关系,而是一切社会关系的总和;再次,现实的人是具体的,其在社会结构中处于不同地位,因其地位不同,故而他们所体现的本质也互不相同;最后,人的本质是历史的,而历史是根植于一定经济生产关系之中并为之所决定的,因此,人的本质会随着物质生产资料的生产活动与生产力的变化和发展而变化。

另外,在《德意志意识形态》中,马克思不仅赋予需要以前提性,而且赋予它以普遍性、永恒性和能动性,人类的需要是生命体为了维持生存和发展所必须与外部世界进行物质、能量、信息交换而产生的。人作为特殊的生命种类,相对其他生命体而言,人的需要是一种更复杂和更高层次的状态,具有客观性、能动性和社会性的特征。

马克思主义关于人的本质理论,揭示了大学新生成长规律的本质和发挥作用的内在机理。从马克思主义人的本质理论来看,大学新生成长不是抽象的、概念意义上的成长,而是根植于一定经济社会关系中的成长。因此大学新生的社会关系是其成长的基础,其主要包括家庭关系、学校关系、朋辈关系等,同时,因网络交往而结成的新型社会关系,也逐渐成为影响和制约大学新生成长的关键因素之一。大学新生成长规律不是人的头脑风暴的产物,而是一种根植于现实经济社会基础中的成长活动的内在、本质、必然联系。

按照马克思主义人的本质理论,大学新生成长发端于大学新生的成长需要,并随着成长需要的发展而发展,因此大学新生成长规律就是大学新生成长发展的需要与目前各社会关系现实满足情况之间相互矛盾的结果。目前,大学新生对日新月异的社会生活变化给予高度关注,对各种新鲜事物与前沿知识充满着探究与把握的强烈渴望,同时,大学新生正处于个体情感最为丰富、最易变化的时期,所以他们的认知需要、交往需要、生存发展需要表现得格外强烈。但随着社会经济发展和高等教育改革所产生的生活压力、生存压力不断增大,大学新生的多样需要难以得到有效满足,大学新生面对不确定的未来所产生的迷惘感和失落感日渐强烈,这就使得当前大学新生成长规律呈现出不同于以往时代大学新生的鲜明特征。

二、马克思主义关于人的全面发展理论

人的全面发展是马克思所确立的人类社会发展的根本价值目标,这是马克思对未来社会价值底蕴的总体阐释。马克思主义认为人的全面发展至少包括如下内涵:

(1)人的全面发展是人的社会关系的全面发展。社会性是人的本质属性,因此社会关系的发展程度是人的发展状况的重要标尺。

(2)人的全面发展是实践活动的全面发展。实践是人的存在方式,人不仅从事各种实践活动,而且也在实践活动中实现自身的发展。

(3)人的发展是人的自由个性的全面发展。个人的个性自由与其所处的民族个性及自由程度紧密相关,只有在外部世界对个人才能的实际发展所起的推动作用为个人本身所驾驭时,才可能真正实现个人与民族个性及自由的全面发展。

(4)人的发展是人的能力的全面发展。人的能力的全面发展不仅是人的体力、智力在物质生产实践活动中的全面发展,还是其在人与自然对象性活动中不断形成与发展。

马克思主义关于人的全面发展理论,揭示了大学新生成长的标准和方向,为大学新生成长规律的建立提供价值导向上的基本依据。由此可知,大学新生的成长发展有四个尺度:

(1)自由的标准,自由是相对于被束缚、被强制、被压抑而言,是进行能动性的活动;

(2)全面的标准,全面是相对畸形、片面发展而言,是基于人发展的广度而提出的衡量指标;

(3)充分的标准,充分是针对人的发展程度而言,它提出要让人的一切天赋都得到充分发展,彻底利用人现有的生理条件和社会条件;

(4)历史的标准,要求立足现实,把全面发展看作是动态的历史的过程。

新时代大学新生具有鲜明的独立性、自主性特质。追求自由、捍卫自我权益是许多大学生具有的特征,然而,他们在追求自我权益实现的同时,比较容易忽略自身与他人、社会的有机统一关系,可能会使自身权益的实现建立在对他人权益和自由的破坏上。并且,他们有时会倾向于追求即刻的、名义上的成就,反而忽略了更多、更深刻、更广泛、更长远的成长发展。按照马克思主义人的全面发展理论,个人与他人共同构成人类生存生活的共同体,个体是处于集体之中的个体,集体是由个体组成的集体,个体的自由全面发展是以集体的自由全面发展为基础,集体的自由全面发展则以个体的自由全面发展为保证,二者紧密相关,不可分割。只有将个体与集体、个人与他人视为利益相关方,通过历史过程性的观点看待新生成长发展,在共同体中寻求个人潜力的充分激发和个人素质的全面提升,才是大学新生健康成长的正确之道。

三、马克思主义青年观

马克思和恩格斯从创立科学社会主义之时起,就提出了许多有关青年的重要思想。经过长时间的丰富完善,形成了系统全面、与时俱进的马克思主义青年观,主要论述了青年除具有人的一般本质属性外,还具有青年的特殊本质属性。总体而言,主要包括以下内容:

(1)青年自然属性具有日益突变性。人是自然属性和社会属性的统一,社会属性是人的本质属性。人进入青年期,身体外形变化迅速,随着生理的变化,青年人的心理也逐渐发生变化,自我意识和性意识开始觉醒,这些自然属性的变化无论从速度、范围还是从质量上,都与其他年龄群体有着本质区别。

(2)青年实践属性的逐渐拓延性。人一旦进入青年期,参与实践的范围、深度、广度和能力等方面,都与其他年龄群体明显不同,因此应通过日益拓展的实践活动,把青年培养成为合格的社会成员。

(3)社会属性的日渐成熟性。青年融入社会的过渡性,适应社会的继承性、改造社会的开拓性,无不显示出青年作为社会新生力量,在适应社会的同时更关注对社会的改造。他们有很强的参与感,责任感和使命感,善于提出新见解,开拓新路子,进行新创造。

马克思主义青年学说揭示了对青年学生开展思想意识价值观教育的必要性和紧迫性,强调青年学生教育要立足青年学生成长实践,遵循青年学生成长规律。按照马克思主义青年观,青年正进行着整个生命历程中从不成熟到成熟的重要成长时期,其主要特征是:朝气蓬勃、积极向上、富于理想;但又缺乏知识和经验、辨别能力比较差。所以,青年正处于思想意识价值观形成的关键时期,但这时期他们认知水平还不够成熟,因此价值观在形成过程中容易受到外界思想观念的影响,而形成后的价值观将在较长时期内保持相对稳定,并成为青年社会行为和价值观选择的依据。另一方面,马克思主义思想意识价值观不会在青年中自发形成,而是需要从外界得到持续有效的思想理论教育。此外,马克思与恩格斯在指导青年时常常要求他们要加强学习,特别是向工人群众、向无产阶级的劳动实践学习,在学习中纠正自己思想的偏颇。这就要求我们坚持将大学新生成长教育和学习实践相结合,鼓励和引导大学新生走出校园、走向社会,在社会实践中积累经验、增长见识、推进成长,在实践中检验自己所学知识,在现实中凝练和深化马克思主义教育,进而提高实践水平。

四、学生发展理论

大学新生成长系统最为直接和根本的借鉴理论是学生发展理论。20 世纪以来,世界范围内的学生运动使得学术界越来越关注学生的发展,他们从不同角度研究学生发展的相关问题,逐步形成了关于学生发展的理论。与此同时,美国教育理事会等机构对学生发展的定位、专业学会的推动以及心理学和社会学对于学生发展的深入研究,都从现实层面推动了学生发展理论的形成和发展。学生发展理论涵盖了学生发展的五个要素,即智力、道德、心理、职业和自我,从论述的视角可分为认知结构理论、社会心理学理论、类型学理论和人与环境互动论。

整体而言,学生发展理论以全面培养学生为基本原则,重在推动大学新生个体的成长和发展,其目标在于解释大学新生如何发展成为一个具备了解自我、他人及世界的能力的个体,这恰恰也是大学新生成长的过程。因此,学生发展理论对于大学新生成长规律阐释有着重要的借鉴意义。

(一)社会心理学理论

具体来说,社会心理学理论重在研究学生发展的内容及性质,如埃里克森的生命周期理论就认为,处于某种生活环境中的个体,都面临着一系列必须解决并带有特定结果的成长问题,这些问题与个体的不同发展阶段相对应,并深受其所处的成长环境和氛围的影响。又如奇克林通过实证研究提出学生发展的变量理论,认为在大学期间,构建自我同一性是学生面临的最重要的发展问题,并且学生总是围绕自我同一性的发展而不断实现自我成长。按照社会心理学理论,大学新生成长是多种要素共同作用的过程,这些要素在不同发展阶段所处地位的重要程度不同。对大学新生成长的促进作用也各有不同。因此,大学新生成长规律既是各个成长要素的发展规律的统一,又是不同发展阶段规律的统一。

(二)认知结构理论

认知结构理论重在研究个体成长发展的方式和过程,该理论起源于皮亚杰的认知心理学。皮亚杰强调遗传的重要性和智力发展过程中环境的作用,他依据环境所划分的成长阶段与个体年龄虽不直接相关,但个体对环境的认知及矛盾有助于个体发展及成长。在此基础上,帕瑞提出了学生智力和伦理发展模式,这种模式将学生个体发展的过程划分为三个阶段:二元论阶段、相对性阶段、约定性阶段,认为学生思维中逻辑的绝对成分逐渐减少,辩证成分逐渐增多。柯尔伯格则根据学生道德两难问题的情景提出了个体道德发展的“三个水平”“六个阶段”理论,为处理学生道德发展问题提供了另一种独特的认知理论体系。他认为学生道德发展更多依赖正义、平等原则或普遍公认的伦理规范,对个人兴趣依赖较少。按照认知结构理论,学生是自我成长的主宰者和推动者,大学新生成长是个体了解自我、他人及世界的过程,是自我个性不断凸显的过程,大学新生成长规律是个体认知能力变化发展的基本规律。因此,大学新生成长规律阐释必须尊重和维护学生自我成长中的主体地位。

(三)类型学理论

类型学理论重在将个体之间的差异看作是某种相对固定的特征,强调先天的个性差异会在其情感道德的形成发展过程中发挥一定的影响和制约作用,与此同时,所属不同类型的个体总会对所处群体产生独特的影响和作用。比如,霍兰德的职业发展理论、迈尔斯布瑞格斯的性格类型理论、考伯的学习风格理论都归属于这一论域之中。类型学理论揭示了大学新生成长的规律性差别的根源,它是由于个体不同的性格类型、生命经验、认知风格等因素造成的,从这一理论出发,大学新生成长规律阐释在方法上要注重查找不同学生间,大学新生成长问题的差异性表现。

(四)人与环境互动论

人与环境互动论(person-environment theory)重在描述环境与学生之间的关系,强调校园环境对学生成长的影响和作用,指出学校需要尽可能创造多样的条件帮助学生成长,为不同类型的学生设计各不相同的发展规划,积极营造适合学生发展的物质环境和精神环境,确立科学合理的学生发展效果评估机制和工具。同时,学生也需要积极主动寻找自身健康成长的机会,参与群体的学习和发展过程。人与环境互动论揭示了大学新生成长与环境之间的内在统一和相互作用,因此,大学新生成长规律阐释在分析影响大学新生成长的外界因素时,需要尤为关注环境因素的影响,包括家庭环境、学校环境、社会环境和网络环境。

第二节 成长的客观规律

《国家中长期教育改革和发展规划纲要(2010—2020年)》明确提出:“要遵循教育规律和人才成长规律,深化教育教学改革,创新教育教学方法,探索多种培养方式,形成各类人才辈出、拔尖创新人才不断涌现的局面。”因此,针对大学新生,在大学新生成长相关理论指导下,研究、总结其学习生活中的成长规律,对分析大学新生成长系统模型的要素、相互关系,进而构建新生成长系统,具有重要的现实意义。

大学新生的成长规律具有一定的普遍性和特殊性。普遍性具体表现在:尽管不同大学新生在思想、行为上情况各异,但是都遵循一定的成长规律。特殊性表现在大学新生的成长规律较其他成长阶段、其他青年群体的成长规律有所不同。

规律并不以人的意志为转移,但会随着内在条件和外在环境的变化而变化。以大学新生为例,大学新生的成长受到诸多要素的影响和制约,正是这些要素之间的交互作用,决定了大学新生成长的过程规律和基本趋势。在不同的年代背景和不同的客观条件下,大学新生的自身发展运动形式以及外界环境对大学新生的作用方式都在发生变化,教育者通过遵循规律的教育方式,采用改变规律发生作用条件、形式等手段,从而对学生的成长发展起到积极的推动作用。

一、成长的基本规律

(一)大学新生思想规律

思想规律是主体思想产生变化的内在、本质、必然的关系。大学阶段是人的世界观、人生观、价值观形成的关键时期,大学生是社会新技术、新思想的前沿群体,是国家培养的高级专业人才,是推动社会进步的栋梁之材。深入研究大学生尤其是大学新生的思想变化规律及特点,对于推动大学生成长为德智体美劳全面发展的社会主义接班人、增强高校思想政治工作实效性,具有重要意义。

总体而言,大学新生思想变化特点主要包括四个方面。

1. 思想变化受社会生活条件的影响

社会存在决定社会意识,人的思想不可避免地受到客观社会生活条件的影响和制约,社会生活条件变化,人的思想也要随之发生变化。

2. 思想变化与个人需求的满足状况紧密相连

人的需求包括物质需求和精神需求两个方面,一般来说,需求得到满足,人们就情绪高昂,反之则情绪低沉。

3. 思想变化受世界观的制约

世界观是人们对整个世界的根本看法,制约着人们的人生观、幸福观、生死观、道德观等思想意识,不同的世界观决定着不同的思想意识。

4. 思想变化是一个辩证发展的过程

人的思想变化同一切事物的发展变化一样,有一个从低级到高级、从量变到质变的过程。

大学新生的思想规律主要表现在以下两个方面。

1. 思维活跃、心态开放,易于接受新鲜事物

比起“80 后”“90 后”,现在的大学新生成长在社会更加开放、物质极大丰裕、信息空前爆炸的时代。因此,他们见识更加广阔,思维活跃、心态开放,易于接受新鲜事物。随着全球化进程的日益深入,西方形形色色的文化思潮、生活方式和价值观念等通过各种途径冲击着“00 后”大学生,如何增强他们的辨别能力成为当务之急。

2. 关注社会、充满理想,爱国、爱校意识浓烈

大学新生爱国意识比较浓烈,政治立场比较鲜明。并且踊跃参加学校举办的各类活动,积极展现自己,自觉维护学校的荣誉,具有良好的爱校荣校意识。但还有部分学生存在着信仰宗教等情况,政治信仰呈现多元化趋势。特别是在“00 后”大学生群体中,部分新生对于马克思主义的理解存在迷茫等情绪对社会主义核心价值观缺乏系统深入的分析和实践体

会,因而容易产生信仰迷惘。

(二)大学新生学习规律

学习是大学新生的主要任务,是大学新生获取知识、发展智能、提高素质的必要途径。学习规律就其结构而言,是包括学习观念、学习风格、学习能力、学习行为、学习策略、学习方法等在内的各要素规律的总和。探索和把握大学新生学习规律,有助于高校教育者更好地引导学生学会学习,帮助学生提高学习效率和学习质量。

大学阶段的学习与初高中阶段的学习有比较大的差别,初高中以基础课程知识为基本内容,大学新生的学习是在确定基本专业方向后进行的,属于专业学习阶段。同时,在学习方式上,中学的学习以教师的教育教学为主,而大学新生学习是以教师为主导、学生为主体进行的,学生的自主性、主体性在学习过程中起着重要作用。因此,大学阶段的学习规律与之前的学习阶段存在显著的差异,需要加以必要的关注,展开更为深入的探索。

大学新生的学习规律主要表现在以下三个方面。

1. 学习态度较为端正,学习主动性较强,但实用性和功利性趋势凸显

态度是人们对一定对象相对稳定、内部制约化的心理反应倾向。随着人生观的形成,社会政治、经济制度及其发展对新生影响不断增强,大学新生逐渐把学习和掌握更多的知识看作是一种不可缺少的精神需要。在刚开始进入大学的阶段,学习的主动性尤为高涨。但部分学生存在学习动机、学习时间分配上呈功利化倾向,往往重视知识的实用性,忽略基础知识学习的情况。

2. 学习动机明确,学习兴趣浓厚,但对专业认知片面化

随着高校教育的发展,越来越多的新机遇与新发展面向大学新生,学生的学习兴趣多元化,在兴趣的驱动下,学习动力更加充足。高中毕业生在填报志愿时,往往以专业的冷热、未来就业的好坏来选择专业,而不根据兴趣、爱好。由于成绩不理想、被录入冷门专业的学生担忧就业竞争和未来前途。而被录入热门专业的学生,对专业期望过高,且缺乏正确认识,在学习一段时间后,在现实和理想的冲突中,逐渐出现自己不适合该专业的错误认知,由此对专业学习失去兴趣。另外,还有一些高校普遍存在这样一种现象:一些学生由于高考发挥失常,没有考上理想的大学;一些学生即使考上了理想大学,却没有进入理想的专业。因此对专业缺乏兴趣,使他们感到学习没有意义。

3. 学习方法以自主学习为主,但学习目标与学习步骤缺乏科学规划

大学新生的学习方法以自主学习为主。根据大学新生的学习方式,我们可将大学新生学习行为分为三种类型:(1)教师引导型,即学生在大学阶段的学习行为主要由教师的引导、传授获得;(2)独立研究型,指学生通过网络、图书馆等学习资源独立开展学习和研究;(3)集体研讨型,指学生可以根据兴趣、爱好、专业的不同组成学习小组,集体进行研讨学习的学习行为类型。但是,学习目标尚未完全清晰确立,学习方法掌握得不够,学习步骤缺乏明确的规划。

(三)大学新生交往规律

青年时期是一个关注交往、渴望友谊的重要时期。大学新生思维活跃、情感丰富,交往

的需要在其成长过程中占有重要的位置,所以人际交往就成为大学新生不可缺少的活动内容之一。大学新生的人际关系主要有纵向关系(师生关系、亲子关系)和横向关系(朋友、异性关系)两种,其中,恋爱是当前大学新生人际交往当中的一种特殊形式。大学新生的人际交往,受到其身心发展水平、群体规范与社会活动方式的影响,表现出明显的阶段性、群体性和时代性特征。

总体而言,大学新生交往规律有以下三个方面。

1. 交往对象:横向交往范围逐渐扩大,不同层次的交往圈逐渐形成

大学新生的交往可以分为横向交往和纵向交往,横向交往是同辈间的交往,而纵向交往是指大学新生与老师、父母等长辈之间的交往。进入大学后,大学新生的交往对象发生较深刻的变化,由以前的父母、亲戚、邻居、成长伙伴转向大学同学和在社交场合认识的其他人,其中又以同学交往为主。随着思想交流和感情沟通的深入,大学新生的横向交往范围不断扩大。同时,上课时间、地点的分散性,以及各类学生组织、学生社团活动的多样性,也客观上为学生的人际交往提供了更广阔的场所,有利于学生建立更复杂的交往网络。大学新生交往不仅仅局限于同班同学,而且已经发展到同级、同系甚至是同校同学,跨年级、跨院系、跨学校甚至跨地区的交往越来越普遍。

2. 交往方式:虚拟交往是现实交往的延伸,呈现出多样化发展趋势

随着社会信息量的急剧扩大,大学新生的交往方式更加开放。虽然传统的寝室和班级同学之间的对话交往依然是大学新生人际交往方式的主流,但是在新媒体环境下,网络、微信、QQ、微博、社交 APP 等新的交流平台和交往方式不仅缩小了交往空间的距离,而且缩短了心灵的距离。网络的普及使得“虚拟性”的交流取代了面对面的活生生的交流,电脑屏幕后面的非真实身份交流导致人际交往模式的转变。

3. 交往行为:自信张扬、渴望独立,交往的选择性逐渐增强

大学新生大多都是家庭的独生子女,在“6(父母、祖父母、外祖父母) +1(自己)”家庭结构中成长,从小“集万般宠爱于一身”,进而形成了自信张扬、特立独行的性格特征。他们自我意识强烈,表现欲望浓烈,渴望得到别人的认可和尊重,但又不轻易认同别人的观点。他们渴望独立,喜欢被关注,在衣着打扮、思想行为上常常刻意标新立异、与众不同。另外,随着社会的发展变化,大学新生在交往动机上也趋于“理性化”,交往的选择性逐渐增强,选择什么样的人交朋友,并不仅仅出于情感和志同道合的需要,而越来越注重现实的需要。

(四)大学新生心理规律

大学时期是人的生理、心理发展的重要时期,是青少年由不成熟的人格状态向成熟状态转变的时期,心理状态处于迅速走向成熟而又未完全成熟的过程之中。这一时期的个体容易呈现出不稳定性,具有独立与依赖并存、理想与现实冲突较大,以及自我意识强而自控能力较差等心理特点。近年来,社会矛盾的不断加剧对大学新生的心理也产生了较大冲击,加上大学新生们正处于生理、心理和思想发展变化时期,大学新生的心理健康状况并不令人十分满意。

具体而言,大学新生成长发展的心理规律表现在三个方面。

1. 从心理问题类型来看:发展性问题为主,障碍性问题较少

根据心理问题严重程度不同,通常将其分为发展性心理问题和障碍性心理问题。发展性心理问题主要包括各种适应问题、应激问题、人际关系问题等,大都是由于心理发展水平低、社会适应不良、突发性事件以及遭受挫折等因素引起。障碍性心理问题也称为心理障碍,是介于神经症和一般心理问题之间的异常心理状态,它是由发展性问题转化而来。调研结果显示,当前大学新生的总体心态是健康的,其存在的心理问题以发展性问题为主,主要是完成人生发展课题过程中遇到困难而产生的轻度心理问题,大部分属于心理困扰。学生的发展性问题主要包括自我认识问题、环境适应问题、人格发展问题、学习策略问题、人际关系问题、恋爱和性问题以及求职择业问题等,学生的障碍性问题主要有强迫症、恐惧症、焦虑症、抑郁症、同性恋倾向等。

针对上述问题,教育者要积极掌握发展性问题和障碍性问题的区分方法和标准,科学有效地鉴别新生中不同类型的问题。对于发展性问题,教育者既要高度关注、及时干预,避免发展性问题演化为障碍性问题。同时,也要认识到这类发展性问题存在的必然性,本着科学的态度来处理这类问题,帮助学生掌握必要的心理健康知识和心理调适技巧,增强自我教育和自我调适的能力。对于障碍性问题,教育者要在及时教育引导的同时,了解心理危机应对的基本方法和教育转介途径,必要时,要将学生转介到专门的咨询机构,为学生提供专业化的咨询指导。

2. 从心理发展特点来看:积极面与消极面并存,"无气力学生"应予以关注

大学新生心理发展正处于迅速走向成熟的阶段,他们既要面对在竞争中为完善自我而出现的各种问题,又要面对时代发展中因社会文化变迁而出现的各种挑战。内外压力的双重挤压,使他们的心理特征呈现出积极面与消极面并存的特点。积极的一面主要表现在:情感丰富、热情高涨、朝气蓬勃、勇往直前、敢于冒险、善于竞争、善于合作、富于创造等。但是,大学新生心理发展未完全成熟,又决定了其心理发展的消极特点。比如,情绪动荡、意志薄弱,情绪、情感控制能力低,易成为情感的奴隶;情绪体验深,易陷于低级情绪;求知欲与敏感性易导致迷信错误的"新知识"或"新思潮"。在种种消极心理特征中,由消极情绪心境引发的心理亚健康状况值得关注,这是一种持续的消极心理状况,在这种状况下,主体不能对社会作出良好的适应,影响身心潜能的充分发挥。

针对这类学生群体,在教育过程中要帮助他们掌握良好的压力释放方式,建立积极的心理防御机制,引导他们更好地将压力转化为动力。心理防御机制是一种摆脱痛苦、减轻不安、恢复情绪稳定、达到心理平衡的适应性倾向,学生的意志品质是否坚强、心理防御机制是否完善,与其耐挫折和压力能力的高低有着密切的联系。对大学新生来说,应逐步引导他们对生活产生更深刻的理解,形成健康的人格品质和积极向上努力进取的个性,培养适应和改变恶劣环境的能力,既能忍受磨难又有坚忍不拔、顽强拼搏的意志品质,进而形成抵御社会压力和挫折的能力。

3. 从心理应对方式来看:应对方式趋于多元化,求助对象集中于同学和朋友

心理应对是个体对抗应激的一种手段,是指个体对环境或内在需求及其冲击所作出的恒定的认知性和行为性努力。合理的应对方式对降低心理困扰带来的消极影响有重要作

用,大学新生群体的知识水平和评价能力相对较高,理应具备较完善的心理问题应对体系。学生在遇到心理困扰或出现心理问题时,会通过多种方式进行积极应对,如倾诉转移(娱乐、游戏、读书)、发泄(哭、写信或记日记)等,部分学生也会选择顺其自然、压抑等消极应对方式。

二、成长的适应性规律

同一事物在不同发展阶段有不同矛盾,这些矛盾使事物在不同的发展阶段表现出各自不同的特点,因此,要按照具体问题具体分析的原则,从事物不同发展阶段的具体矛盾出发,在事物发展的动态平衡中准确认识和把握其规律。

大学新生的成长是一个由不同发展阶段汇聚而成的过程,不同阶段的主要矛盾及由矛盾而产生的成长特点各不相同。不同阶段的发展相互联系,共同构成了大学新生成长的完整过程。大学一年级是大学新生成长成才的关键时期,是关系到大学新生在大学期间能否健康成长、顺利成长的特殊阶段,也是大学新生成长适应性问题最多的时期。

(一)大学新生适应问题概述

适应性是指个体在认知品质和个性品质的基础上,通过与社会生活环境的交互作用,对外在社会环境进行学习、应对和防御,对内在心理过程进行控制、理解和调适所表现出来的习惯性行为倾向,是心理素质结构中最具衍生功能的因素。由此可知,适应性是一种相对稳定的心理品质,具有跨时间和跨情境的稳定性,它能够显著预测个体的心理健康水平。据调查,80%的大学新生会产生心理、生活、学习等方面的适应性不良问题,这些问题对大学新生日常生活和自我发展的方向和质量方面的影响较大。科学认识和把握大学新生适应性问题及规律,对于提高大学新生思想政治教育工作的针对性和实效性,使新生尽快适应大学新环境具有重要意义。

大学阶段是人一生中的几个关键阶段之一,大学新生面临着由青少年转变为成人的一系列重要发展任务,因此也必然会经历学习、生活等适应问题。适应问题在大一新生中表现得最为突出。据统计,大多数新生从"陷入迷茫,不适应大学新生活"状态到"走出困境,逐渐适应"状态所需的时间,少则需要3~5个月,多则需要1年,极少数的学生甚至需要更长的时间。

有学者认为,"00后"大学新生适应性中存在的问题,主要有独立自主意识和能力欠缺、面对新的学习生活方式的适应度较差、防网络诈骗能力较差等方面。有的研究者认为大学生出现自我适应问题的深层原因是其还不具备独立实现自然生存的基础、对所处社会环境的片面认知和理解、在社会环境中角色定位的偏差、自我评价和自我调控能力欠缺;有的研究者认为大学新生适应主要以下几个方面:身份导向,提升自我身份认同;破除障碍,强化交流沟通能力;独立人格,规划个人职业生涯。

新生适应性问题可以归纳为生活、学习、人际交往及心理素质四个方面。生活方面,学生的适应性问题主要表现在气候差异、饮食习惯、作息时间等方面。学习方面,主要为对学习目标、学习环境、学习特点、学习方法、学习内容等的不适应。人际交往方面,主要表现为交往范围扩大、交往目的复杂、人际关系紧张等。心理素质方面,主要体现在自我认知层面,在自我认识和自我价值感方面存在不适应性。此外,学术界虽然已开始将大一学生适应问题作为分析研究大学新生乃至整个大学新生群体思想状况的关键问题之一,但是无论关注程度、研究方法还是具体实效,在具有广泛影响力的研究成果方面还有待加强和完善。在此情况下,深入开展大学新生适应问题研究,提高大学新生适应问题研究的质量和水平,具有重要的理论意义和现实意义。

(二)大学新生适应规律及表现

大学新生适应是一种较为特殊的适应,指初上大学的学生在脱离熟悉环境并进入大学新环境的变化过程中,根据新环境的要求,积极调整自己的心理与行为,顺利实现角色转换,以此达到与新环境的平衡。从内容上看,大学新生适应问题主要包括自我适应、学习适应、人际适应、日常生活适应、管理方式适应等。从程度上看,大学新生适应问题表现出鲜明的不平衡性特征,如新生适应能力的高低等。

1. 学习动机存在功利性,学习动机基本呈现"减弱—增强—模糊"的变化规律

大一年级是高中到大学的过渡时期,是学生适应大学教学方式,转变学习方式、思维方式的重要时期。许多学生表现出极大的不适应,存在一定忧虑和恐惧。其主要表现在:

(1)学习动机存在功利性。大学生的学习动力既来自学习以外的因素,即外部动机或功利性动机,如出于父母的要求、教师的督促、升学的压力、同伴的竞争、求职的需要等而进行学习;也来自学习自身的因素,即内部动机,如对知识的兴趣、对知识的内在需要等。现代教育心理学更看重学习内部动机的作用,认为一种成功的教育必须以激发学生内在的求知欲为前提。在现实中,随着学生年龄的增长,学生的内部动机有逐渐弱化的趋势,其对学习的兴趣也会逐年递减,厌学情绪日渐增强,此时,功利性的外部动机成为学生学习的主要动机。因此,大学生考虑个人利益的动机比例较高。少数大学生自我迷失,缺乏上进心,遵循"及格万岁"的原则,对学校的教风、学风、考风产生消极的影响。

(2)学习动机强度呈现"减弱—增强—模糊"的趋势,部分学生存在"学习态度虚假积极"。刚刚摆脱高考重压的大学新生,面对相对宽松、自由度较大的大学新环境,一时难以树立新的奋斗目标,因而在一定时期内常常出现"学习动力真空""理想间歇"等问题。中学时期,由于高考的压力,大多数中学生以"考上好大学"为学习目标。虽然学习动机较为强烈,但属于近景性学习动机。因此,一旦达到考上大学的目标,学习后劲往往会出现不足,学习动机减弱,部分新生甚至会出现学习目标茫然、学习不刻苦或厌学等现象。然而,经历短暂的学习"动力真空带"之后,大一学生学习动机会逐渐趋于明确,其强烈程度也在日益增加。进入大学不久,很多学生便会发现大学的学习内容较多、任务繁重,且没有家长和老师随时随地的监督,于是很快产生了学习上的紧迫感,加之许多学生对大学新生活充满了美好向往,因此,常常会在短时期出现"目标明确、学习动力很足"的虚假状态。这种状态"虚假"的原因是它维持的时间最多只有半年,由于缺乏高中时期知识上的考点引导和管理上的教师督促,很多大学新生会在大一下学期再度出现"学习动力真空""理想间歇"的现象。学习动机的模糊很大程度上影响着学生的学习投入水平,间接制约着学生的学习、效果和能力。造成学生学习动机模糊的原因是多方面的,根本在于大一学生存在专业认知偏差。专业认知指学生对所学专业的内容、方法、价值及未来走向的理解和认识,是专业学习的心理基础和

动力。因为缺乏正确的专业认知,许多学生在学习上出现了强烈的不适应感。很多大学新生开始了大学学习生活后才知道自己所学专业的具体内容,往往出现专业认知偏差和迷茫,进而导致一系列不适应问题。

2. 积极进取、勇于竞争,心理承受能力较弱

大多数大学新生能积极进取,敢于竞争,努力通过志愿服务、党团活动、科技竞赛等途径锻炼自己,提高自身综合素质。比如,长安大学70%在校本科生至少参加了一个学生社团,近万名在校本科生报名全国十四运会志愿者,近3000名在校本科生报名参加学校70周年校庆志愿者服务工作。但是,由于他们成长在相对优越的家庭环境中,在成长过程中受到的困难和挫折相对较少,部分学生对新环境的适应能力较弱,抗压能力明显不足。

3. 高校生活理想化,吃苦耐劳精神不足

高中时期,学生面对巨大的考试压力。老师和家长常说,考上大学一切都好了,进入大学即可无忧无虑地生活、学习和恋爱。因此,高中生都把大学想象得分外美好,希望在花园式的校园中挥洒青春、成就自我。但他们对大学的了解和认识存在偏颇,在走进大学并亲身体验后,许多人会发现大学生活并非如自己想象的一致,于是部分学生在理想与现实的落差间失去内心平衡,造成思想上的失落感与挫折感。大学生成长于全球经济一体化的浪潮中,教育改革、高考扩招、金融危机、通货膨胀、就业困难等社会现象,使他们面对着前所未有的压力,危机意识强烈。他们与我国的互联网时代与经济社会一同成长,网络成为他们学习生活、人际交往和娱乐的重要工具,这也使他们对手机和电脑等网络产生了严重依赖性。

4. 角色转换使理想和现实、自我评价与自我优势间的张力日趋拉大

大一新生角色转换的过程,既是大一新生自我实现的要求得到满足的过程,也是大一新生自我选择、自我发展的过程。另一方面,也表现为成长的选择。作出成长的选择是趋向自我实现的运动。在角色适应、角色转换过程中,大一新生面对诸多方面的变化,原有的心理平衡被打破,新的平衡尚未建立起来。因此,部分大一新生存在着不同程度的心理矛盾,主要表现为以下两个方面:

(1)理想与现实产生较大心理落差。心理落差,是指原有的有关自我定位、自我预期等在新的情境中与实际感知和心理体验(真实的或想象的)差别较大而造成的一种失落感和心理反差。在进入大学前,许多学生头脑中的大学校园和大学新生活都是过于理想化的,然而,进入大学后,经过短暂的兴奋期,发现事实并非如自己想象。有的学生感到现实的大学与自己想象的大学相去甚远;有的学生因为自己的高考失利,或是填报志愿时受到老师、家长的左右,所上大学并非自己所愿;有的学生对自己所学的专业不甚了解,因而失去兴趣。这些理想与现实的落差,致使一些学生常常怅然若失,忧心忡忡,情绪低落,感到前途渺茫,从而形成失落心理。

(2)自我评价出现偏差,自我优势感丧失。自我评价是心理学中自我意识的一个方面,指人对自身条件、素质、才能等各方面情况的一种判断。大一学生自我评价得当与否,将直接影响其学习效能、职业选择和事业奋斗中的自信心。在自我认知和评价方面,大一学生总体上处于一种无意识、低水平的阶段,具有评价标准的"一元化"倾向,以自我为中心的思维占据主导地位。他们有时以自己的主观标准去评价周围的人和事,造成理想中自我与现实

中自我的冲突,导致他们不能正确认识自己。部分学生进入大学后,在新的集体中,发现身边许多同学不但成绩优秀,还兼具音乐、美术、舞蹈等才能,相比之下,自己则显得比较普通。

综上所述,大一学生的适应性问题可分为两个阶段。大一上学期,入学适应是迈进大学校门的新生都要经历的第一难关,时间长短因人而异,一般为一个学期左右。处在这一阶段的大学新生,面临着从中学生活到大学新生活的急剧变化,造成很多困扰,需要对其实施适应性和生涯规划教育来改善境况。大一下学期开始,他们逐渐适应了大学的学习生活方式,又出现新的适应性问题,对未来充满迷茫、对所学专业充满质疑,形成了很大的心理落差,这时候需要实施示范教育和朋辈教育,帮助其建立榜样模范,重拾发展信心。

第三节 成长系统的构建

人的成长发展不是单个的过程,而是一个由人的内在矛盾运动和外在因素相互影响、相互制约的过程,大学新生成长就是由这些制约和影响成长的核心要素、结构要素,通过内在的相互联系生成的。大学新生成长相较于其他群体,对于自由、全面、充分发展的需要更加迫切,对于知识、理论、实践的需求表现得更加显著,对于自身发展的诉求更加强烈。

大学新生成长系统是一个相对复杂的系统,是新生学习生活的成长各要素自身形成发展规律和要素间相互影响制约的统一,是新生阶段大学新生成长的具体规律与整个成长阶段的基本规律的统一,是具体成长问题同整个成长问题的统一,这种多重特性使大学新生成长系统研究十分复杂。

一、构建成长系统的价值

(一)学习生活目标迷茫促使高校重视大学新生成长

大学新生处于思想观念、学习方法、生活方式的关键性转型期,在这个过程中,因为生活目标缺失,学生缺乏学习生活动力,遭遇的困难和挑战在短时期内会表现为对大学第一年的不适应。在思想观念方面,大学新生总体积极向上,但仍有部分大学新生在一定程度上呈现出理想信念模糊、社会责任感匮乏等问题;在学业提升方面,大学新生受学业生涯早期应试教育模式的影响,学习态度不积极、学习效率较低;在人际交往方面,由于缺乏与他人相处和交往的经验,大学新生往往会遇到人际关系问题。因此,高校应提供全方位的新生入学教育,帮助大学新生建立起明确的成长目标。

(二)大学新生成长路径缺失促使高校探索学生成长规律

大学新生往往被一系列问题困扰:到大学后要成为什么样的人,如何成为那样的人。针对这一系列问题的认识和回答,是大学新生适应环境、实现人生转变的基本前提。通过对大学新生成长系统生成机制的研究,有助于明确大学新生成长的因素,进而不断持续改进工作内容、方式和方法。在这些学生成长的"关键点"上用力,进而使人才培养工作达到事半功倍的效果。

(三)大学新生成长支持主体要素协同促进新生发展

受家庭教育、高校培养方式等因素的影响,大学新生会出现学习、人际等方面的适应性问题，导致其生理和心理状态不佳，甚至中断学业。大学新生成长过程涉及各方面的需求。高校认可的学业质量观、市场认可的需求导向观、家庭认可的综合素质观，均从不同视角提出了对大学新生成长路径的期望。由于家庭、用人单位、高校以及学生个体对自身成长需求和期望各异，大学新生成长不能仅通过高校单方面努力，而应重视不同社会经济背景、不同专业类型的新生在成长方面的差异，考虑各利益相关方的利益需求，从而达成各支持主体要素相互协同的结果。

二、构建成长系统的原则

当代大学新生群体特点和个性需求越来越鲜明，思想行为的独立性、选择性、多变性、差异性也越来越明显。复杂的成长环境与学生本身迫切要求我们创造或引入一种有效的分析工具，将大学新生成长研究化繁为简、去粗取精、去伪存真，揭示当代大学新生成长过程中诸要素的相互关系及作用机理。

当代大学新生的成长是其不断认知大学的过程，是在大学期间知识、能力、思想、人格等方面不断发展完善的过程，也是大学新生自身努力与环境条件、教育投入、家庭影响相互作用的过程。由于这一过程具有的渐进性、模糊性、复杂性、差异性等特征，在建构当代大学新生成长系统模型时，应遵循以下两个原则。

(一)静态性与动态性相结合

将静态分析法运用到大学新生成长规律研究中，重点分析大学新生成长的基本素质条件及相对均衡的成长状态。但需要注意的是，大学新生成长认知和能力提升并非一直处于静止状态，而是处于在大学新生成长系统要素的作用下不断增长和变化的过程中。在系统要素的作用下，初始的大学新生成长认知愿景，改变着大学新生自身投入，进而影响大学新生成长的实现效果。大学新生的成长既相对稳定，又不断发展变化，因此静态分析还要与动态分析相结合。

(二)内因性与外因性相结合

唯物辩证法认为，事物的发展变化是内因和外因共同作用的结果。其中，外因是变化的条件，内因是变化的根据，外因通过内因起作用。当代大学新生的成长也是内因与外因共同作用的结果。大学新生成长首先取决于其自身，即本人主观能动性的发挥，具体表现为志向、上进心、意志、毅力、勇气等诸多方面。大学新生日益增长的成长发展愿景需要与有限的知识、素质和能力之间的矛盾，是推动大学新生成长的根本原因，需要在研究中对此维度进行科学分析和正确把握。大学教育从德智体美劳等方面对学生成长施加专门的影响，外部环境则通过家庭、互联网等对学生成长施加潜移默化的影响。这些外部条件无时无刻地影响学生的成长发展，因此其是开展大学新生成长系统研究中不可忽略的重要维度。

三、构建成长系统的框架

对于大学新生而言，大学是学习生活蜕变之旅的源点。对学生来说，经历了课程学习、科创活动、课余活动、勤工俭学、人际交往和休闲娱乐等学习生活方式后，他们的成长与发展却各不相同,成长程度具有巨大的差异。大学新生成长系统模型可以对这种差异进行合理解释,如图3-1所示。

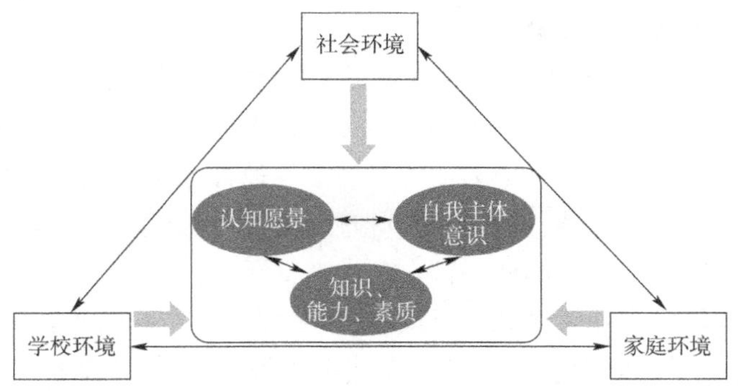

图3-1 大学新生成长系统模型

大学新生成长并非随着时间的推移而实现,也并非同个体的努力程度成正比,而是在家庭环境、学校环境、社会环境、网络环境以及学生本身的认知愿景、知识能力素质、自我主体意识等多种要素互相矛盾、互相作用下实现的跃迁。随着环境的改变,大学新生群体认识世界的程度水平和实践活动的方式范围也发生相应的变化,其成长规律发挥作用的方式也就会因条件和环境的改变而发生不同程度的变化。研究成长系统的构建,就是要从影响学生成长规律的要素和条件入手,探究这些要素的相互作用和发展变化。

(一)大学新生成长的内在要素

大学新生的成长过程是具有能动性的主体活动,成长取决于大学新生自身,个体的客观现实基础以及主观成长需求,即大学新生日益增长的成长发展需要与有限的知识能力和素质之间的内在矛盾,这是推动大学新生成长的根本原因。

1. 大学新生通过认知明确其成长的动力目标

认知代表了人们从环境中取得信息(收集信息),并使其世界有意义(评价信息)的心理过程,不同的认知方式会产生不同的行为和目标。新生在大学生活的开始就认知大学、认知自我、认知发展,对学生的综合素质发展起到关键的作用。通过认知产生的愿景会不断激励学生学习有效知识、提升关键能力、养成必备素质,最终实现个人和社会全面发展的美好愿望和远大目标。

2. 大学新生的知识、能力和素质是其成长的现实基础

知识是个体在社会生活中开启个人智慧与才能的前提和基础;能力是个体在认识和实践活动中形成和发展的能动力量;素质是个体内在相对稳定的身心组织结构及其质量水平。知识、能力、素质都是人们在先天禀赋的基础上,由环境和教育影响所形成的成长发展水平,是个体成长发展的基础条件。作为青年中相对优秀的群体,大学新生在知识储备和能力素质等方面往往强于其他的同龄群体,这就为大学阶段的成长发展奠定了坚实的基础。但是由于现阶段的成长经历和教育环境等影响,大学新生往往缺少社会经历,生活内容比较单一,知识和能力结构可能还不够全面,社会实践活动能力、知识应用的能力、动手操作能力、创造能力、表达能力等相对较薄弱。在素质方面,大学新生群体一般具有较高的综合素质,但也存在部分学生心理成熟度不高,具表现在其应对挫折的能力、适应环境的能力等方面存

在不足。综上所述,大学新生知识、能力和素质特征,决定了大学新生在成长过程中可能出现的问题以及可能表现出的发展趋势,它是大学新生成长的现实基础。

3. 主体性是学生成长的内在动力机制

主体性是人们在社会实践活动中具有的主观能动性。大学是人主体性发展的转折和过渡阶段,是由自我主体性向自觉、自由主体性的过渡。人的主体性发展是教育与自我教育的统一,大学阶段更强调自我教育,是个体从相对被动的教育走向自由发展的重要时期。大学新生主体性的主要表现是自主性、选择性和创造性。自主性是指学生具有主体意识,能够根据自身的发展需要,有计划、有目的地安排自己的教育活动,是学生形成独立意识的前提;选择性是指学生根据自己的主观意愿对学习内容、学习方式等进行选择的能力,是学生进行价值选择的前提;创造性是指学生应用新颖的方式解决问题,并产生新知识成果的过程,是学生发现新知识的前提。由此可见,主体性是学生在思想和行动中表现出来的自主性、选择性和创造性等基本属性,是学生成长过程中的重要动力要素,制约着学生学习活动的方向和效果。学生主体性发挥的程度和广度,制约着学生学习活动的实际效果。主体性的发挥使各成长要素之间的运作有机化,从而使个体的成长发展充满生机,始终保持着旺盛的生命力。

学生的主体需要与其认知愿景,以及学生现实的知识、能力和素质状况之间的矛盾,是成长发展的内在矛盾,也是成长发展的根本动力。人的主体需要是人进行各项活动的内在驱动力,学生的最高需求是对成长发展的需求。在现实成长过程中,尽管大学新生成长需求不能凭空产生,其是建立在主体对自身状况和社会发展的分析判断基础上,但是,这种主体需求和学生愿景、现有的知识能力以及素质状况之间总是存在或多或少的差异,这就会让学生产生积极进取的精神和力量,进而产生知识学习和实践锻炼等活动,努力提高自身的水平。正是这种"需求—成长—需求"的无限循环推动着学生的成长发展,成为学生成长过程中的内在矛盾运动的基本规律。

(二)大学新生成长的外在要素

人是一定环境的存在物,人必须依赖环境而生存发展,环境在容纳人、养育人的同时也会塑造和改变人,但人也会影响环境、改变环境。随着经济社会不断发展,大学新生成长的客观环境发生了深刻的变化,大学新生的成长也呈现出与以往其他时期不同的特点。

1. 学生成长的宏观环境

宏观环境是指直接或间接影响个体生存和发展的全部外在世界。当前我国大学新生处在复杂的社会环境中,国内外局势深刻变化错综复杂,世界多极化、经济全球化、文化多样化、社会信息化深入发展,为学生的成长提供了一个良好的成长发展空间,但也不可避免地影响着大学新生的成长和发展,这对大学新生思想政治教育提出了新的挑战。当前的社会背景有利于信息的交流和获取,以及大学新生视野的开阔,便于大学新生扩大自己的成长空间。但在此过程中,由于各种社会思潮相互激荡,学生容易在眼花缭乱的信息海洋中迷失方向,因而明显增强学生成长过程中的不确定性,给大学新生的社会化过程带来了一定的困难。

2. 学生成长的微观环境

学生成长的微观环境主要指其学习生活的校园、家庭等。学校教育环境是大学新生成长发展最核心的环境。作为经过加工过滤的特定环境,学校具有显著的可控性和选择性。学校教育按照既定的人才培养规格,遵循教育客观规律,通过唤醒学生成长过程中蕴涵的符合教育目的的各种可能因素,使其在学生成长过程中发挥主导和支配作用,以改变其在自然状态下自为的成长状况,从而达到教育的最终目标。学校通过显性的物质环境和隐性的文化环境,对大学新生成长具有一定的教化作用。家庭环境就是家庭全体成员在长期共同生活中创造的一种文化氛围,它从思想政治、经济、文化等多方面,全方位、立体式地影响和贯穿大学新生成长的全过程。家庭的经济状况影响和制约着学生的成长,家庭成员的文化素养和教养方式、家庭的结构及特点、家长发展期望都影响大学新生的成长。

总之,大学新生成长系统是在外部要素的作用下,通过学生内部发展的矛盾作用,共同发力的持续生成过程。这一过程遵循了思想政治工作规律、教育规律、学生成长规律,充分考虑了学生发展的各方面要素,有助于促进学生全面健康发展和成长成才,具有较强的可行性。

第四章
大学新生学习生活的愿景系统

随着社会经济发展，在高等教育领域，学生的需求矛盾也发生了新的变化。现实生活中，学生进入大学之前对大学生活有很高的期望，期待自己在大学可以学习专业知识、攻克某一难题、谈场恋爱、交一些知心好友。但是进入大学后，发现现实和自己的愿景存在偏差，游戏、追剧等玩乐占据了很多新生的大部分时光。

新生进入大学，不仅是为了学习专业知识和专业技能，还是为了获得一种学习方法和思维方式，甚至是为了学习一种生活方式。大学在提高大学新生生活品质、丰富大学新生心理世界方面的重要功能可能处于边缘状态。世界一流大学应当能够培养学生卓越的价值观、道德体系、精神面貌、礼仪风度、哲学智慧、无形的生活态度或习性，从而保障大学新生能够幸福生活，由此踏上成长成才的生活道路。

第一节　新生视野的美好生活愿景

新生的生活有平淡和诗意两个方面：平淡的一面是指他们被动承受的事物；诗意的一面则指他们主动从爱情、友情、交流、奋斗、感悟和反思中获得的满足、热情和兴奋。生活的平淡方面是生存的基础，但新生更应追求富有诗意的生活。高中阶段的学生对大学生活充满着美好的憧憬，他们由衷地向往大学优越的环境条件、自由浪漫的生活、优美的校园、浓厚的学习与学术氛围，期待与国内外知名的学者、专家、教授进行面对面交流等。然而，现实和理想往往存在矛盾。大学新生对大学、社会及自身认知的不充分，容易导致其无法适应新的环境。大学新生刚入学时对生活有自己的愿景，并据此来建构自己的生活系统。通过调查，可以从一些大学新生的叙事中发现他们视野中的美好生活愿景。

一、独立生活

进入大学，意味着新生真正意义上的独立自主生活模式开启，因此，必须学会如何生活。大学拥有相对独立和自由的环境，学生从“中学模式”转变为“独立模式”，从老师相对严格的管理到个人相对独立的生活状态，不再重复“三点一线”的高中生活，更不能整天无所事事，而是要积极参与多彩的课余活动，丰富自己的大学生活。大学和中学有着本质上的不同，大学里学习和生活更加自由，学生拥有对生活的自主权、主宰权和选择权。也因为这样，新生更容易迷茫和失去方向。

大学给每位新生提供相对独立的时间和空间由自己支配，要求每位新生逐步培养自己的独立性和自主性。但是，如果没有自我管束而散漫地虚度时光，就容易陷入沉沦。一个独立的人,指其拥有独立的思想、人格以及独自生活的能力;一个独立的个体,应该是自主的,有独立的社会经济地位、独立的生活态度和独立的思考能力。此外,独立的自信尤为重要。由于大学新生所处环境的特殊性,并且尚未达到经济独立状态,这也使得他们自身独立性的形成和发展受到影响。很多大学新生错误地认为,独立就是避免任何人的帮助和指导抑或不产生任何依赖其他人的需要。事实上,即使是一个独立性很强的人,也可能需要依赖他人共同生活。独立,并不意味着独来独往,独挡一切。真正的个体独立,是指个体拥有自己独立的思考和行为方式,在面对问题与困难时,应更多地依靠自己的力量去努力克服和解决,而不是全部依靠他人的帮助或依赖于他人,个体对自己负有完全的、无可回避的责任。

二、多彩生活

大学新生刚进入大学时,对生活充满好奇,开始热情地尝试各种事情,兴致勃勃地加入各级各类学生组织,参加歌咏比赛、舞蹈比赛、体育比赛、演讲比赛、知识竞赛等,给自己制定计划表和日程表,试想着自己的大学生活一定是最充实。可是随着时间的推进,很多新生忘记了初心,虚度了光阴。倘若把这些自主时间加以有效利用,做一些有意义、有价值的事,那么大学生活将会变得多姿多彩。

大学,是梦开始的地方。大一新生希望在进入大学后尽快找到自己的归宿,在迷茫中静下来好好思考在转瞬即逝的大学时光中,自己究竟要何去何从;认清自己所处的状态,分析当前社会的现状,然后经过自己的努力,突破自我,真正实现自身价值,不至于在多年以后还感叹匆匆那年,责备徒劳无功的自己。成长是一个游戏,是一个迷宫,新生不知道未来会遇到什么:机遇、成功,还是困难、失败。但不管怎样,要有一颗“尝”心,要有“过五关,斩六将”的决心,扫除各种困难,这样才能不断取得成功。新生只有充满自信,坚持不懈,勇敢面对和处理前进道路上的各种难题,才能顺利到达成功的彼岸。一味地犹豫和逃避,只会被激流冲退,最终被时代抛弃。

三、情感生活

情感是有价值的人生的重要组成部分,它也是大学新生生活的基石,源于新生内心的感知和判断。教育情境是一个感情场所,感情从一种潜在的方式,积极或消极地影响着教育过程。恋爱在大学新生生活中占据重要的位置,爱情使新生的内心得到迅速的成长,情感变得更成熟和理智,也使其从中得到很多感悟。首先,不论是学长、学姐的建议,还是自己成熟的思考,大学恋爱会让新生得到一个很美好的体验,学会如何跟异性相处,这些都是课本难以教会的;其次,要自尊自爱,这种自尊自爱体现在如何在一段爱情中守住自尊,坚定自己内心的想法和方向。最后,跟异性相处要把握好尺度,这也是女孩自尊自爱的表现,当感情到了某种程度后,必定会有身体肌肤的接触,女生是弱势群体,保护自己最重要的是对自己的负责。

情感作为个体独一无二的心理动力,深深地植根于新生的内心。虽然大一生活可能会或多或少存在遗憾,但是这也是人生的独特体验。针对大一的不完美,通过不断地反省,学生可以在大二力求完美,弥补自己在大一的缺憾,依然可以让自己的大学生活多姿多彩。

四、领悟生活

大学是一个神奇的地方，既能充实学生，也能击垮学生。新生应思考自己不被击垮的方法。初入大学，一些新生对自己的大学生活产生既期待又迷茫的矛盾心理，期待的是全新旅程的开始，迷茫的是度过这段旅程的方式。大学有着与高中完全不一样的生活状态，新生可能出现在一段时间内不太愿意跟其他人交流的状态，同时，伴随着想家、想朋友、想回到以前的生活的心理，这是大学生活的瓶颈期。这类新生的学习也因此受到影响。

在大学第一年里，部分新生逐渐适应独自一人在陌生的城市学习生活，学会对自己的生活负责，开始了解如何正确地度过大学，渐渐地明白自己想要的到底是什么。在这一年中，新生会遇到形形色色的人，体验各种各样的学习方法和形式，也开始尝试高中阶段没有做过的事，例如加入学生组织，参加学生活动等，逐渐适应大学生活的方式和节奏。尽管在这个适应过程中会存在无措与彷徨的状态，会经历不愉快与失落的情绪。但是，随着阅历的增加，新生进入高年级学习生活后，一切都迈上一个新的台阶，就会明白经历、改变和领悟这些困难和挫折是不可或缺的。面对大学生活中遇到的各种情况，最理想的方法应该是行动与反思相辅相成，行动本身是盲目的，光靠反省又流于缺乏行动力。

第二节　美好生活愿景的偏差分析

高等教育的目的是通过教育，让学生在学习中成为真正的自己，在社会存在中找到本我存在，从而实现自身成长和发展，为将来走上工作岗位、实现自身价值打下基础。然而，在实际中，新生或多或少对大学教育存在误读。一些新生在进入大学之前，常常被家长和中学老师灌输一些偏谬的思想，导致一些误解和误判——大学的学习风格、生活模式、专业好坏及就业质量。在这种“误读”的影响下，新生感知到的现实是扭曲和片面的。而一些原本优秀的学生也很可能会因此迷失前进方向，丧失学习动力，甚至自我放纵、沉溺游戏、荒废学业。

作为经历高考喜悦后的大学新生，刚刚踏入大学校园，他们对大学充满着好奇，对未来充满着期待，但是却缺少对自身、对学校、对社会的充分认知。这就需要高校对大学新生的发展和成长给予充分的教育，引导他们尽快地了解自身、适应环境和融入社会，成为德智体美劳全面发展的人。

新生教育就是要通过一系列的教育措施，解构新生对大学的“误读”，扩展“认知视角”，让新生真正明白高等教育的目的，带着这些意识去学习和生活，从而找到自身发展路径，实现自身发展目标。因此，我们在思考生活及其期望的意义时，应当把生活当作一个统一整体。获得某种意义的生活指新生发现了生活真正的存在及其最深刻的核心，从而使新生的生活成为一个真正的整体、一个有意义的统一体的美好生活，并因此理解以前只是无意义的、断片式的生活。

一、偏离学术知识根基

帮助学生个体获取知识、信息，并促进个人成长，使其能够更有建设性地与“现实”交往，是教育的首要任务。因此,大学存在的价值是向后代传授知识,并产生新知识、新思维、新理念。此外,大学还有一个崇高的职责:激励学生献身于道德诚实,理解客观分析的方法论,尊重合理的探讨,从而确立科学精神和学术真理。尤其在新时代“双一流”建设背景下,大学的绝大多数活动源于学术知识的根基,如培育未来的专家、扩展知识前沿、应用知识于实践,或在学术界内外传播知识。学术知识的核心地位,构成了大学大部分活动的基础。但是,当前大学新生参与的活动,多以文体娱乐活动为主,或者说他们更喜欢这类活动,却可能偏离了学术知识的根基。同时,身为大学教师的我们也常常惊讶地发现,因为新生之间互动交流时间长,新生们从朋辈身上学到的东西,有时甚至比从教师这里学到的更多。

(一)新生对校园生活和学生活动存在认识误区

大学的魅力离不开校园生活的多姿多彩和其中蕴含的无穷乐趣。在学生心目中,大学里各种文艺晚会、文娱比赛、社团活动等充满乐趣。有的学生希望通过加入某个学生组织或社团,展现自己的能力和水平,从而获得大家的认可和好评,成为大家喜欢和敬佩的人。但进入大学之后,学生可能会发现部分学生活动是无聊无趣无味的,他们还可能会被要求充当某些不感兴趣的活动的观众。即使是精彩的活动,其前期组织和筹备也是烦琐的,需要付出很多的时间和很大的精力。有的学生组织加入门槛较高,要把活动做得出彩并不容易,而就新生自己而言,他们可能并没有突出的才能以赢得别人的认可。新生容易对校园生活期望过高,也容易高估自己的能力,一旦实现不了,就可能受到心理上的打击。

(二)新生对学习重要性存在认识误区

高中学习很辛苦,需要全身心投入其中,挤过了这段独木桥之后,很多人就盼着可以放松,觉得应该在大学弥补自己逝去的欢乐时光。宽松的大学管理制度,在客观上也助长了部分学生以玩乐为主的错误想法,以至于他们荒废学业,一到期末考试就挂上了“红灯”。部分新生认为大学学习不重要,或者不需要花费很多时间投入其中,既然已经没有升学的压力,那就只要应付期末考试,不再追求高分。他们在主观上要求偏低,实施时再打折扣,到最后就可能达不到最低要求,出现挂科现象。其实,学好大学课程,奠定扎实的专业基础,对学生以后的发展和工作都是至关重要的。忽视学习的重要性,可能是部分新生存在的最大的认识误区。

二、急于取得明显成效

学生在大学期间的成长都是在不断接受挑战的过程中逐渐成熟。新生的发展是断断续续的,并受益于各种不同层次的挑战。大学教育是一个潜移默化的过程,目的是获得一种意义深远的精神自由,它是在参与学术生活的过程中产生出来的。亚里士多德认为,高等教育首先是陶冶学生的性情和提升其自身的价值,不是只追求外在的有利结果。但是,在现实生活中,新生追求的往往是明显的、容易衡量的成效,这导致一些异化现象的出现,例如活动形式的异化、附加分的异化、评奖的异化、学生干部角色的异化。大学教育、管理、服务的最终目的是育人,培养完整的人格,进而才是智慧的人类。教育者要不断反思和提醒自己注意这一点。

人才培养是高校的基本职能,高等教育质量的核心是人才培养质量,而人才培养的质量直接关系到高校办学水平的提高和办学目标的实现。反过来,办学理念决定了质量观;办学特色决定了人才培养要求。为了实现高校的生态发展,应该狠抓人才培养,而新生教育是狠抓人才培养的起点。在部分家长和学生看来,上大学的目的是毕业后拥有一份满意的工作。就业情况已成为衡量大学教学质量和大学毕业生水平高低的重要标准,鉴于近年来大学生“就业难”现象普遍存在,社会上出现了“大学生不如农民工”“大学教育没有用”等言论。在该言论者看来,读大学只是为了找工作。但作为教育工作者,以长远的眼光看来,这种言论对于大学教育的认识过于浅薄、片面,贬低了大学的价值。

学习目的是指一个人对学习的社会意义和功能的自觉认识和追求,是一个人的理想、志向在学习活动中的体现。学生学习的动力既来自学习以外的因素,也称外部动机或功利性的动机,也来自学习自身的因素,也叫内部动机。其中外部动机包括:学习是出自父母的要求、老师的约束、升学的压力、同伴的竞争压力、求职的需要等;内部动力包括:学习源于对知识本身的兴趣、认知过程中的积极情感因素、获得知识的内在需求等。内部学习动机的作用是现代心理学和教育学理论研究者更加重视的方面,他们认为成功教育的前提是必须激发学生的内在求知欲。而中国传统教育的主流思想是看重学习的责任和压力。目前认为两类学习动机都需要的人越来越多,学生的学习动机在大多数情况下需要二者兼具。从功能上看,内部动机对学生学习能够产生更持续、更活跃的影响。而功利化的动机则能较好地把学生的学习组织成一个有社会意义的事件,对学生的学习同样有助力作用。然而,在现实中,随着学生受教育年龄的增大,部分大学新生学习的内部动机逐渐弱化,他们的学习兴趣性较之前下降,而厌学情绪逐渐上升功利性的外部动机则成为主要的学习动机。不可否认,大学毕业生未来需要工作,而且应该具备较高的素质和能力参加工作,更应该拥有远大的理想和抱负投入工作,但大学生不能仅仅成为一般劳动者。接受过高等教育的大学生应该是先进科学、知识、文化、道德的传承者和引领者,是守法护法的合格公民,是不断追求自我完善和精神充实的充满正能量的人。青年一代大学生是国家和民族的未来和希望,必须承担起时代的使命,而使命的传承必须寄托于大学教育。那种认为大学教育的目的无非是找个好工作的看法,贬低了大学生的价值,贬低了大学教育的价值,不利于大学本身及国家和社会的长远发展。

三、以金钱衡量生活价值

根据当前世俗的观念,教育的目的是要使学生有能力获得足够的财富,从而过上中产阶级水平的生活。如果教育仅仅是为了使学生获得一份好的工作,那么生活将浅薄而空虚。这样的教育不会培育出美德,因为它既不能鼓励新生反思,也不能激励新生敬畏至善。另外,专业化转变了新生的兴趣。他们不是为了教育本身而受教育,而是为了找到好工作和取得事业上的成功,因此教育变成了一件功利性的事情。今天的教育并不能保证学生获得稳定的工作和生活,个人“身份”不再与工作和生活方式紧密挂钩。同时,当一所学校为谋取财富而决定某些行动时,其必定会丧失精神,通常也得不到财富。高等教育的目标是智慧,它意味着了解事物的原则和起因。我们想要一种关心整个人类、整个个体的教育,而不仅仅是培养一个人的某个部分。如果只培养人类生活的某个特定部分,而忽视其余部分,必然会带来人类的退化。教育意味着培养完整的个体,包括外在方面、智力方面、情感方面、感知方面,同时还要培养能够看透事实和真相的思想。所有这些都隐含在教育之中。

是否获得意义感是知识意义实现的关键指标。学习是伴随终生的活动,不应该只有功利性的目的;学习是愉悦、主动的,而不是痛苦、被动的。然而现阶段,一些大学新生入学后由于缺失继续学习的意义与价值,没有了持续发展的规划和动力,整日无所事事;一些艰苦类专业新生由于缺少行业情感,表现出对专业的冷漠和抵触。因此,新生教育要结合学校和专业、行业特色,以塑造能够适应行业"优秀品德、过硬业务、健康体魄和行业情操"的优秀大学生为标准,使新生通过系统的新生教育培育,重构属于自己的学习意义与价值,生成正面积极的情感和兴趣,能够喜爱自己的专业与行业,从而感悟学习生活的幸福。

四、缺乏持久专注精神

在生活中,集中精力是一种智慧。一名新生能否从锻炼中受益,主要取决于自身是否能专注其中。任何一项锻炼,如果没有持之以恒的决心,不久就会沦为一种无用的动作。一些大学新生在新奇与忙碌中度日,他们发现大学是一个色彩斑斓的世界,不仅可以学到专业知识,而且可以接触到很多课堂上学不到的东西。这里有学生自己的组织——学生会,还有许多形形色色的学生社团,让人目不暇接。不知不觉中,大一生活就在忙碌的学习、生活与新鲜感中度过了,但是却感觉没做什么一心想做的事情。在某种程度上,大学生活变得过于简单容易,缺少了某种神圣感和庄重感,相反,多了一份轻浮,这种轻浮就是无聊的来源,也成了无所事事的托词。专注是一种心态,它使新生全身心地去寻找一种生活方式,从而抚平和终结冲突。这是因为当关系中的冲突停止时,新生就会创造一种截然不同的文化。真正的力量不在于战胜别人,而在于战胜自己,不让动物性的一面压倒自己的灵魂,学会选择专注。

生涯规划既是新生个人的发展需要,也是社会进步的需求。生涯规划不仅能够评估当下的成绩,帮助新生确定职业发展目标和路线,还有助于增加新生对于未来成功的可能性,促使新生挖掘自身潜力,让他们能够更加努力奋斗,从而实现人生价值。新生入校后,对自己所学专业知之甚少,对专业的就业前景也不甚了解,对自身以后的发展方向更是存在较大"迷茫"。因此,新生教育要开展专业与职业认知,让学生了解就业前景和发展方向。通过第一课堂和第二课堂教育,科学实施,准确分析,让学生探索清楚自身的兴趣、性格、技能和价值观,并认识到与其职业规划发展匹配的重要性,引导新生在探索的过程中学会平衡、适应和调整,在系统的规划过程中实现生涯规划的可持续和科学发展,进而实现高等学校的人才培养目标。

第三节　美好生活的愿景设计

大学教育的目标是促进人类文明的传承和积累,引导社会健康良性发展,培养全面发展的国民。因此,作为一名教育者,应该学会规划设计大学新生的美好生活愿景。

一、提升生活能力

生活水平的价值在于生活本身,其是否有意义,不依据于对商品的占有。新生生活水平的价值是由度过不同生活的能力赋予的。许多新生都是独生子女,在成长过程中受到家人的百般疼爱和呵护,家长要求孩子只需要管好学习,其余都不用操心、不用动手,导致学生依赖性极强,因而生活自理能力很差,比如不会安排自己的饮食起居等。在个人消费上,有的学生花钱没有计划和节制,存在由于跟风或攀比而导致过度消费甚至奢侈消费的现象;没有了父母和老师的严格管束,有的新生沾染了不良生活习惯,如抽烟酗酒等。一名优秀的大学新生应该懂得将自身潜力最大程度地发挥出来,不仅要以高标准对自己严格要求,还要积极地通过自己的言行影响其他同学,切实、灵活地带动他人进行自我教育、自我管理、自我服务,共同营造和谐的大学生活氛围,为自己的人生道路添上光辉的一笔。

二、实现自我增值

大学的卓越不仅意味着要以培养出色的学生来展示其所取得的杰出成就,还应衡量学校在满足日益多元化学生群体的各种学习需求的过程中,究竟能够提供多大的"增值"服务。大学应该使新生的学习生活格外多彩、学习氛围格外浓厚,因此教育的目的就应该是锻炼新生更多的能力,培养其更多的兴趣,使其所受的教育逐渐深入。

新生教育要让学生明白大学的本质和追求,因此应着重讲解大学精神。首先,让学生拥有人文关怀心理和社会责任感,学会关心和理解他人,构建和谐融洽的人际关系,崇尚助人和奉献精神。其次,在学习和生活中,注重理性思维能力的训练和养成,尊重事实和客观规律,养成独立自主的性格和判断能力,减少个人情绪和人情关系等因素的负面影响。最后,让学生怀有不满足于现状、始终追求超越和卓越的精神,使其充满动力持续奋进,形成全身心投入、乐在其中而不会懈怠和厌倦的状态。只要长期坚持,必然能够做出成绩,取得成功。

在大学精神的感召下,学生应该明白进入大学不仅是为了找工作。进入大学后,首先要提高自己的精神境界和道德情操,做一个有理想有追求的人,培养较高的品位和修养。其次,在个人与社会关系方面,促进社会的发展进步、关心他人的命运和幸福也是义不容辞的事,要始终怀有兼济天下的普世心态。再次,新生应注重对自己思维方式和创新能力的锻炼,有真知灼见和远见卓识,而且不满足于已经取得成绩,始终追求卓越。

大学生活是复杂而又辛苦的,新生不得不时常与自己的惰性做斗争,每一件事几乎都有优秀、一般、较差之分。无论如何,美好的生活会使新生得到真正的成长,例如从中学时期的腼腆到大学时期的成熟。大一这一年使新生成长的不只是年龄,更是心理世界和精神世界。

三、获取问题兴趣

生活是一种探索的过程,是一种对本身及其周围世界的不断发现的过程。因此,生活过程就是指每个人都处在一个具有许多问题影响着自己的领域,而发现这些则需要有一种对问题的兴趣。问题是精神的食粮,是积极探索的顶峰和科学精神的构成核心。新生身上尤为强劲的驱动力,是提问题的能力和感到好奇或疑惑的能力。

经历了三年高中生活的大学生,为了考进一所理想的大学,在应试教育影响下,对于考点内容,老师的讲解较详细,学生学习较认真;对于非考点老师在课堂中可能会较少涉及,学生也往往不会主动深入学习。所以,主动阅读课外书、培养自己科学精神素养的新生很少。此外,刚迈入大学的校门,新生在学业上感到茫然,缺乏学习方法,不会读书,也不会独自做学问。因此,新生不仅缺乏学习的自主性,还缺乏发现、提出、解决问题的能力。

在高中,接受教育的方式对大学新生仍然有一定影响,很多知识并不是通过自己积极主动地学习与消化得到,而是靠老师反反复复的强调和灌输学到。新生缺乏与老师交流的有效方式,师生之间存在距离感,交流的欲望变得越来越弱,如此一来,主动在课余时间与老师交流所学内容的新生很少,质疑声音的缺失,也导致了高校大学生科学精神的缺乏。

学校应该启发新生对种种问题的求知欲望。好奇心和兴趣是新生成长和发展的必要基础。当一个人对什么都不感兴趣的时候,那是很痛苦的。兴趣可以在一定程度上反映出新生是以怎样的态度去面对、塑造自己的大学生活与人生。当然,有兴趣却不能保持,或者一再地对某个人、某个知识领域、某种运动产生间歇性的兴趣,但总是坚持不了多久,也同样令人不安。在本科教育中加大对学术教育的重视程度,将大学生的学习过程转变为自我探索的过程,并不断加强探索成分,激发学生的自主性,营造学术争鸣、交流与合作的学术环境和浓厚氛围,可以使本科教育充满挑战、惊险、刺激、兴趣、兴奋和享受。因此,大学新生对问题的兴趣,需要不断地培养,这是其可持续发展的动力。

四、经历风险挑战

有意义的生活是一个蕴含新挑战、有冲突、有发展前景的日常生活。过有意义生活的个体,并非是一个封闭实体,而是一个面对新挑战时不畏惧不退缩,在迎接挑战中充分展示自我个性发展的实体。年轻人必须经历风险才能成熟。新生在追梦的过程中,难免会遇到坎坷、不顺,甚至遭旁人的质疑。因为现实不是按照个人意志而发展行进,大学生往往充满了理想,把未来描绘得过于美好,因而在面对困难和挫折时缺乏心理准备。此外,有些大学生自身的优越感较强,尤其是部分独生子女,他们缺少社会阅历,人生经历单一,缺乏艰苦生活的磨炼,因而受挫能力较差,遇到困难就畏缩,出现矛盾就手足无措,很难面对现实生活的挑战。挫折常常会导致人在心理上的缺陷感和失落感,甚至是抑郁与失望。

生活态度是大学生人生观的重要组成部分。在人生实践中,人生态度和生活态度的选择,直接关系着人生目标的确立和人生价值的实现,也直接影响着大学生活的质量。具有积极进取、乐观豁达生活态度的人,对社会的发展与个人的未来充满信心,敢于向旧势力挑战,勇于迎接光明,面对困难和挫折不灰心、不气馁、不自卑,能重拾拼搏的信心,愈挫愈勇,坚信人生旅途虽然会有坎坷,但始终充满希望和光明;正视现实,热爱生活,充满激情,能用理性思维认识自己的人生位置,能用理智头脑去控制自己的情绪,认真对待每一件事,立志为实现“中国梦”贡献自己的一分力量。例如,一些新生参与志愿者活动时,可能会遇见很多冷漠的人而受到冷眼和嘲讽。在一年的组织活动中,虽然花费了很多精力,但学会了坚强、勇敢、坚持以及奉献,因此不后悔。这些都是新生以前未曾有的品质。也就是说,最愉悦的时刻通常在新生为了某项艰巨的任务而辛苦付出,把体能与智力都发挥到极致的时候。

第四节　美好生活的实现路径

新生生活的重大转变开始于思想。思想是行动的先导,要使新生感情和行为发生转变,首先必须使其思想发生转变;新生的大学生活过得如何,往往取决于他们的思想,而思想是可以变化的。因此,要想生活美好,新生就需要改造自己的思想,避免沉迷于不良思想而无法自拔。大学新生需要一种舒适的方式获得陶醉,也需要一种美好的方式获得平静,从而建构自己的美好生活。

一、赋予选择权以迈向积极生活

新生期望一种事实上的合作。他们认为学习是一种实用的经历,不习惯、也不愿意按部就班地连续学习。这些新生喜欢参与式的学习,希望拥有自主权和选择权。当新生相信自己掌握着学习的选择权时,他们有较大可能享受到教育的乐趣。为了更大程度地使新生感觉到幸福,就必须让他们在所有合适的方面自由发挥主动性,并且鼓励会使他们生活变得丰富多彩的各种形式的主动性。

如果掌握了学习的选择权,大学新生也就容易迈向积极的生活。掌握了学习选择权也就给予了他们学习的乐趣和积极性,积极的生活能够使他们有机会通过创造性的学习实现自身价值。大学新生伴随积极生活的积极主动思考,其获得的思想总是全新的、具有原创性的,原创并不一定是别人以前未想到过的,而是指思考的人用思维作为工具,去发现外面世界或自己内心世界的新东西。新生对自己的生活不满意,是一种隐藏着的毒素,它使生活成了单纯否定性的诅咒,而不是积极的行动与学习。当染上这种毒素时,新生的全部愿望就在于躲避一切现实事物,以便不担负起正视它们的责任。因此,教育者要尊重新生选择各自不同的生活方式,例如尊重独处活动所具有的建设性以及富有成效的方面。另外,要能够帮助和鼓励新生去构筑自己的解释、推理并得出结论。

二、以重新定位发现生活意义

一个人想要生活美好,必须懂得他应该做什么和不应该做什么。在一个瞬息万变的世界中,新生不仅要学会不断学习成长,也需要学会不断调整,对自己进行重新定位。因为一切文明都需要改变自己,调整自己,去恶除旧,不断从新思想的涌泉中汲取精华,否则将会淤塞沉滞,最终萎谢凋敝。新生生活的自由并不是无条件的自由,而是无论他面对什么样的条件时,都能坚持态度的自由。新生的生活存在不仅是意向性的,还是超越性的,自我超越是存在的本质。新生要能够塑造以及重塑自己,这是人的特权,是人类存在的组成部分。同时,生活也是一种自我批判,反思自己,调整自己,从而逐渐走向美好生活。

教育一定不能局限和满足于传递传统与知识,它应该提升人发现独特意义的能力。每个新生都有其“生活意义”。他的姿势、态度、行动、表情、礼貌、野心、习惯,乃至性格特征等,都以遵循这个“生活意义”而通行。他的一举一动,都蕴含着对这个世界和对自己的看法。生活既是意义呈现之本,又是意义遮蔽之源。新生通过各种各样的方式走上意义之途,又以同样多的方式阻隔意义的发生。因此,教育不仅仅获得知识,收集事实,还需要发现生命的整体意义。所有真正生活意义的标志是:它们是别人能够分享的且被别人认定为有效的东西,因为奉献乃生活的真正意义。

三、通过转换学习实现文化转变

新生个人信念和历史经验为新的理解提供独特的个人框架。新生先前的知识和经验形成了组织和同化新知识的概念参照物,并且先前知识和信念影响着新生所感知、组织和解释的内容。信念深深扎根于新生的日常经验,但通常是不完整的。因此,需要转换学习。转换学习指的是这样的一种过程:通过改变我们认为理所当然的参照框架(意义视角、智力习惯、心智背景),使得他们更具包容性、有鉴别力、开放、情绪上能够应对变化以及能够进行反思,从而他们可以产生信念和想法,这些信念和想法将被证明可以更为真实或公正地引导行为。

新生进入大学的成长故事是穿行于大学生活、自我理解和大学学习之间的主线。当新生过去的意义视角并不适用他所经历的或所做的事情时,矛盾或进退维谷的局面就出现了,他感到自己必须解决这个问题,实施转换学习。只有当新生面对的情境或挑战超越了现有的个人基础上所能处理的情况,而且无法回避,必须克服困境或赢得挑战,从而向前迈进的时候,他才会投入到有意义的学习中。因此,要倡导一种文化转变:从生活和学习相互分离转变为二者结合;从重视正式教育转变为正式教育和非正式教育并重。文化中隐藏的成分要多于显露的成分,因此要掌握深层次的学习方法,它以理解思想和探询意义为目的,这样新生对学习就有一种内在的兴趣,并希望在学习过程中得到乐趣。

四、以优越目标引领生活使命

如果在生活中关注过程和努力,就更容易改变存在已久的思维惯性。所以,不管对自己,还是对他人,都应多关注过程和努力,认可过程存在的价值,奖励尝试和认可失败。成熟个体的标志是将生活与选择的目标融合在一起。大学新生生活的美好正在于他们确定、设立并且完成了这些目标。大学新生选择的目的地,以及这一生活朝圣的终极目标,赋无形以有形,化部分为整体,给片段以连续。当新生确定了他的目标,他的生活方式就不会再有偏差,个体的习惯和行为都将精确无误地指向其所宣示的目标。其实,大多数情况下,人的最终目标必定是不能达到的,达到最终目标的道路必定是无限的。因此,新生的使命并不是要达到这个目标。但是,他应该日益接近这个目标,享受当下。活得有意义的人,通常都有一个富于挑战性、足够凝聚他们全部精力的目标,人生意义就建立在这个目标之上。因此,无限地接近这个目标,就是他作为人的真正使命。

精神生活与我们的目标息息相关,如果缺乏建立、延续、纠正和指引人类活动的最终目标,我们将不能进行思考、感受、祝愿或做梦,这种现象背后体现了有机体适应环境并对环境做出应答的必要性。新生心理发展是在与长久目标相关的模式下进行的,而这种目标反过来又会受到生命动力的影响。新生被抛进生活中,同时也必须为自己建构生活。或者用另一种方式说,新生的生活就是自己的本质。新生要决定自己将会成为什么样的人。生活是在各种可能性中不断从事决定的过程,它是一种矛盾的实体,而这种实体决定新生的下一步行动方向。目标本身通常并不重要，重要的是经由目标，集中注意力，投入一种实际可行而充满乐趣的活动。对意义的追求，对目的的发现，以及能为超越自我的更大目标服务，是快乐人生的核心要素。

五、以交流合作培育共同体感

人类互动领域是幸福的主要舞台，它致力于创造一种让人类有可能实现相互支持、相互交往的条件。大学校园正是大学生拥有与老师、同伴及自我进行对话并受教育的机会的场所。新生这一群体生活在一个相互建构的世界。然而，新时代高等教育大众化甚至普及化的背景下，教师与学生面对面的机会更少。随着互联网技术的普及和应用，在许多院校教师与学生的亲密关系逐渐减弱，师生之间的对话也悄无声息，取而代之的是“远程学习”“自主学习”以及大班教学，课下的作业代替了师生面对面的交流。因此，在教育实践中亟须建构师生共同体关系，因为共同体是持久的和真正的共同生活。新生在与他人共同生活中，不能忘记在独处时所悟出的道理；而在独处时，要仔细思索在与他人交往中所产生的思考。

美好生活的建构需要命运共同体意识。生活，意指存在于关系之中。师生之间应相互学习、相互尊重，因为教育是在不同生命感触之间的一种传递，最好的有教育意义的指导是共同生活的结果。心灵的交汇也好，人格的共鸣也罢，这些都会培育共同体感，它们都是美好生活的构成要素。其中师生合作学习可以提供开放性视野，促进师生之间的互动，这对学生的成功会产生巨大影响。教师应尽量避免对新生设防线和给自己筑围墙，怀有公平、同情和关爱之心，认真、平等地对待新生。另外，彼此信任和坦率的交流会营造一种互动的氛围：新生可以随意提问，毫无责难和受窘之虞，对于各种观点和理解方法可以各抒己见；他们谈论大学，感觉到大学是属于自己的，从而获得一种集体身份和公共生活。

第五章

大学新生学习生活的动力系统

大学新生学习生活动力系统是指通过教育唤醒和激发新生的需要、动机、兴趣和理想追求，整合优化社会、高校、家长等多元主体对新生的期待影响并及时内化，进而增进成长发展动力的过程。本章主要探讨大学新生学习生活动力系统相关理论、困境分析、运行机制和培育路径。

第一节　动力系统相关理论

大学新生的成长是在适应环境中超越自己，令自己具有更多优良品质，比如更具理智和在思想、知识、能力、心理、道德素质上不断发展。这种发展本质上指的是大学新生在适应环境中超越自己，能够积极主动地成为更优秀、更强大、更成熟、更稳重的人的过程。

作为新生教育管理工作的目标群体，大学新生是新生教育管理的主体。他们的成长取决于自身需要，同时也受现实中客观因素的影响，因而大学新生的成长过程可以看作是大学新生主体日益增长的成长需要与现实中客观因素的发展水平之间的矛盾运动。这种矛盾运动不断激发着大学新生成长内生动力的生成，引导、推动着大学新生明确自身的需要及动机、提升自身的专业兴趣、内化自身的理想信念及价值观，从而提升综合素质，取得进一步成长。

大学新生成长内生动力是指引大学新生主体对教育管理工作进行积极回应，形成主动成长、积极发展、自我完善、追求卓越等行为习惯，从而实现自我认同、自我发展与自我实现的各种正向作用力的总和。一方面，大学新生具有一定的主观能动性，能够自主决定自身行动，其对成长的需求来源于自我动力，这种动力可以促进大学新生主体的自我教育、自我管理、自我发展。另一方面，大学新生也具备一定的社会性，在充分调动大学新生内生动力的前提下，也应充分关注外部影响因素对大学新生成长的推动力。在具备相关条件的情况下，外部影响因素的推动力可以内化为大学新生成长的内生动力，对内生动力的产生起引导与推动作用。培育内生动力对大学新生成长起作用，就是在通过教育治理路径强化大学新生成长内生动力的同时，不断内化学校及社会等外部影响因素对大学新生成长的推动力，使其深深融入大学新生成长内生动力的培育过程中，二者的正向合力可以引导推动大学新生成长的内生动力不断转化为其成长的良好举止，为大学新生的成长与成才带来充分的动力，帮助他们更好成长，最终全面立体化地提高学校在新生教育管理方面的培养水平。

一、人的主体理论

在马克思主义关于人学理论研究方面有两个关键词语,即主体与主体性。主体能够发挥自我主观能动性来获取主动地位;而主体性则是指主体利用客体,发挥主观能动性来开展相关活动,在客观具体情况中展现人的主体特色。主客体间的具体行为是与人有关联的具体关系的前提条件,人的主体性离不开具体的实践活动,其生存、发展于实践活动,同时通过实践活动来验证人的主体性。马克思认为,人的主体性体现在主观能动性、自主性以及社会性等方面。主观能动性具有两个关键点:(1)主体在主客体方面的自觉行动,主体能够控制自己的思想意识,进而构建自我空间与对象性空间,即主客体的联系;(2)主体在创造性方面的深化,创造性位于主观能动性的顶端,具体体现为突破与发展,是人类社会实现自我提升的举措之一,同时说明人具有一定的创造性,人以主体角色进行实践活动来影响自身、社会以及历史,进而人的主体角色属性也越加凸显。

该理论是培育大学新生成长内生动力的理论基础,主要体现在:(1)大学新生是新生成长发展中具有实际行为的主导者,是新生成长发展进程中的关键因素。(2)人的主体理论认为人在进行具体实际行动时有着关键的角色属性,需要重视其影响力,大学新生的内生动力在其主体性角色定位中十分重要,是"要我成长"转化至"我要成长"的关键,在培育大学新生成长内生动力的过程中起到决定性作用。(3)人的主体性具备一定特点,既有一定的自主性,又有一定的社会性,因此需要按照客观性的相关要求来推进,既要重视新生内生动力的作用,也要考虑到学校、社会等外部环境因素对大学新生成长内生动力的影响作用。

二、自我决定理论

美国心理学家德西(Deci Eduard L.)和瑞安(Ryan Richard M.)提出了自我决定理论,该理论的核心观点是人有积极成长的需要,个体离不开积极成长,同时更加重视认知情况在个人行为方面的功效,认为必须达成个人内在需要,进而产生平稳强大的内部动力。

自我决定理论指出了这样一种观点,即自我决定的潜能可以引导个体从事个体爱好的事情以及采取有利于个人能力提升方面的行动,其对自我决定的追求组成了个人行为的内在动机。这说明只有充分调动大学新生的内在动机或者使其外在动机充分内化,才能使大学新生长期积极、高效地投入到学习生活中,进一步成长。动因内化的构成涉及两个方面以及一个进程,具体来说,两个方面是指外在需求与内在需求,而一个进程是指认知调节的过程。个体在深入了解事物性质情况的前提下,能够自主决定自身行动,由此导致个人心理的改变,也就是说,将外部环境调整成内在需求,这些外部环境主要涉及他人认同、社会需求、物质目的以及外部激励等内容,进而转变为个人爱好及自身追求。个人在自控方面的能力越强大,其动机就离内部动机越近;同时,内部动机有利于个人行为的可持续发展,外部动机也离不开持续的外部因素激励。本章中笔者把外部影响因素推动力内化的转变过程,理解为大学新生的成长过程。

三、勒温场动力理论

勒温场动力理论主要解释了个体行为产生及其变化的空间场域和原因,采取该理论有助于从大学新生所处场域的角度出发,构建大学新生成长的动力场模型,更好地理解大学新生与其外部影响因素的关系。在该理论中,"场"既涉及特指活动产生的特殊物理范畴,又涉及个人在特殊空间的心理范畴,同时涉及物理空间与心理空间,是一个互相依存事实的整体。勒温的观点是,所有行为活动均出现在多种互相依存事实的整体,而且这些互相依存事实有着动力场特点。

场论基于生活时空和动力场,研究个人相关行为以及心理活动。将个人和个人所处的环境看作互相依存条件的集合,可以更好地理解或预测个体的行为,表达公式为:$B=\int(P*E)=\int(LS)$。B 代表行为活动,P 代表行为主体,E 代表个人所处的环境,LS 代表的是生活空间,也就是说,生活空间的组成分别是:个人、个人所处的环境和个人跟生活空间的相互作用。综上可知,理解或预测个人的行为活动需要详尽到个人所处的特殊场域内,即个体的行为取决于个体与其所处环境的相互作用,同时分析个人行为活动成因与变化因素,需结合个人特点与个人所处的环境条件。这一理论的核心观点是认为个人内部需求与外部环境的乘积决定了个人行为的方向向量,这两方面互相影响人的行为,其中,前者影响着行为的目的和方向,而后者影响着在该方向上的发展力度。具体而言,内部需求是关键,属于原动力条件,若内部原动力为零,则外部环境并不会产生激励作用,若内部原动力为正数则外部环境可以推动其发展,这里的外部环境属于诱导力条件。

由勒温的理论可以引申出,虽然大学新生成长动力匮乏的形成原因和解释视角众多,但归根结底都与个体内在需求和外部环境因素有关,因此,借助勒温场动力理论来探讨新生成长内生动力的激发,具有理论可行性。可以说,内生动力属于动力体系里最稳定和持久的力量,积极的内生动力是大学新生促进自我成长的重要保障。对大学新生而言,其成长的内生动力是由新生的需要、动机、兴趣、信念、理想和世界观等组成的;外部环境因素主要是由大学新生所处的学校环境和社会环境组成,推动新生成长内生动力的形成。在探索和分析其相关内容的过程中,在提升大学新生内生动力的前提下,积极推进把外部环境因素转变成具体动力促进路径,在自觉遵循育人规律的基础上,形成促进新生成长的持续动力。

第二节 动力培育的现实困境与分析

一、成长动力培育的现实困境

全国高等学校名单数据显示,截至 2020 年 6 月 30 日,全国高等学校共计 3005 所,其中普通高等学校 2740 所,含本科院校 1258 所;据 2019 年全国教育事业发展统计公报显示,仅在 2019 年,全国普通本专科招生 914.90 万人,全国普通本专科在校生 3031.53 万人,全国普通本专科毕业生 758.53 万人。本专科教育相关数据显示,我国已成为高等教育大国。然而,在如此大规模及高速发展的高等教育建设过程中,促进学生成长方面表现出了一些不足,尤其是在新生阶段,基础教育与高等教育存在的差异性,导致在大学新生成长内生动力的培育过程中,出现了新生主体动力缺位、学校主体动力弱化、社会主体动力失衡等现实困境。

(一)新生主体动力缺位

大学新生在内生动力的培育过程中起决定性作用,是最具有主观能动性的治理主体。具体而言,需要因素和动机因素是新生成长的源动力和内驱力。大学新生的本职工作是学习,而作为知识学习的主体,在经历目标极度明确的高考后,能否主动自觉地学习、能否在升学压力消失的情况下保持明确的目标与成长期望,是标志其内生动力强弱的关键指标;兴趣是个性发展中活跃且能动的因素,因此,对大学新生专业兴趣的探究很有必要,专业兴趣决定了大学新生的专业认同度与专业学习稳定度。专业兴趣越大,对专业学习的情感反映越积极,对高校教育管理培养的情感抗拒就越弱,其成长的内生动力就越强;积极的信念、理想、世界观对新生的成长起着定向作用,可以调节新生的认知和行为过程,指导新生的行动,影响新生的整个心理面貌。新生能否认识自身理想与社会理想的关系、能否准确认识正确的社会价值认知,是衡量其内生动力强弱的关键。

如果大学新生的内部原动力为零,那么学校及社会的推动力无法对其成长产生激励作用。而当前大学新生主体出现了动力缺位的现实困境,主要表现在需要及动机弱化、专业兴趣匮乏和理想信念价值观模糊等几个方面。

1. 需要及动机弱化

新生对成长的需要和动机主要基于他们自身的发展性需求,只有发展性需求在需要和动机结构中居于主导地位时,才会形成正向的大学新生成长内生动力。然而目前新生的成长需要和动机存在弱化的问题。根据麦可思《中国部分高校 2014 级新生研究》报告显示,53% 的新生遇到了学习问题,其中“对所学内容缺乏学习动力”“缺乏自学方法”是新生遇到的主要问题。麦可思《中国部分高校 2012 级新生适应性调研》报告显示,对部分院校 2012 级新生进行调查,近三成新生有过翘课或缺课行为,仅有 13% 的新生偶尔专心上课;调查还显示新生每周用于个人娱乐的时间平均为 12h,最高者可达 26 ~ 30h,部分学生表现出了较差的个人约束能力。新生对于个人成长的内在需求层次过低,发展性需求动力弱化,成长动机衰退,更多地关注娱乐与休闲,消极对待课程学习及专业科研。一些高层次发展性需求诸如相关专业的应用实践需求、科研能力的创造性需求等均未成为新生的主导需要,从而造成新生主动参与成长的内在需要及动机弱化。

2. 专业兴趣匮乏

心理学研究表明,兴趣起维持和激发整个学习活动的作用,是学习动机中最现实、最活跃的因素,是新生获得知识、丰富心理活动、进一步成长的重要动力之一。在高等教育领域,专业兴趣一直是教育管理者研究的热点问题。麦可思《看就业 · 选专业:报好高考志愿(2015 年版)》对中国 2014 级部分高校新生选择志愿高校主要影响因素的研究发现,排第一位的因素是“有想学的专业”,其中本科学生占比 66%,高职高专学生占比 58%,可见个人兴趣对新生的专业选择起着主导作用,新生往往从自身兴趣出发做出专业选择。而目前的高考政策更倾向于将高考分数作为专业选择的依据,没有充分考虑到学生的兴趣爱好与性格特点。麦可思《中国部分高校 2015—2016 级新生适应性调研》报告显示,有 12% 的本科学生和 15% 的高职高专学生有转专业意愿。其中,所学专业非首选的本科学生、高职高专学生想转换专业的比例分别为 23%、34%,明显高于首选所学专业人群打算转专业的比例,分别高出 16%、23%。同时,即便是所学专业为首选专业的新生,也有 7% 的本科学生和 11% 的高职高专学生意图转专业。对于转专业的原因进行调查后的数据显示,占比最高的是“原专业不符合自己的兴趣”;除了转专业,也有学生产生了退学意愿。研究显示,29% 的本科学生和 37% 的高职高专学生想要退学的原因为“所选专业与自己预期不符”。其中,想要转专业的本科学生中,“不感兴趣”这一原因占比高达 42%。通常情况下,新生不主动参与培养过程并不是他们不够认同教育管理,而是没有根据自身兴趣选择专业,加之对所学专业不了解,一定程度上降低了对该专业的兴趣;对高校教育管理培养模式不够认同,存在情感抗拒,导致他们内生情感动力不足,产生反感、排斥、丧失兴趣等负面情绪,以消极心态践行培养要求,导致成长内生动力进一步地缺失。

3. 理想信念价值观模糊

随着改革开放的深化和经济全球化的发展,新旧思想观念的碰撞对大学新生的思想观念、生活方式、行为方式和世界观、人生观、价值观都有着重大影响,由此带来许多新变化和问题,使新生在理想信念价值观方面易产生困惑。首先是新生的生理和心理特征、成长阶段和社会角色导致他们更加注重自己的学习与成长愿景,然而部分新生尚未正确认识到个人价值与国家昌盛、民族振兴共同理想的密切关联,忽略了个人理想与社会理想之间的关系,个人理想信念变得复杂,进而对人生价值目标的实现产生困惑;其次是新生虽认同主流价值观与理想,但从简单理解过渡到自觉行动却需要较长时间,当自我认知的理想信念和价值观念与实际的价值行为不同时,新生就会产生困惑,甚至出现虽自我否定却不想做出改变的现象。比如,很多新生在刚入学的时候充满斗志、激情饱满,为追求理想信念而不懈奋斗,但由于认知不完善、发展道路不清晰、人格尚未健全,对正确的理想信念世界观的认知停留在意识浅层,不易适应所处的新环境,产生对个人能力和社会环境担忧的情绪,进而导致成长内生动力的波动。

(二)学校主体动力弱化

学校作为治理主体之一,在参与大学新生成长内生动力的培育过程中,易受组织文化、制度文化、管理文化、校园文化等多种因素影响,在培育大学新生成长推动力过程中,存在该推动力被削弱的现象,具体体现在思想政治引导力不足、新生教育管理落实不够、教育管理体系建设相对滞后和教风学风存在负面影响等方面。

1. 思想政治引导力不足

思想政治教育的引导力可以引导大学新生产生更多的内生动力,然而当前存在思想政治引导力不足的现状。首先表现为高校思政工作队伍能力不足,虽然总体上坚强有力,但也存在一些问题:(1)从能力层面来看,部分高校对思政工作队伍建设不够重视,相对当前思政工作的需求而言,思政工作队伍体系尚未健全,仍存在较大差距,部分高校的思政工作队伍人员的专业理论知识储备不能满足岗位要求;(2)从经验层面来看,当前与新生日常接触相对频繁、奋战在学生工作一线的思想政治工作者多为年轻人,他们可能存在政治阅历略显不足,政治素养尚未完全成熟,对思想政治教育的研究不够深入,与新生成长发展的需求不能完全匹配,对新生学习生活中的一些问题难以做出令其坚定信服的解答的情况;(3)从队伍构成层面来看,存在着兼职辅导员或非思政专业的管理人员从事思政工作的现象,他们既没有形成专业的知识体系，也没有丰富的工作经验，其自身的专业面、知识面、学习能力以及应变能力不足，且没有形成一个团队的力量，导致思想政治引导力不足，新生不能及时适应大学生活，学习中遇到的问题也较难得到及时解决。根据麦可思对2015—2016级部分本科院校新生调研数据中的本科新生各类适应问题比例及学校未帮助缓解的比例显示（图5-1），新生入学后遇到的学习问题比例最高，达55%；其次是生活问题和人际关系问题，分别占比28%和25%；而学校未帮助缓解的比例普遍较高，其中学习问题、生活问题和人际关系问题分别占比44%、54%和68%。

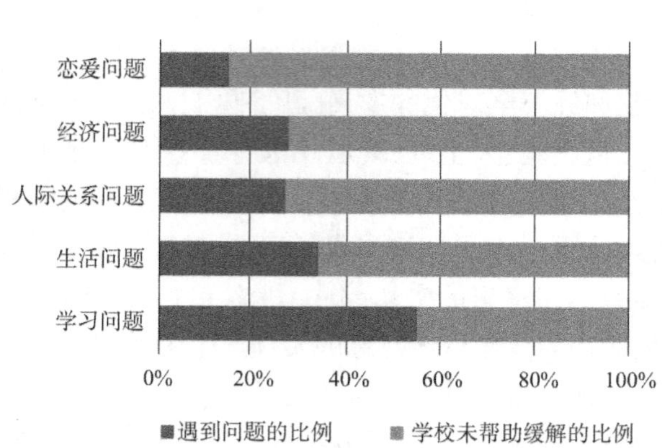

图5-1 本科新生各类适应问题比例及学校未帮助缓解的比例

此外，思想政治引导力不足表现为思想政治理论课效果未达到预期目标。思想政治理论课的课堂教育效果比较差，思政课老师在课堂中的思想没有与学生完全接轨，没有真正了解学生的内心想法，导致学生对思想政治理论课兴趣寡淡。

2. 新生教育管理落实不够

当前部分高校在大学新生教育管理工作的落实上做得不够到位，新生教育管理工作停留在较为浅显的层面上，对大学新生的真实需求研究较少，对新生的特点、需要与困惑把控不到位，没有很好地从实际上解决他们的根本问题。新生在人际关系交往、环境适应、专业认同等方面均没有得到很好的引导，没有将对新生教育管理工作较好地落实到实际工作中，这导致很大一部分新生并没有深刻理解高校进行新生教育管理工作的深刻内涵和发展性意义，对入校前后学校进行的新生教育管理工作产生误解甚至抵触心理，将这些工作视为无意义的教学行为。因此，情感上的不认同进一步降低了新生成长的积极性，在另一层面也造成了新生教育管理工作开展难度攀升、工作成效不显著等一系列现实困境，使得新生教育管理工作与培养目标出现落差，大学新生成长内生动力存在弱化的问题。

3. 新生教育管理体系相对滞后

高校新生教育管理工作是对新生进行教育和指导的途径，主要通过开展教育管理工作保证新生的健康成长，树立正确的世界观、人生观和价值观，为之后的专业学习、科研实践打下良好的基础，具有对新生成长、发展进行管理和为新生的学习、生活提供服务的作用。然而当前的高校新生教育管理体系中，各部门之间的交流与配合较少，教师主要负责教书，管理人员注重学生管理,服务人员着眼于提供物质服务,没有形成协同一致的管理体系,过于注重个体职能的发挥,对整体层面上的新生教育管理不够重视、未形成共识。因而新生教育管理体系仍然具有很大的进步改善空间,当前的管理体系缺少必要的有机性与主动性特征,呈现出一种结构分散、功能并未完全匹配的现象,不利于大学新生在成长中发挥主观能动性,难以形成独立健全的人格与自主完善的精神。

4.教风学风存在负面影响

教风学风是一所大学办学精神与校园氛围的集中展现,是校园文化的重要组成部分,是学校办学理念、文化观念、价值观念等在意识形态领域的体现。学校的文化和精神风貌主要通过教风和学风反映,良好的教风与学风可以促进大学新生成长内生动力的生成。而目前部分学校的教风和学风屡现问题,造成了负面影响。教风方面,部分教师重科研轻教学,在教学过程中过于注重教授书本内容、传授专业知识,而忽视了育人的职能,导致新生在缺乏引导的情况下容易迷失自我,缺乏上进心。学风方面,部分学生奉行"唯分数论",没有静下心来学习,而是一味地追求高分。很多新生在大一选课时,并没有衡量个人的学习兴趣及专业学习需要,而是关注学分高的课程或者给分较为"慷慨"的老师,表现出学习目的功利化的负面态势。教风和学风的不良影响导致新生产生学习倦怠情绪,曲解大学生活的学习生活方式,从而无法深刻领悟高校的教育核心及灵魂,难以用饱满的热情、积极的态度来对待全新的大学生活。

(三)社会主体动力失衡

社会主体对大学新生成长的推动力失衡,是指社会主体对大学新生促进的动力尚低于社会发展的需求,进而产生的短板效应。换言之,是大学新生成长的美好生活愿景与不平衡不完善的社会发展之间的矛盾。我国社会力量参与教育治理还处于起步和萌芽阶段,社会主体对大学新生成长内生动力的培育能力不足,不能满足社会的发展需要。主要体现在社会对新生的感召力不足、社会提供的资源相对欠缺和家庭参与治理程度不足三个方面。

1.社会对新生的感召力不足

大学新生正处于世界观、人生观、价值观形成的关键时期,他们的自主意识较强,容易接受新鲜事物,因此,在这一时期社会对大学新生的影响显得尤为重要。当前,中华民族伟大复兴的中国梦、"两个一百年"奋斗目标、2035年远景目标等都带来了一定程度上的社会感召力,鼓舞着青年学生的进步与成长,对大学新生的理想和追求、历史使命感的形成产生了一定的感召。但伴随着经济全球化和市场经济的发展,大学生的政治思想和文化信仰受到了冲击,社会感召力仍显不足,出现了各种问题。从历史角度看,学生对国家、民族、社会发展的关注度很高,社会对青年学生的感召力促成他们成长发展的内生动力的产生与增强。新民主主义革命时期,青年学生为民族的发展挺身而出;抗战时期,学生积极投身抗战,大量青年学生主动奔赴延安,走上反帝救国的道路;中华人民共和国成立后,海外学子积极回国建设国家,青年学子主动奔赴西部建设的第一线。反观现在,社会对新生的感召力稍显不足,部分学生追求舒适的生活,缺乏奉献精神与担当意识,导致大学新生群体中形成了不良的社会心态,攀比之风盛行,追逐奢侈的物质生活与虚荣的身份象征,出现了"拼爹""炫富""X二代"等不良现象,严重影响着他们的日常学习和生活,阻碍他们的健康成长。

2. 社会提供的资源相对欠缺

为了实现大学新生的成长,社会在教育治理过程中需要为新生提供更多教育资源,如社会实践平台与机会。然而这类教育资源仍相对匮乏,没有为大学新生成长提供有力支撑。以产学研合作为例,作为社会参与大学治理的模式之一,我国的产学研成果与世界发达国家相比,科研成果转化率明显偏低。数据表明,我国高校的专利申请数量已经远超世界各大名校。2016 年清华大学专利申请量是斯坦福大学的 11 倍,然而,斯坦福大学 2015—2016 年从科技成果转化中获得许可收入为 9422 万美元,并孵化出几十家科技创新型企业。我国社会参与教育治理的方式多为间接参与,且参与渠道单一、参与面狭窄、整体积极性不高,与新生之间的联系较少,在针对新生的教育治理中未能发挥应有功能。

3. 家庭参与治理程度不足

作为社会的组成部分及与大学新生联系最为密切的社会主体,家庭对大学新生的成长起着重要的作用。当前家庭参与治理的程度不足主要体现在两个方面:一方面,很多家长在新生入学后,认为新生的教育管理工作可以全权交给学校,其与学校沟通不及时,与新生的联系也偏少,在助力学校教育、助力新生成长方面的工作不够扎实;另一方面,家长普遍关心新生在入学后的衣食住行,认为大学生活除了学习之外,只需关注孩子的物质条件,而较少关注他们的心理问题,间接导致很多新生在适应新的大学生活方面出现困惑,对独立人格的培养也产生了阻碍作用。

二、成长内生动力培育的现实困境成因

事物的发展是内外因交互作用的结果,大学新生的成长是新生、学校以及社会等治理主体共同作用的结果,内生动力在新生成长中起关键作用,它在培育过程中呈现出的问题不仅有新生自身的原因,同时也受到学校和社会的影响。本研究从新生、学校以及社会三个层面对大学新生成长内生动力培育的现实困境进行原因分析。

(一)新生层面

1. 发展目标不明确

目前,大学新生具有独立意识,但他们的自身需要意识模糊,理性思维仍不够成熟,发展目标不明确,在看待事物和分析问题的时候容易被非理性因素支配。很多新生由于在基础教育阶段按部就班地按照老师的要求学习,当步入大学校园,他们由引导性学习阶段进入自主学习阶段,失去了老师的引导,缺少了来自高考的压力,同时,很多新生自律意识尚未形成,依赖性较强,致使其意志力比较弱,并不能明确自身的需求是什么,想要追求什么样的发展。这些来自学习、适应和发展各方面的压力,使得新生产生畏难情绪,对自身成长的规划变得模糊和草率,甚至无所适从,出现一系列心理问题。加之外部环境因素对新生主体的影响很大,而新生控制和调节自身情绪的能力相对较差,便会产生新生成长内生动力不足的现象。

2. 缺乏专业认同

应试教育为主导的大环境背景下,大部分大学新生在步入大学校园之前,对大学的专业不甚了解。在填报高考志愿选择专业时,主要通过网络媒体查阅资料或听取亲朋好友的建

议,往往看重专业的社会需求度、就业率或薪资待遇,以热门/冷门为标准选择专业,而非注重兴趣。因此部分大学新生在入学之后,考入热门专业的同学怀着过高的期望和片面的认识,在经过一段时间的专业学习后感受到理想与现实的冲突,丧失专业兴趣,缺乏对专业的认同;考入冷门专业的同学对所选专业怀有成见,担心就业前景,易丧失对该专业刻苦钻研的精神,从而出现专业学习困惑的现象。

3. 社会使命感较弱

受传统文化和行政机制的共同影响,部分新生思想政治觉悟较低。在基础教育阶段,他们将主要精力集中在高考上,社会阅历普遍较浅,世界观、人生观和价值观尚未完全形成,仍处于塑型阶段。在这个阶段的新生虽然思想上充满积极要求上进的热情,但是实际上缺乏正确的引导及认识,思想上存在困惑。这进一步导致了他们容易忽视自身参与人才培养的责任,也缺失了一份对自身成长发展意义的积极认识,没有深刻认识到自己的成长成才对于整个社会产生的积极作用,没有将自身的发展与整个社会、整个国家的发展结合在一起,缺少了一份荣辱与共的社会责任感与义务感。这致使很多大学新生成长内生动力产生的诱因不足,迷失努力的方向,处于被动和盲目的治理状态,难以产生积极成长的内生动力。

(二)学校层面

1. 忽视了思政队伍建设的作用

受外部环境和自身方面原因影响,高校未能充分意识到思想政治教育队伍建设发挥的作用,思政工作队伍在新生成长中所发挥的职能作用也表现出一些不足。首先,在多元文化背景下,部分思政工作队伍人员缺乏扎实的专业理论知识储备与突出的业务能力,无法较好引导大学新生尽快适应学习生活,不能妥善处理新生成长过程中遇到的各类学习、生活以及发展问题。其次,部分思政工作人员缺乏自觉意识,未能自觉担当起保障新生成长的责任,这就在无形中导致自己与学生之间出现了一条鸿沟,在开展思想政治工作过程中缺乏与新生的有效沟通,对新生内心真实的看法和思想缺乏了解,无法及时发现和有效解决学生成长发展过程中遇到的一系列问题,致使高校思想政治工作的有效性未能得到充分发挥。最后,当前思想政治理论课的教学队伍主要由思想政治理论课教师和辅导员构成,队伍结构较为固定单一,与相关领域的学者专家以及专业课老师联系较少,在工作中往往单兵作战,没有实现真正意义上的强强联合。

2. 新生教育管理制度亟须优化

制度规范在高校新生管理过程中发挥着重要的保障作用,而当前在很多高校,制度规范没有得到应有的重视,其所蕴含的约束性导向和教育价值并未被充分发掘出来,导致了新生教育管理工作难以落到实处,难以达成应有的教育目标。高校未能准确认识到新生培养的特殊性与重要性,以及大学新生教育管理制度化的必要性。部分高校并没有将新生教育管理作为一项重点管理工作纳入学校的章程及制度体系,学校章程是高校最高级别的制度规范。2015 年 6 月 30 日,全国“211 工程”高校全部核准并颁布了章程,实现一校一章程,然而在这些章程制定的过程中,对新生成长的特殊意义尚未体现,没有将大学新生教育管理纳入制度规范。为了破解这种现象,必须进一步推进公立大学章程实施,建立健全相关高校制度规范,加强新生成长内生动力培育的政策保障。此外,一些高校在设计新生入学教育工作内容时，缺少制度监督机制，虽然在工作形式上门类齐全，但是在调动新生主体及学校教育主体的主动性、积极性、创造性上还有待加强，对新生主体及学校教育主体的责任意识的培养也有所忽视，不能有效提高各利益相关主体对大学新生成长的重视程度，不能充分动员对大学新生成长有利的各种力量，容易使新生教育管理工作流于形式。

3. 全员育人机制不健全

健全的全员育人机制可以充分整合各类新生教育管理资源，而当前在实施过程中，很多高校的全员育人机制并不健全，没有将高校新生教育管理的各个参与主体协调在一个体系里，导致管理力量分散，管理活动匮乏，管理资源不能得到最大程度的整合，管理效果不能得到最大限度的保障。高校教育管理工作不仅可以引导和管理新生学习生活，也能为新生成长提供服务。现阶段如何从高校人事管理制度上优化更新，充分整合全员育人的力量，帮助学生解决好成长过程中的问题，是管理工作的重点。当前新生的教育管理工作更多地集中在高校管理部门和辅导员身上，而与新生学习生活关系密切的专业课教师，则相对较少地参与新生教育管理。他们的工作重心和重点往往放在专业知识的教育上，对于新生思想觉悟方面的引导缺乏针对性与实效性，没有有效利用自身专业知识与培养教育的优势，没能完全体现学生的主体地位，进而导致新生对教育管理工作的支持度和参与度较低。此外，聘用制度、考核制度、福利薪酬等教师管理的具体制度仍不是很完善，当前在很多高校事业编制和人事代理的聘用并行，教师绩效考核体系不完善，薪酬激励机制发挥作用不显著，也使得高校人员参与新生教育管理的工作成效受到较大的影响。

4. 未重视校园文化环境的营造

校园文化是一种强大的精神力量，而当前部分高校却忽视了校园文化环境的营造，对新生自律意识的培育不够重视。这样的学校文化氛围导致了教风与学风的导向作用存在偏差，对新生的推动作用较弱，制约了新生追求自身成长的意愿，潜移默化地影响了他们的发展需求，在一定程度上阻碍了他们成长内生动力的生成。新生容易做出负面的价值判断和选择，不利于新生树立坚定的理想信念和正确的价值观，不利于新生形成良好的道德品质和行为举止，难以激发新生积极进取的学习热情。一系列的负面效应随之产生，导致学生们态度不端正、行为懒散。由此可见，高校校园文化中积极自律的观念缺失，是弱化大学新生成长内生动力的重要原因。

（三）社会层面

作为治理的相关利益主体之一，社会对参与大学新生治理的呼吁也越来越强烈。当前的教育治理中虽然已有一定程度的社会参与，并且也已取得一定的成效，但受社会参与治理的负面影响较多、主动性缺失、家庭参与治理存在误区等诸多因素影响，出现了社会主体动力失衡的现实困境。

1. 社会参与治理的负面影响较多

引导大学新生向上向好良性发展是社会的任务。但是，受复杂市场经济的影响，大学新生的思想受到前所未有的冲击，市场经济在发挥积极作用的同时容易诱发享乐主义、拜金主义、消费主义和极端个人主义。这些不良思想从社会层面渗透到大学校园里，与正能量感召内容产生矛盾，干扰了大学新生的认知，使他们产生困惑，严重影响了大学新生的三观。部分新生的人生理念开始变得扭曲,从而变得心浮气躁、急功近利、无心向学,彼此间开始攀比家庭条件,认为不再需要艰苦奋斗、集体主义等精神,阻碍着大学新生的进一步成长发展。此外,当前社会在对人才的态度及重视程度上出现了一些负面导向,实用主义与功利主义的盛行使大学新生的价值观念出现偏差,社会在选才用人时存在重智轻德现象,个别富人投机取巧所敛财富的轻而易举,使得部分大学新生认为学习不重要,重要的是人际关系,而试图走一些"捷径"。这样的社会成长环境很难推动人才的脱颖而出。

2. 社会参与治理的主动性缺失

社会参与教育治理能够在一定程度上弥补高等教育资源的不足,平衡协调相关利益主体的治理方式,进一步优化治理结构,进而为新生这一特殊群体的成长提供动力支持。在当前的教育治理中,受传统观念的制约,人们普遍认为只有政府才有权参与教育管理。在这种观念的误导下,社会大众没有意识到自身是参与治理的主体之一,在参与治理的过程中表现出角色定位不清晰、目标错位、行动低效的问题,参与的被动性和从属性较强。另外,社会参与治理存在渠道受限、机制不健全、权利难保障等问题,阻碍社会参与教育治理,也削弱了其参与治理的主动性,最终导致社会参与治理的相关工作难以开展。同时,受传统管理模式影响,政府对各教育事务进行直接管理,在教育资源配置方面不仅起管理者的作用,还起实施者和监督者的作用,但由于社会与高校之间缺乏有效沟通与了解,除了在某些领域给予一定资金支持外,无法缓解各类教育资源不足的压力,无法为新生的成长发展提供充足的实践平台与机会,对教育资源的欠缺起不到应有的弥补作用,从而很难支持高校发展、新生成长。

3. 家庭参与治理存在认知误区

(1)很多家长对基础教育与高等教育认知模糊。在步入大学之前,学生家长以学习成绩为关注重心,一切围绕着高考而忽略了其他与成长相关的方面,在高考结束后,大学新生进入大学远离家庭独自生活,很多家长不再像以前一样对孩子严格要求,产生了"家长终于解放"的错误观念。

(2)对新生的关注重心认知存在偏差,在新生步入大学之后,家庭对新生关注的侧重点没有从学业成绩转变到适应大学学习生活方面,除了在物质生活层面的支持,家长往往忽视了新生在心理层面对新环境的适应,较少引导他们培养独立生活、自主学习、独立思考的能力,无形中延长了新生对大学学习生活的适应周期,对他们的成长产生不利影响。

第三节 动力系统的运行机制

一、运行目标价值取向

(一)营造大学新生成长内生动力的培育环境

大学新生的成长不能脱离其所处的外部环境场域而独立存在。参与大学新生成长内生动力治理的主体越多样,对大学新生成长内生动力培育的治理的民主化程度就越高,相关利益主体的诉求表达得越充分,对大学新生成长内生动力的培育工作参与度就越深。通过提高新生、学校和社会等利益主体的参与度，有助于形成开放、共享的培育环境，从而明确相关主体的责任，即培育、促成大学新生成长内生动力的生成，形成一个相互联动的整体，从而更好地协调多元主体间的利益关系，以实现合作治理，最终达到多元主体利益最大化的善治目标，进而提升大学新生成长内生动力。

(二)健全大学新生成长内生动力的培育制度

治理主体及治理活动都必须以规章制度为依据。大学新生这一群体有着特殊性与复杂性特征，为避免治理秩序混乱，必须按照规章制度治理。通过教育治理，可以健全大学新生成长内生动力的培育制度。首先应明确培育大学新生成长内生动力的总制度，即大学章程；其次应明确专门针对大学新生的制度，完善的制度加上高效的执行是实现大学新生成长的必要条件，在多元主体的共同参与和协商一致的基础上，按照合法程序缔结成更加完善的规章制度，进一步约束和规范新生、学校、社会等相关利益主体的行为，明晰多元主体权力行使边界以及多元主体在治理活动中的责任，从而达到提升大学新生成长内生动力的目的。

(三)优化大学新生成长内生动力的培育结构

科学的治理组织结构，可以确保充分汇集大学新生成长的合力。大学新生成长过程中面临着诸多问题，如学习生活的不适应、价值观的异化等，亟须进行引导。多元主体共同参与的治理，可以优化大学新生成长内生动力的培育结构，汇聚治理合力。在这个治理结构中，教育治理引导每个主体成为这个结构中的有机一分子，每个主体都可以发挥自己应有的作用，进一步引导大学新生适应大学生活，认同高校人才培养的目标与意义，让新生自觉地学习发展，以实现提升大学新生成长内生动力的治理目标。

(四)夯实大学新生成长内生动力的培育成效

在治理过程中，大学新生、学校及社会等相关主体的联动配合，有助于统筹协作决策的民主化和执行的科学化，直接有利于提高治理的参与度、透明度，通过规划各类指导机制、评价机制和社会监督机制，对新生、学校及社会中的各类要素也会产生作用，形成一套过程管理的机制，有助于提升治理效率，形成充分协商、共同治理的氛围，有利于促进教育决策科学化与教育监督机制理性化，保障教育服务顺利进行，夯实大学新生成长内生动力的培育成效。

二、运行过程机制体制

(一)构建统筹联动、交互影响的系统

根据教育治理理论，在明确大学新生成长内生动力培育主体、特征的基础上，结合勒温场动力理论，可以将大学新生成长内生动力的培育主体放在一个模型场内分析，更好地明晰大学新生成长与其自身及外部环境因素的关系，明确新生、学校和社会是参与培育大学新生成长内生动力的相关治理主体，并且清晰地展示各个治理主体之间的关系，构建一个统筹联动、交互影响、协调统一的治理系统。在基于动力场的治理模型构建中(图5-2)，三个治理主体涵盖了影响大学新生成长内生动力培育的多种要素，这些要素统筹联动、交互影响，决定着大学新生成长内生动力的培育方向，影响着大学新生成长内生动力培育的最终成效。

其中大学新生主体产生的内生动力，即大学新生成长的内驱力，可看作场动力理论函数公式中的个体场 P，涵盖了需要、动机、兴趣、理想信念和价值观等多种要素；学校主体及社会主体对大学新生成长内生动力产生的推动力，可看作公式中的环境场 E，其构成包括了学校主体中思政队伍建设、管理体系、制度规范与校园文化，也涵盖了社会主体中经济、政治、文化、科技等各类要素。假定大学新生的个体场及环境场的影响都是正向的，则大学新生主体、学校主体及社会主体三者交互作用影响下对大学新生的成长产生提升与激励的作用，它们共同引导新生的积极成长与发展。

（二）激活相关主体，形成共治格局

对大学新生成长内生动力的培育，是通过一系列教育治理过程与手段，激发大学新生主体、学校及社会等相关利益主体的活力，构建大学新生、学校和社会三者之间的新型关系，形成三者共同参与的多元共治格局，以保证教育治理的成效最大化。在对教育治理视域下多元治理格局的构建中（图 5-3），学校和社会等外部环境主体处于最外层，大学新生主体位于最里层，大学新生主体和外部环境主体深受教育治理的影响，教育治理直接或间接地作用于各主体中的各要素，形成了三位一体的教育治理，从而影响大学新生内生动力培育的作用机制。具体而言：（1）学校和社会在培育新生成长内生动力中起着承上启下的作用，通过教育治理，将外部影响因素对新生教育治理的培养要求进一步内化，同时把这种力量作用于大学新生主体，与大学新生成长内生动力更好地融合；（2）落实大学新生的主体地位，一方面通过教育治理来不断提升自身成长的内生动力，另一方面积极吸收外部环境主体的内化动力，二者的正向合力共同推动大学新生的进一步成长；（3）在教育治理的作用下，大学新生、学校、社会这些相关主体可以充分激发治理活力，通过三者之间内外联动、统筹协作的组织状态，形成共同治理的格局，焕发出积极性与创造性，实现治理成效最大化。

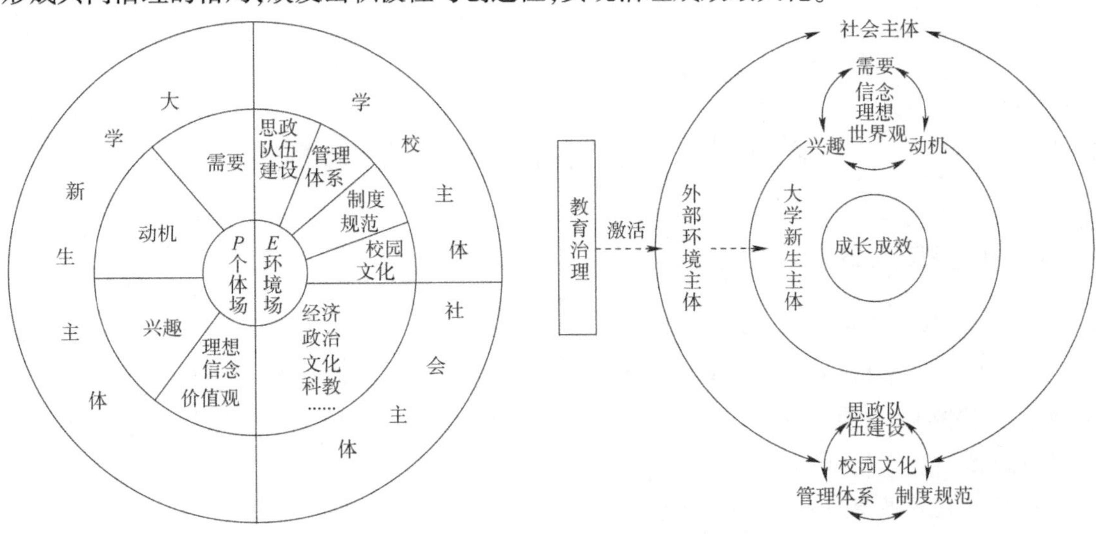

图 5-2 基于动力场的治理模型构建

图 5-3 教育治理视域下多元治理格局的构建

（三）优化主体功能，汇聚正向合力

教育治理视域下的多元治理格局要求大学新生、学校及社会各主体协同配合，通过实现

各个主体的功能优化配置,汇聚治理的正向合力,引导、维持、促进、强化大学新生成长的内生动力,适应其成长特点,夯实其成长成效。从大学新生层面来看,教育治理可以不断优化大学新生主体的治理意识,使其进一步明确自身成长发展目标,强化专业认同感,增强自身的社会使命感。从学校层面来看,教育治理可以强化思想政治队伍的建设,不断优化大学新生管理服务制度,尽快落实全员育人机制,大力营造校园文化环境,优化学校各要素的参与机制,形成学校各部门齐抓共管的局面,推动大学新生的进一步成长。从社会层面来看,教育治理可以进一步提高社会对大学新生的感召力,强化社会参与治理的力度,增强家庭参与治理的意识,不断提升社会主体对大学新生成长内生动力培育的能力。在分析教育治理对大学新生成长内生动力培育的作用机制过程中(图 5-4),线条表示路径,箭头表示路径方向,通过教育治理对各个主体功能的优化,使各个主体相互协调、明确分工,汇聚来自大学新生主体、学校主体及社会主体的治理合力,共同指向大学新生成长内生动力的提升,实现整个大学新生成长内生动力培育系统的良性发展,促使大学新生积极成长,达到治理的成效,同时该成效又反作用于大学新生主体、学校主体及社会主体,形成一个循环的动力回路。

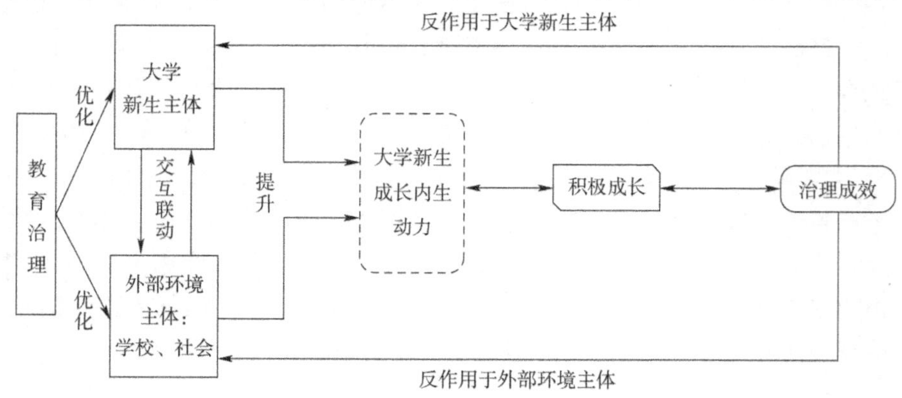

图 5-4 教育治理对大学新生成长内生动力培育的作用机制

第四节 成长动力的培育路径

一、营造育人体系

(一)坚持立德树人的价值引领

立德树人是高校的灵魂和使命,培养学生以德为先的思想观念是立德树人的核心内容。要培养大学新生主动参与建设中国特色社会主义事业的责任感,并让他们从思想上对社会主义核心价值观产生认同。

1. 推进大学思想政治工作队伍建设

立德树人是教师的根本使命,高校教师、行政管理人员应运用自身高尚的道德修养、渊博的知识体系和独特的人格魅力去影响新生,在工作中传播先进文化思想,引领新生积极主动地融入社会建设中。在推进思政队伍建设过程中,长安大学近三年曾选派百余人次参加教育部、陕西省骨干教师培训,每年举办思政课教师全员培训,组织 180 余人次进行实践研修;由校领导担任班主任,学校2017年配备班主任512人,2018年配备班主任410余人,实现了本科生一、二年级全覆盖。同时,为了服务学生成长发展,做好日常思想政治教育工作,长安大学构建了以学生为中心的成长发展服务体系,开展了以日常思想政治教育为核心的教育管理工作,如图5-5所示。

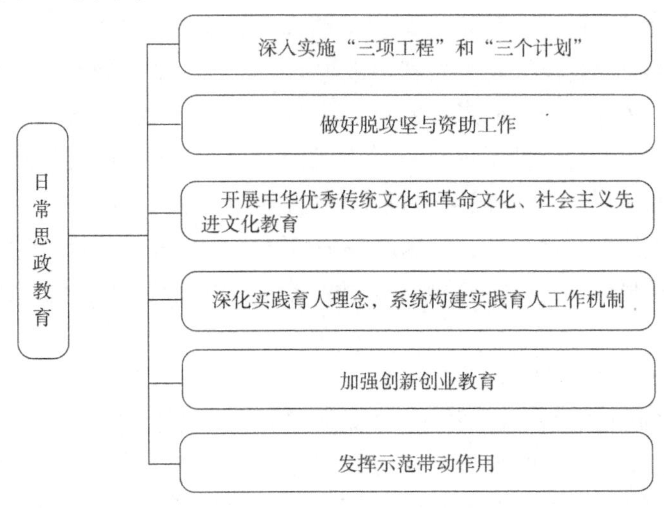

图5-5 长安大学日常思想政治教育体系

2. 实现思政工作的多元参与

在实现高校思政工作的多元参与过程中,应加强高校管理者的参与力度。除了履行制定政策、传达管理信息的党政职责外,高校的管理者还应率先垂范,主动承担育人责任,统筹引导新生适应大学生活。长安大学在高校管理者参与育人工作方面,成立了由党委书记和校长任组长的精神文明建设工作领导小组,并且围绕《长安大学创建文明校园活动实施方案》,印发了《长安大学关于开展文明学院、文明处室等创建活动的实施方案》等一系列配套文件。校领导直接参与新生教育管理工作,主动承担育人职责,可以形成党政共同关心新生成长发展的强大合力,达到全面育人的效果,促进大学新生的进一步成长。

3. 创新运用新媒体技术

推广新媒体技术来优化传统思政工作的形式有以下几种:(1)高校可以通过建设全方位、多层次的校园新媒体平台,创作更多弘扬社会主义核心价值观、传播正能量的新媒体作品;(2)各个治理主体均可以利用网络引导新生树立正确的世界观、人生观和价值观,优化高校文化环境,加强社会感召力;(3)牢牢掌握网上舆论工作主动权,做意识形态的捍卫者。天津大学活用宣传载体,依托网络、新媒体、自媒体等平台,开展生动多样的宣传活动,在校报、电子杂志《求是亭》和《理论学习(半月刊)》等平台开设全国教育大会理论学习专栏;在学校主页、微信公众号等发布学习信息,推送大会精神学习体会等专题;利用学生生活园区、教学楼、宣传展板等公共区域广泛开展宣传引导,持续掀起学习热潮。

(二)激发相关主体的自觉意识

培育相关主体的自觉意识,难点在于如何使主体具备自觉维护治理成效的意识。不同的主体存在着不同的原因。内生动力不足且急于求成的大学新生缺乏自觉意识,激发相关主体的自觉意识不是一蹴而就的事情,因为内生动力的生成取决于多主体的相互作用,因此这必将是一个长久过程。

1. 强化新生主体自觉意识

大学新生要提高自身主体自觉意识,强化自身积极情感。大学新生需要有正确的自我意识与自我认知能力,这是提高其自觉意识的前提。自觉意识是大学新生在思想上明确自己作为主人公的主导地位,在行动上做到积极主动地参与到新生教育治理中,在整个人才培养过程中时刻保持思想意识明确,最大程度地发挥自己的主观能动性。主观能动性的发挥具有两面性,大学新生要在积极展现自身优点的同时,理性分析自己的不足,比如在与周围同学及老师交流时发现自己存在的某些问题后,应该以一种积极理性的思维方式进行自我评价,并在此基础上提前预测自己在未来发展中将面临的挑战。与此同时,大学新生应该对他人的评价秉持"有则改之,无则加勉"的态度,不断提升成长的自觉意识,塑造更完美的人格。

2. 强化学校和社会自觉意识

只有具备高度的制度政策自觉意识,才能在培育大学新生的过程中使自己的治理行为更具说服力,强化学校和社会的自觉意识可以有效发挥其在培育大学新生成长内生动力过程中的引导作用。具体而言:(1)坚持中国特色的大学教育传统,以人为本,把握新生教育管理的规律,在社会主义核心价值观的指导下有条不紊地推进大学新生成长的工作;(2)促进学校和社会各界自觉担当保障大学新生成长的责任(既包括学校中的管理者、专业教师、思政工作者、后勤工作者等,也包括社会中的管理者、各组织机构和家庭),通过提升各主体的自觉意识,构建全员育人机制,提高社会对治理的主动参与度,明晰家庭参与治理的正确认知,对新生未来的成长发展方向进行正确把握,同时,学校和社会各界应反思自身在新生教育管理工作的完善和执行等方面存在的问题和不足,从而积极投入到管理理念、方法、措施的构建与创新中。

3. 营造自律积极的文化环境

文化是无形的,默默地作用于人的灵魂,文化环境对促进大学新生成长内生动力起着感染熏陶和潜移默化的作用。如何营造自律积极的文化环境?对于新生这个群体而言,首先要通过发扬积极健康的主流文化,有效屏蔽和过滤不良文化,当前我们正处于一个伟大的时代,应充分发挥中华民族伟大复兴的中国梦、"两个一百年"奋斗目标和习近平新时代中国特色社会主义思想的深刻感召力,用上进自律的价值观念去引导和塑造,提高新生作为成长内生动力主体的自我自觉;其次,为新生主体参与学校制度制定,营造良好的氛围,依托各类社团等组织,大力开展各类文化活动。长安大学在营造良好的校园氛围方面,依托国家大学生文化素质教育基地,打造"汽车文化节""建筑日""地球日"等各具特色的品牌活动,同时加强对学生社团的管理和活动指导,注册社团 164 个,注册学生 1.3 万余名,每年开展重点活动 300 余项,涌现出了希望阵营、哲思演讲辩论协会、国学社等一批品牌社团。通过各种载体传播学校的制度文化传统、办学理念、价值观念,可以使新生真正了解学校制度,在实践中增强对校园文化的认同感,把学校制度规范转化为行为准则,自觉行动;最后,切实解决新生普遍关心的热点问题,在事关新生切身利益的问题上,增加透明度、增强公信力,充分调动新生遵守学校制度规范的积极性和主动性,营造自律积极的氛围。

二、健全制度体系

(一)建立健全高校制度规范

首先,健全的高校制度规范需落实以高校党委书记和校长等主要管理干部为核心的主体责任,依法强化责任追究机制,明确他们作为高校章程及制度规范的实施主体地位,其次,作为办学活动的依据,完善的大学章程内容有着举足轻重的作用,目前,我国多数大学教育章程中涉及大学新生成长动力的培育较少,新生教育管理的基本方向也亟须进一步细化与明确;再次,建立第三方机构介入的章程及制度规范的运行监督机制,通过第三方的调研、评估与结果公示,一方面可以加强对章程及制度规范运行的监督,另一方面也可以作为领导干部考核的一项重要指标,从而起到督促学校领导的作用;最后,应该积极鼓励大学新生参与章程的制度完善工作,这样不仅可以使校方更准确地掌握学生心理,明确章程制定方向,起到事半功倍的效果,还能提高大学新生的认同感,提高大学新生参与"自治"的积极性,增强其对大学章程的价值认同。

南京大学在健全制度规范方面的做法值得借鉴。南京大学将其本科培养分为三个阶段,分别为大类培养、专业培养、多元培养,将发展路径分为专业学术、交叉复合、就业创业,这种培养模式被称为"三三制"模式,如图 5-6 所示。这种模式充分肯定了学生多元多样和个性化的培养需求,是目前高等院校值得借鉴的一种模式。就培养过程的三个阶段来说,首先是大类培养,目标是促进学生人文素养、科技知识的全方面发展,通过广泛学习拓宽学生视野,为未来进入专业领域打下基础。这可谓是"磨刀不误砍柴工"的过程,在全面了解社会知识结构后再去选择自己适合的专业领域定会事半功倍;其次是专业培养,通过之前大类培养的突击训练,学生将选择适合自己的专业领域,专业培养通过提高专业素养,培养业务能力,提升知识储备,为学生下一步的职业生涯打下基础,部分学生在专业培养后选择进一步的学习深造,这也是专业培养得到肯定的表现;最后是多元培养,为学生的发展路径提供选择,多元化是多种个性化碰撞的表现,高校通过因材施教,让每位学生实现个性化学习,从而在其专业学术、交叉复合、就业创业的发展路径上做出个性化的选择。"三三制"模式的优势除了循序渐进地引导学生进入社会,还可以在学生不同的学习探索阶段给予解惑,在学生生涯中充当着"无声导师"的角色,激发学生探索世界的热情,也指导他们去合理规划自己的人生。高校改革不仅是学校的任务,也是学生的使命,"三三制"模式让学生参与其中,使学生成为教学中心的主导,不失为高校改革模式的一种创新。

长安大学的"六个一"工程也是健全高校制度规范的一个典型表现。在对长安大学辅导员徐老师进行采访时,他提到:"本科生阶段教育以培养全面发展的综合性素质人才为主,受年龄、心智、生活阅历等的影响,本科新生教育管理的开展着重于引导生活与学习相适应,长安大学开展的'六个一'项目工程将新生教育管理精细化,新生教育管理的内容共分为入学与适应、素质与养成、专业与职业、学风与学务、发展与成长、奖励与资助等六个板块,这六个板块的内容对新生的成长发展都起了至关重要的作用。"通过该采访可以看出,新生教育工程的推进,是学校必须把握的一个最重要的时机。在大学一年级投入较多时间、精力、物力,对学生未来在大学的成长，具有非常重要且关键的价值。长安大学新生教育工程之所以能取得良好的成效，与其高度整合投入资源、形成完善成套的体系是分不开的。以往的“单一体”和“讲授灌输”机制缺乏系统性。而现如今的新生教育工程打破常规单个部门负责的局面，形成学校领导、部门、院系、全体师生共同参与的“共同体”。而新生也能在这个系统的运作中形成对大学的认知，带着自主意识进入大学学习。这有效减少了新生从中学到大学角色转化过程中的紧张情绪，减少新生因无法排解的心理压力而要打退堂鼓的现象，减少了新生因不适应学校考核标准而挂科的现象等，这就达到了教育治理的真正目的。

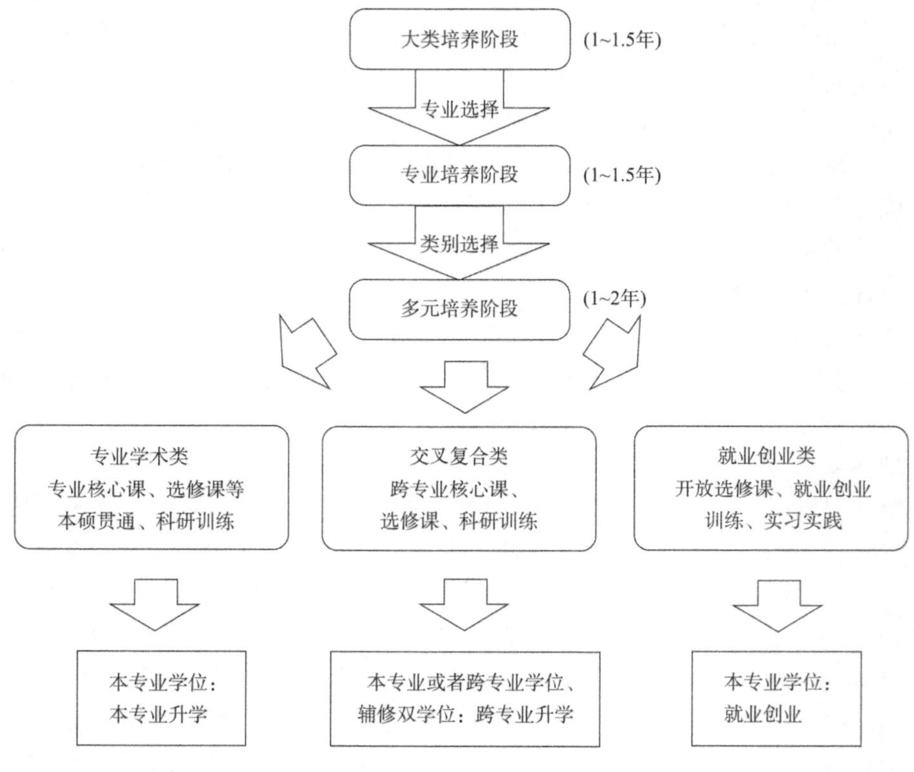

图 5-6　南京大学“三三制”框架

(二)创新高校人事管理制度

1. 鼓励专业课教师兼任新生教育管理工作

高校教师队伍成员储备着渊博的专业知识，应在学生成长最关键的阶段，科学合理地利用这些宝贵的师资。尤其是专业教师，他们更具将成长教育与专业知识结合的优势，若兼任新生教育管理工作，可以给予新生专业学习和思想觉悟上的双重指导，进而提升其成长的内生动力。此外，学校应该建设一批具备较高思想政治素养和完备教育理论知识的管理队伍，努力打造队伍专业化、职业化、专家化，提升管理队伍在新生教育管理中的积极作用，创造优越的制度管理环境，提升大学新生成长内生动力。

2. 进一步改革与完善教师管理的具体制度

在聘用制度方面，把控终身聘用标准，以终身聘用合同激励教师群体争优创优，让青年教师有机会和平台充分展示自己的学术能力和工作能力。在考核制度上，改革方向可以参考企业绩效考核多元发展的特征,并充分考虑教师所属的学科方向及个性特点,综合制定科学合理的教师绩效考核指标体系,有效发挥评价制度的激励作用,提升教师群体的积极性。在福利薪酬上,进一步完善薪酬激励机制,激励引导教师将工作重心更多地倾向于与新生相关的教育学术活动,从而促进新生的进一步成长与发展。

(三)推进社会管理体制创新

社会管理体制的创新不外乎是政府组织和社会组织的协同创新管理。一方面,政府通过完善国家政策提高管理能力;另一方面,社会组织通过不断地自我管理以适应社会发展需求。媒体时代的迅速发展、大数据的强力冲击、多元文化的铺天盖地使得大学生在社会中面临各色各样的诱惑,如何引导学生树立正确价值观也成为新的社会难题。政府部门对于社会舆情的引导应当仁不让,严打一切不良媒体,制止负面舆论侵蚀社会,加强对公开信息的审核,大力弘扬正确的教育内容。大众媒体作为社会力量的一部分,应当以身作则,秉承客观积极的态度发布舆论,大力宣传国家的正面信息,将正能量渗透到社会的每一个角落,积极引导新生价值观的健康发展,努力担起社会责任。社会组织因其平民化、社会化的特殊性质,近年来越来越多地出现在大众的视野中,但其往往缺少规范化的管理,这就需要社会组织不断学习先进社会组织的经验,提高自我管理的水平,找准自我定位,在弘扬主流文化的同时,坚持正确的舆论导向,利用好其独特的大众性和社会性属性,引导新生摒弃不良风气,树立正确的人生观和价值观,明确自身的社会使命,为社会主义现代化建设添砖加瓦。

三、优化保障体系

(一)明晰主体定位

大学新生成长动力的生成是一个复杂、多维、动态的过程,新生主体通过各个心理系统的相互作用,产生促进自身成长的动力,学校在运转过程中也形成了推动新生成长的动力,社会场域也蕴含着推进大学新生成长的动力。新生成长动力的生成是一个系统,它不仅来自各子系统矛盾运动产生的动力,同时更是各子系统间相互对立与统一运动形成的合力。

综上,可以建立以大学新生为主、社会与学校为辅的共同治理组织机构,该机构的设置旨在通过三者共同治理的方式,提升大学新生成长内生动力。坚持大学新生积极参加、学校和社会积极支持的有机组合,通过三者之间的相互依存、风险共担及利益共享的组织机构管理与效益模式,形成具有一定规则秩序的组织状态,进而实现将该组织机构的整体功能发挥的最大化。具体而言:(1)明确新生在大学新生成长内生动力系统中的主体地位;(2)落实学校和社会在大学新生成长内生动力生成中的重要作用;(3)明晰新生主体、学校和社会三者组成的三维结构,进而有效促进大学新生成长内生动力系统的和谐稳定。

(二)促进主体协作

治理主体的过程中,协作是必不可少的,主要包括大学新生与学校、大学新生与社会、学校与社会三者的两两配合,这对提升大学新生成长内生动力至关重要。学校在提升大学新生成长内生动力这一过程中发挥着承上启下的作用,因此,不仅要求学校营造正确的校园文化,还应在以此为核心价值观的前提下,发挥积极沟通的作用,掌握大学新生的最新心理动态，随时调整制度执行过程中发现的问题。社会中的管理者是大学新生成长的目标与规划的主要参照，因而更应该具有与时俱进的思想价值观念，并有高瞻远瞩的宏观眼光，在复杂的社会环境下，更应义不容辞地发挥自己的带头作用，提高自己以身作则的使命感。作为治理主体的大学新生，是三者中的核心因素，也是最直接的执行者，高校及社会应重视对新生的教育引导，通过多种方式提升新生内生动力，增强他们的主体意识，大学新生也应该为实现自我需求而全力以赴。

（三）建立规划指导机制

为帮助新生发掘学习潜力，拥有学习动力，并找到归属感，尽快适应大学生活，高校可以建立针对新生群体的生涯规划与指导机制。

1. 建立学业指导委员会机制

成立相关的学业指导工作委员会或支持机构，具体负责对学生的学业指导与支持工作，并帮助新生获知校园资源，确保他们适应大学生活，引导新生发现自我需求。早在 2017 年，中国药科大学就在其网站上宣布成立学业指导工作委员会、学生学业支持中心等组织机构，这类机构由教务处和学生工作处共建，支持中心隶属于教务处，并要求各院部系须指定专人担任学业工作指导教师，开展本单位的学业指导工作，鼓励院部系成立相应的组织机构。该校学业顾问不仅帮助学业困难的学生，还面向学术兴趣浓厚的学生，为他们开展前沿讲座等一系列活动。

2. 构建学业顾问模式

在教师队伍中设置一批专业的学业顾问，负责向新生介绍学术生活、教学要求以及校园生活等内容，指导新生度过入学的第一个月（过渡期），并深入了解所学专业，激发其专业兴趣，提高学习主动性。美国斯坦福大学有 12 位全职的学业顾问，办公室就设在学生宿舍楼中，可以与新生进行有效的沟通，负责每一位新生的相关工作。斯坦福大学也设置有兼职的专业顾问角色，这个角色的设置与中国药科大学的做法相似。兼职顾问定期与学生见面，至少保证每季度各一次，直到学生确定专业选择为止。每位顾问可以为 6 位新生提供服务，除了解决新生的专业选择问题，还会持续激励他们在学业上努力。

3. 鼓励新生教育管理工作前移化

把握新生入校前的信息主导权，在准新生入校前，通过邮件或官方网站等形式收集相关信息，包括其感兴趣的学术领域、对校园生活的期待和建议等，然后按照统计大数据为新生初步匹配合适的顾问，该顾问在新生入学前便与新生接触，回答新生关于入学注册的问题，使新生了解课程种类及生活环境，并减轻新生入校后的不适应与焦虑。这样有助于减少新生教育管理工作中出现的信息不对称现象，将对新生的入学教育前移，冲破新生教育管理工作的时空束缚，丰富新生教育管理工作的学习形式，巩固新生教育管理工作的成效，为新生的培养提供强有力的前提性动力。

（四）完善教育评价机制

《教育部关于深入推进教育管办评分离促进政府职能转变的若干意见》（教政法〔2015〕5 号）中指出，支持专业机构和社会组织规范开展教育评价。这类评价由具有教育评估资源的第三方组织和机构完成，他们独立于大学和教育管理机构外，对新生入学与适应、素质与养成、学风与学业、成长与发展、奖励与资助等方面进行诊断性评价，能够真实反映大学新生成长培育的实际效果，更好地为提升大学新生成长内生动力提供明确思路和方向。新生教育评价机制可以从以下三个方面来完善：(1)学校与社会应进一步更新和重塑新生教育评价的思想和理念，营造良好公正的文化氛围，认识到新生教育评价在深化高等教育改革中的重要作用；(2)建立评价成果研讨运用机制，旨在提供有实际参考意义的建议，用以改进与完善新生管理决策；(3)细化评价内容，进一步厘清评价的具体内容，涵盖大学新生成长内生动力系统的各个动力要素，每个动力要素下面应具体划定指标，并随着教育领域综合改革的推进和社会的变化发展进行调整和丰富，更好促进大学新生全面健康成长发展。

(五)构建社会问责机制

新生教育治理工作的开展途径不止于高校管理，也不止于政府宣传，还有社会问责。社会问责往往出现在社会重大事故中，而鲜有存在于高校的学生教育管理中。然而不可否认的是，社会问责的力量是巨大的，通过社会问责让社会组织参与新生教育管理，这对于高校来说不仅是新的教育监督的手段，也是提升学生成长内生动力的有效途径。本书就社会问责如何顺利进入高校协同新生教育治理提出四点建议：(1)政府与社会的相互协同，政府在高校管理中多表现为上传下达的指挥，对于高校行政人员的失职行为予以相应行政督查和处罚；高校的教学评估权限可以从高校下放到社会中，通过问卷调查的方式让社会参与高校履职；(2)社会公众参与问责，由于社会公众的层次不一，需要我们通过公共资源对公众进行问责意识的教育，提升公众履行社会责任的意识，提高参与社会问责的能力；(3)高校与社会可携手发布年度报告，在规范社会行为的同时，关注并引导新生社会问责意识的提高；(4)明确法律对社会问责规范化的保障作用，社会问责要鼓励学生参与社会事务决策，一方面让社会事务的处理方案多元化，另一方面引导学生利用法律理性维护自身的权益，切实解决与之相关的社会现实问题。

第六章

大学新生学习生活的环境系统

人的生存和发展与其所处环境密切相关,环境在客观上对人的生存和发展具有约束和影响作用。人在特定的自然领域、社会领域、文化领域中生存,从环境中获取生存发展需要的物质资料和文化资源。人的发展受到特定环境的制约,在相对的时间和空间上无法逾越环境的约束和限制。人可以通过对已有资源的收集和结构升级来优化环境,也可以调整自身发展规划来适应环境。教育就是人特意创设的一种促进其成长发展的环境,教育环境作为人才培养的主要阵地,主要功能是提供开展教育活动所需的自然环境、教师资源、管理和服务资源、文化资源等要素。高校创设优质教育环境的核心目标是帮助受教育者获取丰富的科学知识和实践技能,塑造健康完整的人格,提升道德文化素养,从而促进其全面健康发展。大学新生进入校园后,在全新的环境中生存和发展面临着诸多困难,例如学习模式从相对集中到自我约束、生活方式从家庭生活到集体生活、人际关系从相对简单到复杂等。面对这些困难,大学新生短时期内难以适应大学的学习生活,表现出迷茫和无所适从的状态。

人可以通过实践活动能动地改变和创造环境,当环境提供的资源不适宜人的生存发展时,人可以通过优化现有资源和创造先进工具来改变环境,使其更加适宜人的更高层次发展。大学新生既是校园环境的适应者,也是大学教育的试金石。教学资源是否充足,师资力量是否强大,教育和管理制度是否完善,校园文化是否积极向上且富有感染力等都可以在大学新生中得到真实反馈,这就为大学教育提供了有效评价参考,也能够促使大学提升教育质量和管理水平。总之,高校作为一个整体概念的教育者,大学新生作为受教育者,二者可以通过及时地交流和反馈,不断改进、优化,从而更加合理和高效地完成教育目标。作为教育行为实施的主体,高校只有真正做到教学相长,不断提升和改进教育质量,才能帮助大学新生尽快适应大学生活,促进其全面健康成长成才。

大学新生学习生活生态环境系统是指秉持环境创造人、人创造环境理念,协调与改善家庭、高校、社会、网络等环境因素,促使各要素互动配合、积极作为,系统构建大学新生学习生活优质生态环境,促进新生全面健康发展。本章构建了“一角—两边—四维”(一角即新生这一价值主体,两边即教育者和社会两个价值维度,四维即生态系统中家庭、高校、社会、网络等环境因素)大学新生学习生活环境系统。新生为度,教育者与社会为边,后者张力越大,前者弧度愈宽,成长空间越大。新生教育生态化通过调节“边”与“度”的关系,实现三者的能量及信息交换,使新生教育生态系统中的各要素得到可持续发展。

第一节　家庭生态环境

大学新生成长是一个系统性工程,相对基础教育阶段,学生进入大学后,其与家庭的联系有所减弱,但现实中也有不少本地学生继续在家生活,此外,外地学生在校学习、生活期间也能通过网络通信手段与家庭保持沟通联系。因此,家庭因素对尚处于成长“断乳期”的新生有着协同性影响。家庭教育理念对新生成长发展具有导向作用,家庭对每一名新生在大学期间的发展都有美好期待或愿景,即新生的成绩或综合素质,这种来自家庭的教育理念或是意愿,会直接影响到新生在校成长发展方向。父母是新生在成长中遇到困惑和烦恼的倾听者、引导者,新生在学校学习生活中遇到困惑、烦恼时,往往会和父母倾诉,部分父母不愿意让孩子经历任何挫折,便利用自身能力和资源帮助孩子解决成长过程中遇到的困难;部分父母会帮助孩子分析问题、提供建议,让孩子拥有独立解决问题的能力。不同处理方式也会对新生成长发展产生不同影响。

一、家庭结构及关系

依照不同的标准,中国现代家庭有不同的分类,本章主要探讨三个常见家庭类型,即独生子女家庭、单亲家庭、贫困家庭。

(一)独生子女家庭

1979 年,我国第一批真正意义上的独生子女出生以来,中国社会的家庭结构逐渐由大家庭模式转变为小家庭模式,家庭事务的主导也从“金字塔”集中性的层级结构转变为“星系”结构,形成以孩子为中心,父母及祖父母绕孩子运行的“星系”。孩子寄托着两代人的希望,孩子成为家庭的未来,家长除了充分供给孩子成长的基本需求外,想尽一切办法让孩子学习不同的才艺、技能。部分家庭出现了对独生子女物质上的无限满足和有效教育的严重缺乏,进而导致南辕北辙的教育效果,形成迁就和放纵的教育行为。此外,随着经济生活的巨大变化,家庭结构、家庭形式、家庭环境更趋多样化。独生子女却正是在这种多样化时期来到这个世界,使他们在面对独特的家庭结构时,还可能面对独特的家庭形式和家庭生活。

(二)单亲家庭

随着家庭、社会结构的多元化发展,单亲家庭也不单指离异家庭,多种因素可能导致单亲家庭的产生,例如离婚、配偶死亡、配偶工作居住两地甚至未婚先孕等。

单亲家庭的成因不同、家庭环境的不同,以及个人本身所拥有的内外的资源不同,面对单亲的感受及调适也就有所差异。近年来,快速增长的离婚率导致了离婚式单亲家庭比重逐渐上升,由此引发了一系列社会问题,如单身父母的心理状态、生活状况,单亲家庭子女的心理成长和教育等问题被越来越多的学者所关注和研究。相关数据显示,单亲家庭的女孩过早出现性行为、早婚、早孕、未婚先孕和离婚;男孩出现冲动易怒心理、涉足暴力事件等问题多于一般家庭的孩子。同时单亲家庭的孩子辍学率也是一般家庭 2 倍以上。

(三)经济困难家庭

随着我国高等教育的发展,在校学生规模不断扩大,家庭经济困难的学生数量也在不断增加。从宏观上看,由于我国的经济发展与社会总体发展存在着不平衡不协调的现象,收入差距大、人均收入增速不明显等问题在客观上导致经济困难家庭的出现。从微观上分析,则主要缘于以下几个因素:(1)我国普通高校部分学生来自农村以及偏远的山区、牧区或其他自然环境恶劣的地区,这些地区经济发展缓慢,以至于学生的家庭人均收入也普遍偏低;(2)由于产业结构调整、企事业人员下岗分流等,部分学生家庭收入较低;(3)部分学生家庭遭遇某些特殊变故,影响了家庭收入;(4)部分学生来自负担较重的多子女家庭。此外,高校实行收费政策后,上学费用提高,客观上也加重了学生与家长的负担。

二、家庭教育方式

在家长的一般认知中,教育由学校和教师负责,家庭不需要承担过多的教育责任。实际上,家庭教育是教育的基础,是孩子成长的后盾,是整个教育的核心,家庭教育良好,学校教育和社会教育即使有所偏差,孩子仍能正常成长;如果家庭教育出现偏差,学校教育和社会教育即使再充分,孩子的成长仍旧会有很多问题和困难。

家庭教育环境主要是指孩子在成长中受到家庭生活的影响。因此,家庭教育的环境重要且有意义。家庭教育方式作为家庭教育环境的重要组成部分,对孩子的身心发展有着直接的作用,主要分为四大类:专制型、溺爱型、放任型和学习型。

(一)专制型

专制型家庭教育环境表现为父母较严格、施加的强制性管控较多。在长期严格的家庭教育和专制的家庭环境中,孩子不仅失去了敢于展示自我和自由选择的机会,而且还造成了其因家庭影响所形成的胆小怕事或暴躁叛逆的性格。

(二)溺爱型

溺爱型的教育方式与专制型刚好相反。家长一切以孩子为中心,以孩子的需求为家庭教育的出发点,无论是否合理都尽可能地满足,教育方式偏离实际和孩子发展的正常教育轨道,该类教育会导致孩子以自我为中心,不考虑他人,表现为高高在上、自私自利等行为。

(三)放任型

放任型的教育方式则是指父母常专注于工作,在对孩子的关心、成长、教育方面,花费时间较少,缺少与孩子的沟通交流和对孩子成长发展的关注。受这类教育方式影响下的孩子往往面对和处理问题过于情绪化,性格喜怒无常,甚至因想要博得他人的关注,表现出妒忌、焦虑或具攻击性的行为。对于这类孩子,我们一方面要用宽容和理解的心去引导他们建立对自我的正确认知,另一方面要给予他们适当的关心与帮助,帮助他们树立正确的责任感。

(四)学习型

在学习型家庭,家长有意识地营造健康、积极、良好的学习氛围,通过以身作则,激发孩子的学习兴趣,促使孩子实现品德与智力的良性发展。学习型家庭的家长能够较好地帮助孩子认知自己、感受世界,能够通过细心、耐心和正确的途径引导孩子独立思考,善于倾听孩子的内心情感。这种教育方式培养出来的孩子往往具有独立自主、善于思考、创造性强、懂得与他人相处的良好品质。

综上所述，从上面几种不同的教育方式看出，家庭教育对孩子成长发展阶段起到十分显著的作用。不同的教育方式也会导致孩子的性格和行为方式不同。

新生进入大学后，其成长阶段家庭教育方式和风格对其长期以来的影响会导致两种倾向：(1)新生的学习生活习惯已经逐渐形成并且固化，未必能很好适应大学阶段的学习生活，而且这种影响持续性存在并起着作用；(2)新生长期受到家庭教育管理模式的束缚，进入大学学习生活后有了相对独立的空间和相对自主的选择，摆脱不适合自身性格的家庭教育束缚，更多发挥自身特点，选择自己喜欢的学习生活方式。例如，在基础教育阶段，部分学生在学习时依赖课外补习，在面临选择时依赖父母，导致其无法适应大学学习模式，也无法在遇到选择时科学自主地决策；部分学生在基础教育阶段的学习完全依赖父母的监管，进入大学后脱离了家庭环境，便会出现过度放松、沉迷游戏现象，或拥有某些不良的兴趣爱好，导致严重的学业问题。此外，新生在大学期间的学习生活，仍然受到家庭结构及教育方式的影响，单亲家庭的学生在人际交往方面的不足和家庭经济困难学生在发展性能力方面的弱势更加凸显，父母全盘包办导致部分学生独立生活能力较弱，未接受过高等教育的父母难以在学生面临就业、考研选择等重要决策时提供全面的建议和指导。

第二节　学校生态环境

一、校园文化氛围

校园文化是一所高校在长期的发展实践中形成的精神风貌、办学传统以及校园文化活动、文化环境的总和，具有重要的育人功能。校园文化的核心目的是通过大学生与教职工的交往互动、课外活动等方式，发挥大学独特的文化感召力、吸引力和统摄力，培育大学生的综合素养。校园是大学新生学习生活的场所，校园文化环境自然与大学新生的成长发展有着较强联系。具体而言，校园文化对新生成长发展的影响体现在以下三个方面：

(1)促进新生对大学学习生活的认知。对新生而言，入学后感触到的大学校园各方面都将深深烙在心中，积极、正面、良好的校园文化环境对新生具有感召、促进和约束；反之，消极、负面、低劣的校园文化环境时常会使新生对大学学习生活失去信心、感到失望。

(2)引导新生价值观形成。校园文化的核心是大学在长期的积淀中形成的师生普遍认同的以价值观为核心的大学精神，它潜移默化地对新生的思想、观念、精神和意识培养方面产生深远影响。新生一旦接受大学精神，就会成为他们追求理想、规范行为的无限力量。

(3)提供新生创新发展的动力。专业课程学习带给学生的是为社会服务的知识和技能，而一个人只有具备深厚的文化底蕴，掌握先进知识和科学方法，才能算得上全面具备了创新发展的素质。

(4)提供新生成长发展的有效载体。校园文化有着“润物细无声”的特点，可以通过特定的形式展现。校园文化实践活动便是校园文化的重要载体，有助于学生知、情、意、信、行的心理转化，促使学生在活动中感受、联想、领悟，从而实现人格的发展在自由自在的状态下归向健康、崇高与完善。相对一味地说教和灌输，这种将教育渗透在文化环境中的方式更有利于学生的成长和发展。

例如，图书馆是大学校园的文化聚集地，是大学新生校园学习的主要资源，是大学新生之间、新生与高年级学生之间、不同学科专业的学生之间思想交流的重要场所，是实现新生自主修习、自我教育的广阔空间。但随着科技进步和网络发达，大学生的学习方式发生了很大的变化，传统意义上的图书馆已经逐渐失去了对学生的吸引力，反而成为“枯燥”“老式”“落后”等的代名词，其原有功能不能有效满足学生学习的实际要求。究其原因，主要体现在以下几点：(1)设备简陋，陈设老旧。传统的图书馆主要由简单的桌子、椅子和纸质书“老三样”组成，而社会上出现越来越多环境优美舒适的书城、书吧等阅读环境，与传统的图书馆形成强烈的对比，新生难免对校园内的图书馆感到失望；(2)功能单一，不能满足学生学习研究的实际需求。图书馆可以是学生进行课后复习、课外研究的“第二课堂”，应该为学生之间课后研究、讨论活动提供一定的空间，比如有的专业需要进行分组讨论、练习，但学生往往找不到一个合适的空间，从而限制了课外研究的兴趣发展。美国路易斯安那大学图书馆主任梅根·洛伊说：“图书馆被视为信息仓库，图书馆是信息的门卫。现在我们更多的是帮助学习者，支持研究者。但这需要有不同的形式，不仅仅是将读者和书籍联系起来，而是将用户与资源、用户与服务联系起来，因此我们必须做出改变。”传统图书馆的变革主要是向数字化和信息化改变，清除废旧设备设施，更新图书和设备，减少物理馆藏，增设电子阅读设备，利用科技进步创设数字化研讨空间、VR 情境设置等。现代化图书馆的学习环境对吸引新生阅读兴趣具有举足轻重的影响，对新生顺利开展大学学习生活的作用不容小觑。

二、学校师资环境

人是教育过程中最重要的因素，往往难以把握这一因素，其根源在于人具有意识，人的行动经过了思虑并具有目标性。在新生成长生态系统中，高校教育者是对新生成长发展效果产生关键性影响的人，也是最难把握的因素之一。从大学新生成长发展的角度，可以将高校教育者分为两类：第一类是在高校中从事思想政治教育和心理健康教育工作的专职教师，第二类是在高校中从事专业课程教学的教师。前者的个人素质和专业素养，直接关系到他们能否捕捉大学新生初入大学校园时各方面的不适应表现，能否与学生建立相互尊重、信任、宽容、友爱的师生关系，能否及时回应大学新生对学习生活及个人发展的迷茫，能否纠正大学新生在世界观、人生观、价值观方面可能出现的偏差，能否解决新生由于学业、生活、人际交往、感情等产生的常见心理问题；后者的职业道德、教育理念、教学能力、知识储备、实践积累对新生的成长成才影响十分关键，新生对于高考结束后报考的专业了解非常浅显，进入大学后对专业的认识更多源于专业课教师，这也是他们在专业认知方面最权威的途径。因此，高素质和高专业水准的教师极大程度地影响着大学新生的专业认知及对自身发展的长远规划，从而影响到学生教育培养的质量。总之，在大学新生成长生态系统中，高校师资队伍扮演着不可替代的角色，这支队伍品德、素质和能力的高低优劣，直接决定着大学新生能否更好地适应和融入新的学习生活，关系着高等教育人才培养的质量。

教师在大学新生能否顺利适应新的学习生活上起着关键性的作用，其影响主要体现在两个方面。

(一)教师的榜样作用

榜样教育是教育教学的一种有效模式,它主要包含两个重要因素,一个因素是作为榜样的相似性。在榜样相似性发挥的作用中,与主体更为相似或者主客观条件更相近的对象,对主体的吸引力就越大,因而越能成为主体模仿和参照的对象。对于榜样的树立来说,人们所仰慕的对象,其特征或品质应是同自身的需要、兴趣爱好所相近的。这是认同对象,也就是榜样与认同主体的主观条件的相似性对榜样有效性的影响。另一个因素是人生经历、社会背景等的相似性,这也对能否成为榜样有着直接的影响。认同主体与认同对象(榜样)的人生经历、社会背景越相近,则越有利于激起认同愿望,从而产生认同影响。这些人生经历、社会背景等的客观条件相似性,拉近了认同主体与对象的距离感,使得认同主体有了更加亲近、熟悉的情感体验。总之,作为榜样教育的力量承担者,教师与受教育者有着密切、直接性的联系。在与受教育者交往频繁、沟通紧密的过程中,如果在某一方面有突出表现的,往往能更直接地吸引受教育者的注意,拉近与受教育者的距离,触动受教育者的心灵,成为他们积极进取的助力器。因此,受教育者接受的教师的榜样教育,源自教师的行为、人格、知识、能力等多个方面,他们通过语言交流、知识传授等多种途径,对受教育者的人生观、世界观、价值观、学习方法和处事态度等方面产生着潜移默化和深远持久的影响。对于刚入校的大学新生来说,大学的学习和生活方式都与基础教育阶段完全不同,加上这个阶段年龄特征,使得他们在各方面都处于转折的关键时期。此时除了对环境的不适应外,更加严重的困难是缺乏专业学习方面的长期计划,对专业前景和学习要求比较模糊,从而渴望有人指导其进行学习和生活方面的规划,甚至确定其人生发展方向。教师担负着传道授业解惑的职能,天然地成为学生求助和模仿的对象,同时,教师一般是与学生专业相同或相关的学者,无论在专业发展方面,还是人生规划方面,都与学生有相近之处,因此很容易成为学生敬佩的榜样,对其进行模仿学习。因此,教师的职业道德操守是否高尚、专业知识和研究是否先进、教师个人形象和风貌是否积极向上等都会给大学新生留下深刻的第一印象,影响着新生对学校的综合判断评估,从而影响新生对大学的认同感,甚至新生的专业兴趣和人生观。

(二)教师的专业资质

新生对学习生活的适应,最重要的是在专业学习方面的适应,授课的专业教师的资质高低会直接影响新生对专业的认识和未来研究的兴趣。所有高校新生,对教师的期望都较高,他们期待学历较高、教学经验丰富、教学方式现代灵活、专业研究较深、承担重点课题和项目的专业教师。教师的专业程度和研究经验会直接影响新生对专业学习的兴趣,他们为学生提供参与专业课题讨论或研究的机会,使学生亲自体会专业的实际用途和研究前沿;参与专业相关的社会实践鼓励学生在实践中积极思考,发散思维,促进创新。相反,如果教师在自身资质和专业研究领域的地位达不到学生的期望,就会使学生特别是新生对所选专业失去兴趣,对学校实力有所怀疑,甚至对生活和前途的失望,进而无法适应新的学习生活环境。

三、制度管理环境

“立德树人”是高等教育的根本任务,人才的培养是一个复杂的系统性工程,需要多方通力协作，才能达到预期的目标。就高校而言，学生的培养也需要以科学合理的制度为支撑，需要学校各个系统、各个职能部门的共同协作，形成“全员育人”的制度管理机制。从学生报考高校的那一刻起，便通过招生政策咨询感受到未来学校的制度管理环境，而后续的录取通知书发放、咨询答疑、入学报到事宜以及进入高校学习的每一个环节，都离不开学校的制度管理环境。学校的相关制度是否完善科学、各部门的管理服务理念及协作程度、职能部门的作风、管理人员的素质等，都会影响到新生对学校的认同及信任。科学合理的制度及高素质的管理队伍，会在管理实践中以物化形态实现育人效果，有效推动和促进新生的成长发展。陈腐的观念、不合理的规章制度、行政化的管理风格会让学生对制度管理造成厌恶、逆反心理，对学生的成长发展教育造成负面作用。

（一）高校学生管理类型

从广义上看，高校学生管理可以分为两种类型，一种是民主管理方式，另一种是权威管理方式。

1. 民主管理方式

民主概念源于古希腊。作为一种理念，其基本含义是“人的权力”。作为一种制度，亚里士多德把它解释为“以自由为宗旨”“政事裁决于大多数人的意志”。简言之就是以民为主，以多数人的利益为主，与特定主体相关的政策、行为等都以“民”为中心，围绕“民”的权利和需求来开展与之相关的工作。民主管理方式，就是在新生管理过程中体现“以生为本”，管理制度和行为都要遵循促进学生成长成才的目标和宗旨，在尊重学生发展规律和发展需求的基础上，不断优化学校的管理方式和管理行为，为学生学习生活的健康开展提供优质的管理服务。

(1)管理育人与服务育人的结合。“服务”是指为他人做事，并使其从中受益的一种有偿或无偿的活动。教育服务就是为学生提供学习生活所需要的教育环境、教育场所、教育工具、教育材料等一切教育资源，使其顺利开展学习生活，达到受教育的目的。学生管理和学生服务二者既有相似之处，又有明显区别：首先，从主体上来看，二者的行为对象都是学生，学生管理是学校通过制定章程和内部规范，在制度上提供行动方向和行为边界，约束和矫正学生的行为举止；学生服务是为学生提供其学习、生活所需要的物质条件，营造积极健康的学习生活环境氛围，尽量满足其发展需求，以促进学生成长成才为目标。其次，从行为方向来看，学生管理总体上呈现出一种从上到下的运行方向，即学校高层管理人员制定管理规定，管理人员执行管理政策并对学生进行行为约束和监督教导，而学生是作为被管理的对象，被动参与整个管理过程；学生服务将行为的重点放到“服务”上，以学生为中心，根据学生成长发展特征和规律，了解其实际发展需求，提供学习生活所需资源。在此过程中，学校的管理服务人员是服务者角色，决策往往能较充分考虑学生的利益和需求，考虑问题的思路具有自下而上的特征。总体来说，以学生为主体，充分尊重学生主人翁身份的学生服务，已经越来越得到高校和学生的关注。管理育人与服务育人在本质上具有不可分割的联系，在实际工作中将二者结合起来，相辅相成，有利于增强大学新生对高校的认同，促进其大学生活的顺利开展。

(2)从管理到治理与善治。在高等教育的现代化治理背景下，高校的学生管理工作也逐渐向治理和善治迈进。陈振明在《公共管理学》一书中提出,治理就是在一定的经济社会条件下,政府部门、社会机构、企业、公众等多元主体通过合作的方式,以达到最大公共利益为主要目的,共享公共权力对公共事务进行管理的过程。从这一概念可以看出,合作作为治理的核心要素,合作的意义在于求得多元主体利益的"最大公约数",即多元化的参与治理主体能够通过合作互动,协调各主体之间的根本利益,对公共事务实现的有效管理,以满足多元主体公共利益的最大化。基于此,我们可以把教育方面的治理定义为:在一定的教育发展和人才培养的背景下,在多元主体协商基础上,例如学校、管理人员、教师和学生之间建立的相互合作关系,进行合理权利范围的划分,明确各自任务的分工,在合作中形成以学校为主导、以管理人员为主体、以教师为补充、以学生为重要参与者的多元治理模式,实现教育治理育人的最大功效,达到促进学生成长成才的人才培养的根本目的。因此,学生事务的公共治理相比较学生管理有着明显的差别,主要体现在以下几个方面:首先,治理主体是多元化的,其中,学校是教育资源的提供者,掌握着管理制度制定的主要权力,控制着管理人员的任免和升降,从总体上约束着学生的行动和发展方向,因而在主体结构中处于主导的地位;管理人员在学生管理工作中扮演直接执行者和第一责任人的角色,负责学生日常事务管理、学籍管理、学位管理等各方面的工作;教师是与学生接触时间最长、最具有引导功能和榜样作用的主体,在学生管理中起到重要的引导和促进作用;作为学生管理工作体系中的重要组成部分,学生是重要的参与者和利益相关者,提出自身发展需要、监督管理人员、维护自身权益是其参与治理的应有之义,所以是治理主体中不可少的一员。其次,治理的基本原则是协商合作,各主体之间相互平等、相互合作,各主体在目标确定的前提下分工配合,搭建沟通合作的平台,促进学生事务治理的不断完善。最后,治理的目标是保障学生受教育的权利,帮助学生完成高等教育,对学生的管理是为了将其纳入教育教学的正常轨道,确保其受教育的有效性,促进其身心和谐发展,最终实现自身的成长成才。善治,就是"良好的治理",学生管理方面的善治就是充分发挥高校各主体的力量和优势,最大限度地促进学生发展进步,达到教育管理功效的最大化,实现让学生和学校都满意的教育。治理是实现学生管理效果最优化的重要手段,而善治是治理的理想状态和目标。

总之,高校在针对大学新生的教育管理中,能否实现从管理到治理的理念转变,努力追求善治的状态,对新生能否增进对学校的认同感,具有重要的意义。

2. 权威管理方式

权威管理方式主要呈现出以下特点。管理权力分布上呈现出金字塔式结构关系,所有具有新生管理权力的主体具有明显的层级区分,处于最顶端的是学校领导班子,他们是学生管理的领导者、决策者,掌握着新生教育的整体方向,指导制定新生教育方案。但在实际上,新生见到并与校领导进行交流的机会较少,其对新生的教育管理作用主要通过对学校教育教学政策和方案的方向性影响而实现;处于中高层的是院系层面领导,他们是学生教务、团学组织等的直接领导,对新生的思想引导和学习生活规划引导起到关键和核心作用,有权力在不违背学校管理规范或总章程的背景下,根据本学院的专业特点和学院发展情况,对学生提出新的学习要求或更具体的管理规范,并且具有一定的效力,比如将发表高质量期刊论文作为本院系的学生获得专业学位的条件,这些条件使学生不得不遵循;处于较低层的辅导员队伍,是高校教育教学政策贯彻实施的实际行动者,是新生教育政策措施的执行者、落地者、协同者和跟踪者,对大学新生的教育培养至关重要。根据《普通高等学校辅导员队伍建设规定》(教育部令第43号),辅导员承担着思想理论教育和价值引领、党团和班级建设、学风建设、学生日常事务管理、心理健康教育与咨询工作、校园危机事件应对、职业规划与就业创业引导等职责,是与新生接触最直接、最频繁的教育者,也是承担大部分实际性新生管理工作的主体;处于最底层的是数量上远远大于管理人员的学生,他们是管理的对象,同时也是管理的参与者,新生可以通过参加学生社团或兼职辅导员等渠道行使一部分管理权力,但大多数的新生处于被管理者地位,需要按照学院或学校的管理规定开展学习生活,思维受到一定程度上的束缚,行动受到管理条款的约束限制。

整体来看,权威管理方式既有一定的优势,又存在一定的负面效果,一方面,这种分明的层级制度下,每个管理者的任务分工较明确,管理决策主要取决于少数管理高层,因而决策过程较短、速度较快,减少了决策的干扰意见和阻力,在教育政策方案执行过程中各司其职,效率较高。同时这种"家长"风格的决策和执行具有一定的"远见",可以使大学新生避免一些误区。另一方面,绝对权威的管理方式严格控制着新生的思维方式和行动路线,新生的年龄特点和发展需求得不到充分的尊重和引导,限制了新生发散思维的形成,影响其身心和人格的健康成长,不利于实践精神和创新意识的发展。总体来看,权威的管理方式与现代化教育教学理念和模式有较大差距,不利于大学新生尽快实现校园适应、角色转换和持续性发展。

(二)高校制度管理环境对新生的影响

高校对学生的管理工作也随着社会现代化治理的推进和高等教育改革的深化,发生了显著的变化和调整。高校的学生管理工作是高校育人工作的重要组成部分,与科研育人、实践育人、文化育人等其他育人体系共同构成高校人才培育的整体构架。学生管理工作的质量直接关系到高校人才培养的整体水平,是大学新生广泛关注并在实际学习生活中亲身体验的重要部分。具体来看,高校制度管理环境主要从以下三个方面影响大学新生的学习生活。

1.法制理念对新生的影响

在法制化背景下,任何管理活动和行为都应该在法律规定范围内进行。高校学生管理工作作为社会整体管理中的一部分,也必须在法制框架下开展。首先,在法律规范层面,目前高校学生管理在宏观上适用《中华人民共和国宪法》《中华人民共和国民法典》《中华人民共和国刑法》等法律,在中观上适用《中华人民共和国教育法》《中华人民共和国高等教育法》和《中华人民共和国学位条例》等与高等教育相关的法律,在微观上主要是制定各高校内部大学章程和管理规范。学校的管理章程是学校内部具有一定效力的纲领,是学生管理工作者开展工作的主要依据和行为约束,在学生管理工作中真正发挥着规范、约束的作用。大学新生教育管理是高校学生管理的开头,也是最关键的环节,在管理上是否有法可依、有例可循,一方面关系到管理人员的合法地位、管理行为的合理性和合法性、管理结果的效率和效果,另一方面关系到新生对学校的认识和适应程度,影响新生尽快调整自身行为。其次,在法治意识层面,高校管理人员是否具有先进的法治意识,不仅关乎其日常管理行为的科学性和合理性，而且会通过与学生的交流沟通将理念传递给学生，从而影响新生法治精神的建立，以及遵纪守法、依法依规办事的意识的培养。

2. 管理育人理念对新生的影响

在高等教育发展的进程中，高校的办学规模不断扩大，内部管理体制也随着高校的发展而不断创新优化。学生管理工作逐渐成为高校学生教育管理的重要工作内容之一，大学新生的教育管理更是关键中的关键。学生管理的任务是保证学校教育教学步骤的顺利实施，确保学生积极有序参与学校组织的各项教学活动和课外活动，保障学生在学习和生活各方面的顺利进展，最终合格毕业。但学生管理的目标是高校学生培养总体目标的一部分，学校的一切工作都是围绕培养人才而设置，学生管理的最终目标是要培养高层次、高质量的人才。学生管理是为了促进人才培养目标的实现，是人才培养的手段和过程，而培育人才是管理的最终目标。面对冷冰冰的管理制度和条条框框，学生只能机械性地遵守和顺从，无法充分发挥管理的应有功能，反而会引起新生的反感和叛逆，因此，高校的学生管理要服从“育人”的目标指引，不断优化管理制度和实施过程，在管理中注重对学生的教育，促进管理方式从显性到隐性的转变，真正将“管理”与“育人”结合起来，在实际的新生管理工作中体现二者的有机融合。

3. 辅导员与新生的管理互动

辅导员既是大学新生的主要管理者，又是新生思想政治素质的培养者。在辅导员的日常工作与职能中，既要负责新生当前日常事务的教育管理，还要兼顾对学生学习生活长远规划的发展引导，可以说，辅导员就是大学新生从进入大学校园前到进入校园后的一切事务的管理和服务者。辅导员对大学新生的影响主要可以从两个方面进行分析。

(1)辅导员的数量。根据《普通高等学校辅导员队伍建设规定》(教育部令第43号)中“按师生比不低于1∶200的比例设置，本、专科生一线专职辅导员岗位”和“每个班级都要配备一名兼职班主任”的工作要求，辅导员数量与学生数量的比例符合要求，才能保证每个学生都能得到关注和管理，学生在遇到学习、生活或心理方面的困难能够及时得到辅导员的帮助和疏导。但现实中，随着高等教育从大众化向普及化的转变，大学生的规模不断扩大，辅导员数量和大学新生数量相比显得比例悬殊。另外，随着高校合并和扩建的推进，我国许多高校都形成了一校多区的办学格局。多校区办学模式使得教育成本增加，辅导员工作的空间跨度和难度加大，在新老校区之间来回奔波，重复性日常教育管理工作量变大，加上大学新生往往被安排在城市郊区的新校区，交通不便，驻校教师较少，在一定程度上加大了辅导员的需求量，从而导致辅导员数量的相对性不足。总之，辅导员数量不足，学生个人与辅导员沟通的机会较少，个性发展得不到及时引导，遇到的困难无法得到及时的沟通和帮助，从而影响新生对新的学习生活的整体满意度。

(2)辅导员的能力素质。由于受传统观念的影响，高校和学生对辅导员认识不全面，往往认为辅导员就是负责学生班级日常事务的管理，按照学校规定的程序和要求，宣传学校规章制度和开展日常班级活动，因而对辅导员的素质要求相对较低。但事实上，随着我国高等教育的不断深化改革和发展，在辅导员工作中增加了越来越多的新内容，职位要求也不断提高，辅导员本身的素质建设，也成为高校和学生越来越关注的焦点。

四、朋辈互助环境

朋辈，亦称“同辈”，是指具有共同的生活背景、共同语言的同龄人、同学或朋友。大学新生的同辈可以定义在年龄、教育阶段、人生阶段等具有相同或相似之处的群体，包括一同进入新的学校、专业、学科的学生，也可以将大二及以上年级的同校学生都纳入大学新生的朋辈范围，由于朋辈之间各方面的相似性，他们在沟通交流上更加具有同理心，容易相互模仿，从而形成一种隐性的教育力量。朋辈教育起源于心理学，是大学生自我教育的重要形式。它是指具有相同背景或共同兴趣爱好的人，在一起分享经验、观念或行为技能，最终互相促进、共同成长。

大学新生离开自己熟悉的亲人和朋友圈子，进入一个全新的学习生活环境中，可能会面临多方面的不适应。这时在各类社团、老乡会等正式与非正式组织中，与他们曾有过相同经历的高年级同学，便能够凭借自己的经验为他们答疑解惑。在这个过程中他们的压力和情绪得到释放，在迷茫中也得到了指导，因此朋辈指导往往比辅导员或老师的指导更能够赢得新生的信任，也更易产生实际教育效果。在新生成长发展过程中，朋辈环境可能对其价值观念、行为习惯、专业认知、职业规划、人际交往、心理健康等多方面产生影响。朋辈教育是大学生发挥自我教育功能的重要途径，也是大学生步入社会之前形成重要人际关系的锻炼。大学生三观还未定型，他们具有较强的模仿心理，易于接受新事物、新理念，朋辈榜样与他们同龄，有着相似的心理特征和共同的学习环境，因而大学生易于受到朋辈的影响，容易接受朋辈榜样的示范力量。相比于传统的说教形式，朋辈榜样的言传身教作用更明显，更具有现实针对性，在大学生教育中发挥着重要作用。如果能够较好地引导和利用朋辈教育开展大学新生教育，就能够有效促进大学新生成长发展。反之，如果高校中的正式或非正式组织在朋辈教育中传递负面、错误信息，则会很大程度地危害大学新生的成长发展。

班级互动是朋辈互动的重要形式。班级是新生在大学校园里的第一个集体，也是大学学习生活中最基本的单位。它不仅是大学生组织学习的重要场合，也是开展日常管理事务的基本场所，更是班级学风、荣誉感、归属感和凝聚力发挥作用的重要组织。对于大学新生来说，班级主要对其发挥着显性和隐性两方面的影响。在显性方面，主要是班级组织结构和新生入学教育活动。首先，班级就是新生最基本的小集体，这个集体应有一个较为完整和合理的组织结构，以对新生日后的学习、参加活动、参加社团、就业等各方面起引导和组织作用，包括班主任、辅导员、班委的配备，确定的领导人和责任人，在充分协商和民主选举的基础上分工、合作，班里每个成员职务和分工明确，权利和义务明晰，建立一个层次清楚、结构合理的班级组织。其次，新生的入学教育是大学生教育培养的第一环，也是关键性的一环。新生入学教育包括对新学校的概况介绍、学生行为规范守则、学位管理、日常管理、思想政治教育等各方面的内容，基本包含了新生的学习、生活、参加社团等各个方面。它为新生开辟新的学习生活提供了重要的引导和航线，为新生的未来发展指明了方向，对新生适应大学生活起到明显的指导作用。在隐性方面，主要是班委选拔和班风建设。首先，班委的选拔和任用是班级人事管理的一项重要工作，班委是班级里的领导者和服务者，班委成员的素质和能力直接关系到班级活动的开展、班级管理的效率和班级成员的权利维护等。另外，班委的选举方式是民主公开还是权威分配,会对新生的价值观形成起到重要的影响,公开、公平、公正的选举方式可以增强新生对新班级的认同,有利于新生形成积极向上的人生观,在日后的学习和工作中养成健康廉洁公正的精神;反之,不公正的选举方式容易引起新生对班级的反感和不认同,对班委和老师的抵抗,不利于形成健康积极的人生态度和公平公正的处事风格,对新生性格和人生观起消极影响。其次,班风代表着一个班级共同营造的集体氛围,不仅是班级集体精神力量的体现,更是班级凝聚力建设的核心要素。良好的班风也能够促进校风学风的建设,有助于学生良好行为方式和学习习惯的养成,具有凝聚、教育、约束、激励作用。对于新生而言,良好的班风有助于他们更好地与老师同学相处,也有利于开展自我教育,为新生学业发展提供坚实保障。

五、公寓社区环境

随着高校学院制和学分制改革,学生具有自主选课的权利,与之相配套的学习评价政策,要求学生只要在规定的时间内获得规定标准的学分就可以达到合格,因此学生拥有更多的自由时间,个人兴趣爱好可以得到发展,活动的空间也不再局限于教学楼和教室,公寓和宿舍也成为大学生学习生活不可缺少的重要场所。大学宿舍不仅是学生课后休息、娱乐、放松的场所,更是他们释放天性、发展个人特长和爱好、进行人际交往的重要场地。宿舍成为学生成长发展的重要空间,对学生教育和培养相当一部分任务都在公寓和宿舍进行,因此宿舍成为大学生成长的"第二课堂"。

首先,宿舍是大学新生离开原生家庭后到达的另一个住宿和生活空间,学校提供的住宿条件能否满足学生的基本生活需要以及学生在入校时对大学宿舍的美好期望,通过第一天入住就会得到最直接的体验和反馈,甚至直接决定了新生对学校的认可或否定,从而影响其后续的学习生活兴趣和积极性。其次,宿舍成员是学生之间相对来说最为亲密的关系,学生之间的生活和学习在宿舍中存在很大的交集,相互沟通和交流最为频繁,从认识到认同、分歧到磨合、争执到尊重、独立到共荣是他们无法避免的必修课,宿舍成员之间关系融洽与否,直接影响新生在大学里的归属感和幸福感。最后,宿舍成员基本都是同龄人,他们共同面临的一个任务就是社会化,都需要在四年的大学学习、生活中完成从未成年人到成年人的蜕变、从幼稚到相对成熟的转变,同时,人际关系处理也由简单到复杂。可以说宿舍就是人际交往最直接、最频繁的场所,是社会关系的浓缩,是新生成长社会化的关键阶段和重要"演兵场",对新生能否顺利成功地实现社会化转变起到关键性的作用。总之,宿舍无论是从硬件条件上,还是人际关系交往上,都对大学新生能否顺利适应大学生活起到重要的作用。它关系到新生是否实现身心和谐发展,能否为学习和生活提供源源不断的积极动力。

进入大学阶段,学生由原来的"学校 + 家庭"学习生活模式转变为"学校"单一的学习生活模式。新生入学后除了在教室、图书馆等场所上课、自主学习、参加活动外,一天之中有接近一半或更多的时间在宿舍度过。宿舍不只是简单地解决学生住宿的场所,更是他们在大学校园中的"家"。这里既是新生文化素养的展示平台,也是学习生活中各种情绪的宣泄场所;既是新生价值观念交汇碰撞之所,也是日常学习、生活和交流的社区共同体。大学新生正处于价值观念的形成时期,在宿舍这个集体的"家"里,成员相互间会产生深刻的影响,整个宿舍社区的氛围同样会对新生的成长发展产生一定影响。总之,宿舍作为新生生活的社区,对新生成长发展的影响不容小觑,有效的宿舍生活指导与管理所形成的和谐社区环境,对新生成长和未来的发展成才有积极促进作用。反之,不和谐的宿舍社区环境,对新生的身心健康和成长发展都会产生不良影响。

环境是相对于某个特定主体而言的,不同的主体所面临的环境不同。对于大学新生所在的高校来说,其面临的环境主要可以从三个不同的维度来分析:从微观维度来看,高校的环境主要是校园内部的环境,包括新生学习和生活相关的各个方面,如住宿条件、校园绿化、图书馆、教室、实验室、食堂、校园安保等硬件环境,还有公寓服务、心理咨询或辅导服务、科研中心、社团活动等教育和服务环境;另外,随着大学招生规模变大和高校的合并与扩展,校园内部在物理空间上存在"一校多区"分布,而且往往将本科生和研究生"分区而治",本科生与研究生之间的交流较少,学习生活基本没有交集,"传、帮、带"的教育效果发挥受限,且由于各校区所处的地理位置不同,新生所面临的周围环境存在差距,综合而言,即使是同一所学校的学生,其面临的学习和生活各方面环境也是有差别的。从中观维度来看,背井离乡、异地求学的大学新生,对于新城市的认识和适应主要是从与学校周边的城市社区接触开始,校外的社区环境、饮食文化、网络环境、时尚理念、市民行为举止是否文明等因素,都会给新生留下深刻的第一印象;他们会从周围条件来判断学校所处城市的文明程度,尤其是新生往往被安排在地段较偏远的新校区,校外常是拆迁村或城乡接合部等,周围居民文化素养相对较低,行为举止上存在一些不文明现象,很容易给新生留下较差的印象,从而影响对新校园的整体体验。从宏观维度来看,学校所处的城市环境和经济区域等对新生也有一定的影响,一方面,一线城市的发展状况往往代表了全国经济的发展趋势和发展需求,学生可以在课余休闲时间就近了解学校所在城市的风土人情、工作节奏、经济发展速度、人才需求类型和质量等,从而尽早制定学习计划,树立职业理想,调整学习和生活方式与习惯,使其在面对接下来的学习生活时能够有条不紊、从容应对。这不仅有利于其尽快适应大学生活,也有利于为其将来顺利就业做好铺垫;另一方面,不同的城市可以为学生提供不同的实践学习资源,一些具有历史文化特色或位于发展前沿的城市有更多机会承担国家或世界级的社会活动,可以为该城市的大学生提供珍贵的实践机会,比如世界园艺博览会、冬奥会的举行,都可以给所在城市大学生提供实习经历,帮助其进一步成长发展。

第三节　社会生态环境

对某一特定主体来说,环境就是围绕这一主体、对其产生影响的所有外界事物,并且呈现出一定的圈层结构。就大学新生而言,相对于家庭环境和学校环境,社会环境处于这个结构的外圈层,但又常常会穿越渗透,从而直接影响或间接影响着主体,而且社会环境具有更强的导向力,牵引着学校与家庭环境发生变化,成为新生成长发展生态系统中极为重要的组成部分。

一方水土养一方人。从本质上讲,教育就是创设一种成长发展的环境,给予人知识,提升人的精神品质和能力素养。教育所创设的环境制约着人的社会实践,从而改变着人的生存发展。大学新生处在一个成长发展的特殊阶段,他们在校园内外开展的以学习生活为主要内容的社会实践过程中,思想和行为的多方面受家庭、学校、社会所创设的教育环境的影响。研究大学新生成长生态系统治理,正是以环境改变人的思想为理论支点,通过分析环境要素与新生成长发展的联系和影响,进而优化环境,创设有利于新生更好成长发展的生态环境系统。

人可以通过能动、创造的实践活动改变社会关系环境和教育环境。人创造和改变环境这一思想,为本书中提出通过一系列优化教育环境要素治理的方法奠定了理论基础。发挥人的主观能动性对大学新生成长生态系统进行治理,以实现促进大学新生全面健康成长发展的目标。

社会环境对大学新生的影响是宏观层面的,相对其他要素而言,其可控性较弱。总的来说,社会的政治、经济和文化心理环境,都会直接或间接地影响到大学新生自身世界观、人生观、价值观的养成,也会影响到对学生成长发展引导教育的运行及效果。社会影响的作用方式主要有两种:(1)在新生社会参与过程中潜移默化的影响;(2)通过一定的制度、政策、社会关系、社会心理等方式引导。总之,新生与社会环境相互之间不断地进行着物质、能量、信息的交换,集中形成知识、经验、情报等形态,影响着他们的思想及行为动机,从而一定程度上支配其言行。

一、社会思潮

作为具有复杂性和动态性并存,社会思潮包含群体性、流行性、思想性、自发性等特点的社会意识形态,是对实际社会发展情况的现实反映。因此,高校思想政治教育工作和学生教育管理工作的前提,就是要求正确分析和把握社会思潮,引导社会思潮对大学生思想发展产生积极的影响。同时,社会思潮具有时代性,不同的时代有不同的社会思潮,当代社会思潮所反映的时代内容也就有所不同。在社会思潮的内容甄别与接受过程中,大学生作为社会中的一员,由于自身的认知水平的局限,极易受到当代社会思潮的影响。因此,了解和掌握这些社会思潮,对大学生个人发展的影响尤为重要。

随着中国现代化进程的加快,当代社会思潮异常活跃,呈现出空前的多样性。大学生正处于人生观和价值观建立和形成的时期,其思想和观念都极易受到社会思潮的影响,既包括积极正向的影响,又包括负面消极的影响。当代多种多样的社会思潮开阔了大学生的文化视野,启迪了大学生的思维,引领学生更加深入地了解社会的本质,有效提高了大学生的认知鉴别能力,锻炼了独立思考的理性思维。正确的社会思潮对大学生形成价值观和爱国情操起积极的促进作用,可以帮助大学生摒弃错误的思想观念,进一步确立正确的思想认识,在帮助大学生塑造人生观和价值观上发挥重要的作用。但是,社会思潮也是一把“双刃剑”,其复杂多样性导致一些社会思潮对大学生的价值取向的危害。错误的社会思潮会搭乘思想开放性的便车,利用各种传播媒介扰乱大学生的思想,甚至让大学生产生信仰危机,加上大学生天然的猎奇心理,更能影响到大学生对马克思主义的科学性、真理性以及社会主义核心价值观的认同。除此之外,还有一些社会思潮会对大学生的道德教育产生消极的影响,催生部分大学生的狭隘民族主义心理,产生政治盲动、丧失理智的思想动态,甚至不能进行正确的价值判断和价值选择，导致大学生的人生观发生扭曲。当代社会思潮对大学生思想的影响是显而易见的，高校和教师必须正视这种影响，对错误社会思潮对大学生产生的消极影响提高警惕，以积极的心态应对思想政治教育面临的挑战。

二、社会心理环境

所谓社会心理环境，是指社会生活主体在实现社会生活目标的主观性活动中，其成员之间和外部生活环境相互作用而积淀下来的，在潜移默化的演进中形成对整个社会成员都具有影响力的一种心理环境。社会心理环境的形成基于一定时期，并以这种特定的社会背景下的社会意识为基础条件，为人们的社会心理活动提供软环境。它的形成和发展是社会主体与客体之间的协调统一和相互影响、相互联系的辩证关系。对于"心理环境"这个概念，由格式塔心理学派代表人物德国心理学家 K·勒温（K·Lewin）最早提出。他认为心理环境是"人脑中对人的一切活动发生影响的环境事实，即对人的心理事件发生实际影响的环境"，是一个观念性集合的环境。在社会心理环境的形成中，客观事物作用于大脑。大脑经过处理、转化和内化处理后，会提示该对象进行各种心理活动。这些心理活动在对象内进行折射、扩展、积累和反馈，形成了以思想形式表达的心理环境。也就是说，当主体将客观环境转变为概念环境时，它经历了主体与客体以及生理学和心理学之间相互作用和相互转化的过程。作为一个复杂的社会系统，社会心理环境不仅是主体心理效应的社会产物，还是影响和制约主体心理过程的客观存在。它既是客观环境转变主体心理环境的出发点，也是形成的心理环境所引发心理行为的落脚点。由社会历史，社会物质生产和社会生活的发展所构成的客观环境，是主体心理环境发展和变化的基础。社会心理环境不仅是整个社会环境的组成部分，而且是社会环境系统结构的深层。它以无形的、巨大的影响力作用于社会生活的主体，对人们的实践活动有直接的制约影响作用。社会心理环境的健康与否，会直接或间接地影响社会成员的道德品质、工作效率、行为方式等，对人们的生产和生活具有特殊的意义。

美国学者劳伦斯·克雷明（Lawrence Cremin）认为："生态学的概念是有用的，因为它强调联系"，应当"把各种教育机构与结构置于彼此联系中，以及与维持它们并受它们影响的更广泛的社会之间的联系中来加以审视。"在我国的思想政治教育实践中，我们将它看为它一个有机、复杂、统一的体系，各个因素之间有机联系，动态呈现出一致性与矛盾性、平衡性与失衡性等互动特点。生态学方法和模型的要点，也准确地表明了教育背景的范围和复杂性。由此可见，强调主体对客体自然的尊重、强调人与环境的和谐统一、强调系统的和谐平衡的生态学，与由教育主体、对象、环境等因素构成的思想政治教育系统具有内在统一性，可以借鉴生态学思维方式进行思想政治教育。因此，对我国高校而言，应当运用教育生态学将伦理与道德、平衡与动态联系起来，综合考量高校思想政治教育问题，从而在与社会心理环境的互动中进一步提高思想政治教育的实效性，激活思想政治教育的生命力，增强其服务功能和育人功能。互动作为社会存在的前提和人类社会运行的方式，构成了人类全部的社会生活和复杂的社会现象。社会互动的根本原因来自人的需要，而社会互动则是满足人类需求的可靠保障。社会心理环境与校园成员之间的互动，构成了一个静态和动态相结合的系统，其中包含互动主题、互动情况和互动过程等元素。在这个系统中，人们通过信息交换和行为影响交互作用,使相互之间的心理和行为出现显著的改变。从社会心理环境因素角度来看,一方面,我国当前社会处在深刻变革的社会转型期,内外环境的影响产生了多种社会思潮,包括多种的思想文化和多元价值观的意识形态,因此所面对的精神危机和文化冲击的压力与日俱增,人们坚持的信仰、价值、理想也可能受到考验,使社会不同程度地出现了道德困惑、理想迷失、信仰危机等现象;另一方面,高等教育存在的传递片面追求成效,重发展速度忽视发展质量的教育模式,功利化、世俗化导致育人功能弱化,家庭教育中育人观念不科学,教育方式不适当,无法提供健康有效的家庭教育环境。各种环境因素的异化对人们的心理环境影响很大,使社会心理环境的整体质量下降,进而引发并加剧了高校思想政治教育的生态危机,给人们带来了很大的挑战,也在无形中对大学生施加了心理压力。当代大学生思想开放,思维敏锐,但缺乏理性思考和独立思考的能力。复杂的社会和心理环境极易对大学生的良好心态产生动摇和影响。校园成员和社会心理环境既相互活跃又相互影响,两者之间的相互作用是主动和被动的辩证统一。在实践中,作为社会活动对象,具有接受社会心理环境的影响的一面,不能脱离有特定的社会心理环境而生活,必须接受社会为自己准备的心理环境。另一方面,人自身所具有的能动反应决定人能够反作用于社会心理环境。社会心理环境对人们思想影响的实现,主要取决于人们是否接受它的影响,因为人脑不是“原料仓库”而是“加工厂”,人们需要考虑是否接受环境的影响。因此,人们可以充分发挥社会心理环境中的有利因素,克服和消除社会心理环境中的不利因素,创造良好的社会心理环境,更好地促进自身发展。

三、人才选拔制度

高考制度是一项具有中国特色的教育考试制度,同时也是一项具有中国特色的人才选拔模式,承担着为高等学校选拔符合要求的新生的职能。自中华人民共和国成立以来,这项制度已经在调整变化中发展了 70 余年。总体而言,高考制度发挥了衔接教育系统不同阶段、保障社会公平、有效推进社会各阶层流动以及维系社会稳定等诸多功能,为我国长期以来的经济社会发展做出了巨大贡献,得到了人民群众的广泛赞誉,被誉为当今社会最公正公开的制度之一。但是,高考人才选拔制度导向下的基础教育过于强调应试教育,学生学习压力和学业负担较重,无论是学生还是家长、学校、老师,都将主要精力用在如何扎实做好基础知识学习,提升学业成绩,如何更好在激烈的竞争中胜出,通过高考选拔进入理想的高等学府继续学习,升学问题就如同一把“达摩克利斯之剑”一样,悬在家长和老师的头顶。显然,应试教育模式下,学生综合素质和全面发展受到了一定程度的制约,在学生最应当个性化成长和全面提升综合素养的阶段,其主要精力投在了基础知识学习巩固上,成长发展在应试的单一乏味环境之中,缺失了在这个年龄阶段应有的健康、合理的成长氛围。应试教育模式下,经过“千军万马过独木桥”的激烈竞争筛选,能够使适应应试教育环境和考试能力较强的学生进入了理想的高等学府。但是,他们的综合素质并未满足高等教育阶段专业学习对学生能力素质的要求,他们的环境适应能力未必能够很好适应高等教育阶段的学习生活模式。因此,高考制度导向下的应试教育模式更多关注知识,导致大学新生综合素质欠缺、适应能力不足等问题制约着高等教育人才培养质量提升。

在高等教育大众化背景下，2021 届全国普通高校毕业生规模将达到 909 万人。在应届生人数逐渐增加的形势下，社会选拔人才的考核方式越来越复杂，大学生就业压力日益增大，大学新生一入校就背上了就业的沉重压力。大学生的就业观和价值取向，决定着大学生在校期间学习生活的目标、行为和努力程度等。如今，受社会环境影响，大学生就业过程中呈现出四方面特点：(1)大学生在毕业后选择国内外继续深造的比例逐年快速增长，从为获得更多的就业优势积累资本；(2)在就业领域选择上，倾向于党政机关、国有企业、科研院所、高新技术产业等相对稳定行业；(3)在就业地域选择上，倾向于大中城市和经济发达地区；(4)对薪资和工作环境要求较高。总体而言，社会选拔晋升环境及大众对职业价值评判标准功利化，导致大学生就业目标功利化，学习心态浮躁化，自身能力不足，职业期待过高，将个人职业发展与国家发展和人民需要相结合的意识淡薄。由此，大学新生在进入高校学习生活后，比较容易受到大学生就业功利化和心态浮躁化影响，从而容易在学习、担任学生干部、申请入党、奖助学金评选、评优评先过程中出现功利化倾向，更多考虑在学习生活中做什么事能带给自身什么好处和利益，出现"精致利己主义"倾向和各种各样的投机心理。扭曲的价值观念导致不同程度的恐慌焦虑心态，从而忽视了学习生活过程中自身综合素质能力提升和品德修为提高。

第四节　网络生态环境

一、网络应用发展规模

根据第 48 次《中国互联网发展状况统计报告》显示，截至 2021 年 6 月，我国网民规模达 10.11 亿，较 2020 年 12 月新增网民 2175 万，互联网普及率达 71.6%。其中，手机网民规模达 10.07 亿，较 2020 年 12 月增长 2092 万，网民使用手机上网的比例达 99.6%。其中，手机即时通信用户规模达 9.83 亿。就国内用户而言，几乎所有能够上网的智能手机都安装了微信。这也就表明手机的主要功能已经从基本的通信服务转变为更多地满足人们上网娱乐需求或者获取信息的工具。从以上数字可知，以互联网、微博和手机为代表的新媒体的发展速度和规模都空前提高，必将对新时代青年生活方式和价值观念产生难以估量的影响。

二、网络空间命运共同体

2016 年 4 月，习近平总书记在网络安全和信息化工作座谈会上指出："我们要本着对社会负责、对人民负责的态度，依法加强网络空间治理，加强网络内容建设，做强网上正面宣传，培育积极健康、向上向善的网络文化，用社会主义核心价值观和人类优秀文明成果滋养人心、滋养社会，做到正能量充沛、主旋律高昂，为广大网民特别是青少年营造一个风清气正的网络空间。"[1]11 月，习近平总书记在第三届世界互联网大会开幕式上指出，互联网发展是无国界、无边界的，利用好、发展好、治理好互联网必须深化网络空间国际合作，携手构建网络空

[1] 习近平：《在网络安全和信息化工作座谈会上的讲话》，《人民日报》，2016 年 4 月 26 日 02 版。

间命运共同体。[1] 2018 年 3 月,中共中央印发《深化党和国家机构改革方案》,中央网络安全和信息化领导小组改为中央网络安全和信息化委员会。

三、网络育人作用机制

网络环境已经日益成为高校新型的育人环境,对于社会群体中最具活力、最容易接受新生事物、正处于成长转变阶段的大学新生而言,网络正潜移默化地影响着他们的学习、生活、工作、思维方式和价值观念。网络对大学新生的成长发展而言是一把"双刃剑",一方面它给新生的学习、生活带来了极大的便利和正面效应,网络有助于大学新生参与意识和创新精神的培育以及自我价值展示和实现,有助于拓展交际范围、拓宽知识面和专业发展视野。同时也便于"以科学的理论武装人,以正确的舆论引导人,以高尚的精神塑造人,以优秀的作品鼓舞人,使网络文化融服务性、思想性、娱乐性和政治性为一体",对大学新生发挥积极的教育和引导作用。另一方面,由于大学新生社会经验、是非辨别能力和自我约束能力欠缺,如果在网络上长期得不到先进思想文化的正面引导,就有可能逐渐丧失正确的世界观、人生观和价值观而误入歧途,对其健康成长发展产生负面效应。此外,互联网结构无中心、虚拟的特点容易导致大学新生出现道德相对主义盛行和社会责任感弱化、道德修养水平下降。网络不良信息会影响大学新生身心健康,滋生网络不良行为和违法犯罪行为。在当今全媒体的互联网时代,校园网络环境显然成为大学新生成长生态系统中的重要生态环境因子。

[1] 《习近平在第三届世界互联网大会开幕式上通过视频发表讲话强调 集思广益增进共识加强合作 让互联网更好造福人类》,《人民日报》,2016 年 11 月 17 日 01 版。

第七章

大学新生学习生活的援助系统

大学新生学习生活援助系统是指针对大众化、普及化背景下大学新生的差异化特征，建立的健全大学新生学习生活困难识别和援助体系，其支持新生突破困扰，化解矛盾，助力成长。援助系统主要包括三个方面，即奖励资助系统、学习指导系统和心智提升系统，三个系统共同作用于大学新生成长发展全过程，为大学新生可持续发展提供了重要保障。

第一节　奖励资助系统

我国高等教育学生资助政策经历了单一无偿保障型、无偿与有偿并存型、多元混合型到新时代发展型的变革，形成了当前具有中国特色的高等教育学生资助政策体系，从制度层面上基本保障了家庭经济困难学生的就学问题，实现了入学前、入学时、入学后“三不愁”。

一、资助政策体系

习近平总书记在中国共产党第十九次全国代表大会上提出：“健全学生资助制度，使绝大多数城乡新增劳动力接受高中阶段教育、更多接受高等教育。”[1]这为高等教育学生资助工作的开展指明了努力方向，提出了更高层次的要求。目前，我国在高等教育阶段已建立起国家奖学金、国家励志奖学金、国家助学金、国家助学贷款、师范生免费教育、勤工助学、学费减免等多种形式并存的高校家庭经济困难学生资助政策体系。针对大一新生的国家资助政策，可以分为入学前、入学时、入学后三个阶段进行介绍。

(一)入学前的大学新生资助政策

圆梦大学是大多数家庭及其子女的共同心愿，也是阻断贫困家庭代际传递的治本之策。针对大一新生，拿到大学录取通知后，可以向户籍所在地的县级学生资助管理中心申请生源地信用助学贷款。本专科学生贷款额度最高 8000 元/年，研究生贷款额度最高 12000 元/年，主要解决学习期间的学费和住宿费，在校期间的助学贷款利息都由国家负担。在高中阶段已建立家庭经济困难档案的学生，可以根据当地政策在就读高中申请新生入学资助。各地具体资助额度不同，主要是为学生解决入校后短期的生活费和路费。国家扶贫部门认定的建档立卡家庭经济困难学生，可以依据国家政策到县级扶贫办申请专项资助。同时，各地区、各地方和相关行业企业都相继推出了一系列资助措施，使家庭经济困难学生能顺利入学。

---

[1] 习近平：《决胜全面建成小康社会 夺取新时代中国特色社会主义伟大胜利——在中国共产党第十九次全国代表大会上的报告》，《人民日报》，2017 年 10 月 28 日 01 版。

（二）入学时的大学新生资助政策体系

作为高校，应不断提升新生服务水平，完善绿色通道入学制度对于家庭经济特别困难的新生（如暂时无法缴纳学费和住宿费，可在开学报到时，通过高校开设的绿色通道，先办理入学手续），在新生入学前，将高校学生资助政策的相关介绍随录取通知书一并寄送给学生，力争做到经济困难学生不因贫困而弃学。入学后根据其具体情况，学校资助部门展开相关评估认定，提供相应的资助。开展"绿色通道"服务专区，一方面简化流程，保护了学生的隐私；另一方面也能够一定程度上减轻家庭经济负担，避免因贫失学。针对受疫情和洪涝灾害影响较严重的家庭经济困难学生，高校应主动向其介绍助学贷款业务，积极开展系列学生资助政策宣讲，让存在经济困难情况的学生了解全方位的资助政策和手段。除此之外，还要对相关的疫情、灾情受影响学生开通特殊求助通道，帮助学生解决家庭经济困境，全身心投入生活、学习。例如，华东师范大学今年特设"湖北新生奖学金"，每人 5000 元，专项奖励 2020 年被华东师范大学录取的湖北生源全日制本科生和户籍、生源地、家庭住址均为湖北的全日制应届硕士研究生。

为了精准做好帮扶工作，各地、各高校通过大数据分析，为家庭经济特别困难学生提供"爱心大礼包"，并通过逐一沟通，将"爱心大礼包"根据学生需求分为"床上用品大礼包"和"校园网学习大礼包"。以长安大学 2020 级新生为例，共有 834 人通过"绿色通道"办理入学手续，127 人领取床上用品爱心大礼包，391 人领取校园网学习大礼包。中国矿业大学在"绿色通道"现场开通了学费缓交手续办理、"爱心助学大礼包"发放、校园地国家助学贷款咨询、生源地国家助学贷款回执手续办理等一站式服务。

（三）入学后的大学新生资助政策体系

家庭经济困难新生通过绿色通道入学后，学校资助部门将开展家庭经济困难学生认定工作。同时利用大数据技术等进行分析，根据家庭经济困难学生精准识别情况、贫困程度及需求确定资助措施。主要可以分为两个层面：经济层面的资助政策体系和成长发展需求层面的帮扶：

1. 经济层面的资助政策体系

经济层面的资助政策体系主要分为奖学金、助学金和助学贷款等。奖学金含国家奖学金和国家励志奖学金，其主要对象是全日制本专科生。国家奖学金要求学生各方面综合特别优秀，国家励志奖学金侧重品学兼优的家庭经济困难学生，其奖励标准分别是每生每年 8000 元、5000 元，其中国家奖学金获得者将颁发国家统一印制的荣誉证书。

国家助学金及国家助学贷款，国家助学金的平均资助标准为每生每年 3300 元；国家助学贷款分为生源地信用助学贷款和校园地国家助学贷款，由学生自主申请，用于解决学费及住宿费，在校期间利息由国家承担，贷款年限及利率按国家相关规定执行，但本科生每生每年最高不超过 8000 元。家庭经济困难学生可向户籍所在县（市、区）的学生资助管理机构咨询办理生源地信用助学贷款，或向高校学生资助部门咨询办理校园地国家助学贷款。

服兵役高等学校学生国家教育资助。对应征入伍服义务兵役、招收为士官、退役后复学或入学的高等学校学生分两种情况进行学费补偿、国家助学贷款代偿、学费减免。一是按学生实际缴纳的学费或获得的国家助学贷款（包括本金及其全部偿还之前产生的利息，下同）两者金额较高者执行；二是复学或新生入学后学费减免金额，按高等学校实际收取学费金额执行。本专科生最高不可超过8000元，超过部分不予负责。师范生公费教育，如北京师范大学、华东师范大学、陕西师范大学等。勤工助学，高校学生可在不影响学业的情况下，利用课余时间，通过劳动获取报酬。校内资助，高校通过设立奖助学金、临时困难补贴、学费减免、寒冬补贴等，利用校友、社会、企业捐赠等进行校内资助。

2. 成长发展需求层面的帮扶

现行的资助政策体系，已基本保障了家庭经济困难学生的生活需求，因此满足家庭经济困难学生更高层次的需求已成为新时代高校学生资助的新任务、新要求。《高校思想政治工作质量提升工程实施纲要》（教党〔2017〕62号）中明确提出实施"发展型资助的育人行动计划""家庭经济困难学生能力素养培育计划"，满足学生成长发展需求。各高校在做好基本经济帮扶的基础上，不断探索满足家庭经济困难学生成长发展需求的具体举措，如北京大学构建的"经济资助 + 成才支持"模式，通过有趣的兴趣性格测评，量身定制学生大学四年成长进阶方案，确保每一位家庭经济困难的学生都能顺利地完成学业，全方位助力其成长、成才；东北大学为家庭经济困难新生量身定制"起航计划'十个一工程'"，在原有物质资助的基础上，特别为家庭经济困难新生量身打造"一本专属资助宝典""一位伴随成长的励志导师""一场高雅赏析音乐会""一场励志成长报告会""一次综合能力提升培训"等精品项目，全面助力困难新生梦想启航；长安大学率先提出"成才型资助"，坚持系统化、制度化、隐性化、精准化、有偿化"五化并举"，从德智体美劳全方位提升家庭经济困难学生的家国情怀、学业水平、身心健康、审美能力和劳动素养，顺利实现家庭经济困难学生高质量就业及可持续发展。

二、精准识别系统

家庭经济困难学生精准识别是做好学生资助工作的基础和前提，也是学生资助工作的难点，关乎资助工作的科学高效、深度公平完成和脱贫攻坚战的可持续发展。根据新时期资助工作的使命任务，精准识别可以分为经济层面的精准识别和成长发展需求层面的精准识别。经济识别主要是精确锁定家庭经济困难学生群体，以及个体的困难程度和特点，以便于适时、适量、适法资助和引导他们各得其助。成长发展需求识别主要是确切掌握家庭经济困难学生除经济以外的学习生活、能力提升、素质拓展、择业就业等方面的困惑和需要，以便于有针对性地给予援助。

（一）家庭经济困难学生经济识别

家庭经济困难学生经济层面的精准识别是实现家庭经济困难学生精准资助的第一环节。精准强调以客观的数据为依凭，使识别更加公正、科学、精确。近年来不少大学积极探索家庭经济困难学生精准识别，借助大数据等技术手段，从之前的主观认定转向依靠客观数据的客观认定，有效提高了识别的准确度，一定程度上避免了公开比贫和证明造假。借鉴不同学校做法和研究，笔者认为经济层面的识别可以通过五个环节层层锁定，即基于生源地人均收入支出和校园地人均消费及家庭人口供养关系等统计数据的基本分析、建档立卡生和生源地助学贷款学生统计、校园大数据分析(校园卡餐饮消费)、重点对象甄别、家庭经济困难学生动态档案等。

1. 统计数据的基本分析

经过多年的学生资助工作实践和研究发现,通过家庭所在地收入水平与校园地消费水平比较,可以基本判断出贫困学生分布,再套入家庭人口结构及其供养关系,通常情况下即可大致划分出潜在受助学生群体(如来自江浙等经济较发达地区和来自青海等经济欠发达地区的学生,共同学习生活在西安、武汉等中等消费水平的大学,前者家庭即使收入较低,学生在校生活困难程度也可能低于后者中等收入水平家庭的学生)。随着信息化、大数据的发展,这种客观比对已经成为可能。

基本公式:{(上年度生源地人均收入-上年度生源地人均消费)×家庭人口/家庭就读学生数-学费宿费}/校园地人均消费 <0.5(比对恩格尔系数)就读学生用于食品为主的可支配生活费用/校园地人均消费 <0.5(比对恩格尔系数)即可认定为潜在家庭经济困难学生。若校园地居民以食品为主的生活支出占总支出的40% ~50%之间,则该居民处于小康水平,未达小康者视为贫困人口。因此,就读学生用于以食品为主的可支配生活费用低于校园地小康水平的居民,则应该视为贫困生,需要给予资助。

2. 建档立卡生和生源地助学贷款学生统计

基于对强有力的扶贫脱贫工作高度认同,建档立卡生可以直接认定为家庭经济困难学生。只需要建档立卡生提供当地扶贫办开具的建档立卡生证明和全国扶贫开发系统的数据截图,而不需要经过其他认定环节,必要时可请求全国资助管理中心协调国务院扶贫办给予信息核准或信息共享。申请并获得生源地助学贷款的学生,基于对当地资助部门和发放贷款银行识别工作的认同,也可以直接认定为潜在家庭经济困难学生。本着"一个也不能少"的原则,该步骤确定的家庭经济困难学生与前两个步骤的认定结果仍然应做加法运算(理论上这三部分学生主体是重合的),取三者之间的最大范围为潜在家庭经济困难学生,以确保应助学生全覆盖、无遗漏,然后可以通过入校后的甄别层层筛选,达到精准识别。

3. 校园就餐数据分析

近年来,依据大数据技术,围绕家庭经济困难学生精准识别,笔者对学生校园就餐数据进行深度分析,挖掘出80多个显著的贫困特征,构造了8个关键的贫困单项指标(节俭指数、金额管理能力、健康指数、贫困社交关系、时间管理能力、一般社交关系、饮食多样性、消费频次),1个总贫困指数,建立核心大数据模型和贫困识别主题模型,形成了集贫困指数、学生画像、异常类别学生分析于一体的校园精准识别与资助体系。校园就餐消费分析模型要求数据必须积累至少3个月以上,即指需要在新生入学至少3个月以后,获取学生的在校就餐消费数据,并将此数据收集并整理,用于建模分析。对在校就读1年以上的学生,可以直接应用近1年的就餐消费数据建模分析。

基于大数据分析模型,计算贫困支持率和贫困概率,进而给出每一名学生的贫困指数,作为学生贫困身份识别的综合依据(图7-1)。贫困指数:由高到低,即从1到0,指数越接近于1,学生越贫困,指数越接近于0,学生越不贫困。按照大数据技术合理设定阈值,如在图7-1中,贫困指数在0~0.38的学生,标记为疑似不困难学生;贫困生指数在0.38~0.76的学生,标记为疑似一般困难学生;贫困指数在0.76~1.0的学生,标记为疑似特别困难学生,然后再结合贫困生认定政策,科学划分学生困难等级。在困难等级的基础上,通过学生画像、异常识别等措施进一步认定,确保更加精准。

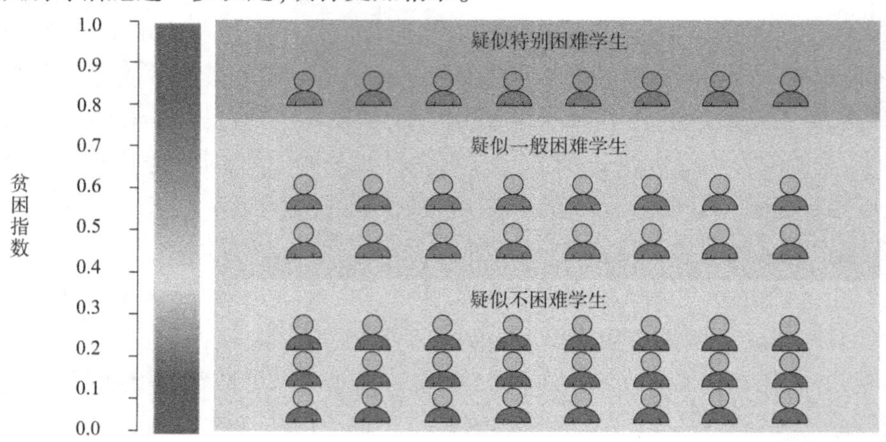

图7-1　家庭经济困难学生贫困指数

根据不同地区和学校的客观条件,就餐数据分析也可以直接简化为学生单餐消费水平和就餐频次,在获取学生校园卡用餐数据的情况下,观察早、中、晚单餐消费值与频次(避免吃饭次数少,单餐消费高的干扰),以单餐消费和频次的高低确认贫困程度。校园消费数据与前两个步骤确定的疑似家庭经济困难学生既做加法也做减法,有进有出,基本上确定家庭经济困难学生。当然,对个别特殊学生还需要通过跟踪调查或家访进行重点甄别。

4. 重点对象甄别

经过基于生源地人均收入支出、校园地人均消费及家庭人口供养关系等统计数据基本分析、建档立卡生和生源地助学贷款学生统计、校园大数据分析这三个步骤,基本上可以做到精准识别家庭经济困难学生。但是仍存在个别或部分家庭经济困难学生难以精准认定的情况,需要进行重点甄别。重点对象甄别需要通过查询学生档案、个别谈话、对所在班级同学或舍友的反馈、家访等调查方式进行。其中,家访是其中重要、有参考价值的手段,针对前述环节中难以确定的贫困学生群体及建档立卡生,要做到识别贫困学生与资助送温暖并举。家访可作为学生资助工作的一项常态化工作持之以恒,构筑学校党政领导、专任教师和一线学生工作干部共同参与的"大家访"格局,搭建家校教育共同体,共同助力家庭经济困难学生健康成长。

5. 家庭经济困难学生动态档案

家庭经济困难是可变的,突发事件可能会使原本不贫困学生变为贫困学生,反之亦然。因此精准识别需要动态跟进,持续地鉴定学生经济情况变化。这就需要建立家庭经济困难学生动态档案,保持动态调整,确保资助对象有进有出。动态档案包含学生家庭基本情况、受资助情况、学习情况、突发事件情况等基本内容,结合定期进行的校园大数据分析结果,每半年进行一次动态调整,以避免一个学年期间家庭突遭变故致贫的学生无法及时获得资助等。需要强调的是:对于家庭刚刚脱贫的学生要做到脱贫不脱助,因为初脱贫家庭经济尚未稳定,不能因停止资助使其返贫。

由于各地各校的条件差异,五个环节层层锁定家庭经济困难学生可能会受到一些因素限制。因此,我们的识别方案采用既层层递进又相互独立的思路,即使缺少某一环节,也尽可能减少对识别工作的影响。基于校园餐饮消费数据分析环节具有更高的可靠性,更具有推广性。事实上,目前校园卡基本普及,餐饮消费数据的获取和分析已不再成为障碍。

(二)家庭经济困难学生成长发展需求识别

当前,确保家庭经济困难学生不因经济困难而失学的目标已基本实现,随后,如何使之健康成长、全面发展、成为优秀人才,如何使之实现稳定而高质量的就业,从根本上阻断贫困代际传递,已成为新时代高校学生资助工作的新诉求和新目标。这就要求高校学生资助工作不能仅停留在经济资助层面,而应更多关注家庭经济困难学生成长发展,找准"病根",根据不同的成长发展需求,制定有针对性的资助计划,努力把他们培养成为优秀的人。家庭经济困难学生成长发展需求识别方案设计要体现国家资助育人政策精神、围绕高校人才培养目标要求、把准家庭经济困难学生客观需求以及适应资助工作对学生需求的探知能力,坚持正向引导、渐进性、可操作性三大原则。

根据上述家庭经济困难学生成长发展需求识别方案设计的依据和原则,结合高校学生资助工作的实际,按照《高校思想政治工作质量提升工程实施纲要》(教党〔2017〕62 号)的资助育人新要求,构建物质帮助、道德浸润、能力拓展、精神激励四个一级指标,并对四个一级指标作出具体阐释(表 7-1)。由于经济层面的需求识别已单独列出,所以成长发展需求识别考虑其他 3 个一级指标即可。在此基础上,通过文献法和专家访谈法等对高校人才培养目标的分解指标进行筛选后,将 3 项一级指标转化为便于实际操作的家庭经济困难学生 15 项素质能力指标。这 15 项素质能力指标既是对高校人才培养目标的具体化,也是对 3 个资助育人一级指标的具体阐释,便于制作量表和实际测评。15 项素质能力指标主要包括社会及国家责任意识(感恩意识)、适应能力、身心健康、沟通能力、人际技巧、领导才能、团队合作、创新能力(批判性思维)、解决问题、目标实现、文化欣赏、国际视野、学习发展与自我激励、精神激励、学业情况。15 个素质能力指标与 3 个一级指标的具体对应关系见表 7-2。

家庭经济困难学生成长发展需求识别的指标体系　　表 7-1

一级指标	指标释义	对应的素质能力
物质援助	来自国家、社会、学校的各类无偿、有偿资助;显性、隐性资助等	
道德浸润	家庭经济困难学生信念与责任感、感恩意识、团队精神、健康心态等	社会及国家责任意识(感恩意识)、团队合作、身心健康
能力拓展	家庭经济困难学生适应能力、学习能力、沟通与领导能力、创新与实践能力、审美能力、视野等	适应能力、沟通能力、人际技巧、领导才能、创新能力、解决问题、文化欣赏、国际视野、学业情况
精神激励	家庭经济困难学生环境激励、榜样激励、文化激励、目标激励等情况	目标实现、学习发展与自我激励、精神激励等

家庭经济困难学生成长发展需求识别的15项素质能力指标体系　　表7-2

维　度	具体指标
社会及国家责任意识	对社会有正确认知,帮助有需要的人,有公德心,诚实守信,懂得感恩,关心国家的发展,努力成为祖国建设者和接班人
适应能力	能够应对环境变化并与之保持平衡
身心健康	有健康的身体和正常愉快的心态
沟通能力	能运用语言及写作技巧与他人进行有效沟通
人际技巧	以开放真诚的态度与他人建立关系,融入社会群体
领导才能	组织及维系团队朝共同目标努力,能鼓舞和影响其他成员
团队合作	愿意分担团队中的责任,并能有效地与队员合作,一起追求共同目标
创新能力	能发掘新角度、新构思、新方法去理解和解决日常的问题
解决问题	能准确地去识别问题的性质,制定并执行策略去解决问题
目标实现	能主动掌握自身的心理与行为,调整自己的动机与行动,以达到所预定的模式或目标的自我实现
文化欣赏	懂得欣赏、评论各类文化表现形式,对我国文化遗产感兴趣
国际视野	具有广阔、全面的国际眼界,懂得与不同文化背景的人士沟通,关心国际时事,关注世界风云变幻,具有正确的国际视角
学习发展与自我激励	能保持自主学习、独立学习、全方位学习的学习精神,能不断解决好自身发展面临的各种问题,合理设计自己的成才之路,并能将学习和人生规划相结合
精神激励	通过荣誉表彰或奖学金等手段,激励引导学生积极进取,向上向善
学业情况	对学生学习兴趣、专业满意度、学业困难等方面全面评估

本量表共包括15个维度,90项具体指标。它不仅能使研究者获得全面可靠的资料,也便于学生了解各项素质要求,进行自我检测,引导学生根据自身实际情况,发挥主观能动性,自发增强自己相应的素质(见附件1)在学生入学一学期末的第二次调研中,根据教育部"十大育人体系"中资助育人的要求,其调研问卷在将家庭困难学生道德浸润、能力拓展和精神激励方面要求转换为各项素质能力问题条目的同时,结合首次调研结果及学生入校后的实际情况,增设精神激励与学业情况两个维度。测试问卷所有题目均经过多次修改和校订,信度和效度良好、结构完善。在家庭经济困难学生成长发展需求识别指标体系构建和成长发展自我评估量表确定的基础上,主要使用SPSS统计软件对调研结果进行统计分析,运用Spearman相关系数对15项因变量的90余项具体指标进行显著性分析和相关性分析,系统分析自变量与因变量之间的对应关系。本轮调研分析的对象主要选取了来自长安大学的2018级本科生。2018级新生总共6325人,认定家庭经济困难学生1496人,占比23.65%,高于全国比例。为了保证问卷的效度及数据的准确性,笔者分别在新生开学一周和入校四个月后进行调研,两次调研均通过发放网络调查问卷的形式进行。第一次调研时,由于新生贫困认定尚未完成,只抽取了申请绿色通道的学生,样本量为893,收回问卷893份,其中有效问卷893份,样本有效率100%;第二次调研时,将样本量扩大为已通过贫困认定学生,共

计 1496 人,收回问卷 1468 份,其中有效问卷 1460 份,样本有效率 97.59%。运用大数据信息服务技术平台,对被调研的家庭经济困难学生的学业情况、综合素质和心理健康状况等动态因素进行整体分析评价。在此基础上,以帮助实现家庭困难学生的多样化需求为宗旨,通过大数据建构数据模型,进行评估和预判断,由低到高分为多种不同层次需求,实施个性化匹配,进行分类指导(具体计算过程不再详细介绍)。

根据两次实证调研与分析,可以得出如下结论:(1)家庭经济困难学生的社会及国家责任意识(感恩意识)、适应能力、身心健康三项素质能力较强;通过一学期的新生教育,家庭经济困难学生各项能力提升较快;(2)家庭经济困难学生团队合作能力较强,但国际视野和领导才能较弱;(3)学生对从高中到大学的学习环境变化不适应,这种不适应集中反映在学业方面;(4)大部分学生认为获得奖学金和荣誉是最有效的精神激励,这与当前大学生普遍对奖学金和各类荣誉的重视相一致;(5)来自城市的学生相对于乡镇农村学生、中学阶段参加过各类兴趣班或活动的学生相对于没有参加的学生,在文化欣赏、国际视野、创新意识、沟通能力、适应性等多项指标方面占据优势。

本次抽样调查与定量分析分别在新生刚入校和入校四个月后进行的,但部分学生可能对自己需求认识不清,问卷填写随意性较大,无疑会影响统计分析结果。为了进一步提高对家庭经济困难学生成长发展需求识别的精准度,本研究拟从以下三个方面进行改进:(1)分阶段跟踪识别需求变化情况,既可掌握不同阶段的主要需求,依据需求及时调整供给,又可总结教育过程和教育成效,发现需求发展规律;(2)在经过半年或一年学习后,对受助学生群体(自变量)进一步细化,如工、理、社、文等不同专业类别,不同年级,不同民族等,以便于根据不同需求分类施策,同时细化并适当调整能力素质指标,使之与学生成长进程更加契合,为差异化个性化培养提供精准点;(3)不断扩大实证研究的学校类别,为不同学校的识别提供指导。

本研究结果为家庭经济困难学生经济层面精准识别和成长发展需求层面的精准识别提供了基本的依据、原则和方法,并选取一部分样本做了实证分析,在介绍识别过程步骤的同时,也在一定意义上验证了方案的可行性。但是,精准识别是一个动态过程,需要随着学生的成长和资助育人工作的推进跟踪调研,尤其是成长发展需求的精准识别更是如此,经过一届或几届学生的成长过程以及相应识别,才能比较确切地获知需求及其需求变化规律。因此,相关的研究需要进一步加强和改进。

三、奖励资助系统的改进和努力方向

(一)构建和完善多元主体协同治理的制度体系

政府、高校、社会、家庭等主体在学生资助工作中的价值诉求各有侧重在利益协调机制、权责分配等方面需加强制度建设,明确权责分配,亟待构建"政府主导,高校主体、社会和家庭参与"的多元主体协同发力的学生资助治理体系,全面提升学生资助的治理能力。

1. 要切实发挥政府主导作用

在现行资助政策体系的基础上,出台专门的精准资助政策措施,把精准资助与脱贫攻坚、全面建成小康社会结合起来,作为脱贫攻坚和乡村振兴的重要组成部分要进行专门的制度安排，把经济资助、能力培养、素质提升、就业保障等紧密结合，通过一系列切实有效的措施，确保每一名家庭经济困难学生都能顺利完成学业，实现质量较高的就业。

2. 充分发挥高校主体作用

高校党委要把资助好、培养好家庭经济困难学生作为重要政治任务，夯实责任，确保各项资助政策落地生根。以学生需求为导向，不断创新资助形式，精准安排资助项目，大力实施“家庭经济困难学生能力素养培育计划”等专项计划，不断提升家庭经济困难学生综合素质和可持续发展能力。

3. 激励社会力量和家庭积极参与

加强激励性政策设计，落实企业、个人等社会力量投入资助资金的税收减免优惠政策，拓展与畅通社会参与的渠道和方式，建立多方助力的学生资助发展机制。积极引导企业等社会力量介入学生资助工作，为家庭经济困难学生搭建勤工助学和实习实践平台。企业、校友等社会力量要积极履行社会责任，主动回馈社会、捐资助学，设立企业奖助学金等项目，资助家庭经济困难学生顺利完成学业。要积极引导家庭和学生自助，通过参加勤工助学岗位等方式，实现个人自助。

(二)建立健全高等教育学生资助政策持续发展机制

在做好现有资助政策的贯彻落实工作，确保资助政策惠及每一个家庭经济困难学生的同时，要针对解决相对贫困的新要求和高等教育发展新趋势，不断调适现行资助政策，巩固提高资助成果，拓展强化资助功能，加快建立健全家庭经济困难学生能力识别体系，完善经济识别与能力识别一体化发展的认定机制。第一，加快制定推进资助育人工作的实施办法，推动各高校形成全员参与、各部门配合、各教育环节统筹协调的资助育人机制。第二，建立高等教育与基础教育衔接的学生资助政策体系，全过程、全方位帮扶家庭经济困难学生顺利接受各阶段教育，特别是对于脱贫攻坚对象，尽量保证就学子女能接受高等教育，获得一份稳定工作，争取从根消灭贫困代际传递，彻底改变贫困学生及其家庭的命运。第三，建立高等教育学生资助工作评估政策体系，全方位、立体化考核学生资助工作的实绩，以评估促进学生资助工作的整改与提升。第四，健全政策执行的监督机制建设，确保各项资助政策落实落地。第五，推进学生资助行业标准建设，形成一套涵盖贫困认定、项目安排、资金发放、跟踪管理等在内的全链条的标准体系，科学评判是否成功资助家庭经济困难学生和受助学生是否真正成才。第六，完善以社会主义核心价值观引领资助文化建设的制度机制，大力弘扬爱国主义精神，培育学生感恩意识、诚信意识、劳动意识，加强先进典型选树和宣传，唱响主旋律，讲好中国资助故事。第七，加强资助育人理论研究的政策支持，建立灵活的成果转化工作机制，拓宽成果应用渠道，把理论研究成果真正作为国家资助政策制定的重要参考和依据。

(三)构筑高等教育学生资助信息化政策体系

以信息化为抓手，大力推进新时代高等教育精准资助工作的高质量发展。研究制定学生资助信息化建设的整体规划，分步推进规划实施。建立全国建档立卡生数据库系统，与全国扶贫开发信息系统业务管理子系统实现无缝链接，实现建档立卡生及其家庭数据资源共享，为建档立卡生精准识别提供基础数据支撑。各级学生资助管理机构及高等院校也应建立建档立卡生数据库系统,实现与建档立卡生所在地的扶贫、民政等相关部门协同联动,及时了解和掌握建档立卡生的数据信息,确保资助对象识别的精准度。具体分两个层面:一方面,要充分利用大数据技术和全国扶贫信息系统,对建档立卡生及其家庭实行动态监测,精准识别建档立卡生和家庭经济困难学生,采取具有针对性的资助措施;另一方面,对政策支持下实现脱贫的建档立卡生要适时做出有针对性的安排,在合理调整经济资助力度的同时,保持基本资助的持续性以防止返贫,针对培养和就业的措施应持续加强,确保脱贫成果可持续发展。充分利用大数据技术精准识别家庭经济困难学生的消费行为以及其他特征,有针对性地提供经济与教育供给。全面了解和分析受助学生的学习生活发展动态,实现普遍性资助育人策略与个性化指导方案有机结合。通过理念更新和信息化支持,推进高等教育学生资助政策体系向"精准化""隐性化""成才型"转变。

第二节　学习指导系统

大学新生入校后,首先面临的是如何快速融入陌生环境,适应大学生活。其中,如何快速适应大学学习状态,属于重要问题,因此,建设学习指导系统成为高校学生工作的重心之一,为其他学生工作的开展奠定基础。研究和学习世界一流大学,其在长期发展过程中,形成了一整套体系严密的学习指导方案。当前,新生能否快速适应大学专业学习、新生入学教育的方式与效果引发广泛关注,学习指导体系的建立能够更好地帮助新生良性健康发展,有益于学生工作顺利开展。

一、学习指导的内涵与类型

(一)学习指导的内涵

关于学习指导的概念,钟祖荣从学习指导研究的范畴入手,认为学习指导研究属于教育学或教学论的理论。在《学习指导的理论与实践》一书中提到,要从学生和老师两方面同时入手,既研究学生如何学,又研究教师怎样指导学生学,探索教和学如何有机配合,达到最佳教学效果。在学习指导的研究中,针对学习方法、学习策略、学习动机等的研究都可以做进一步深化,关于中小学领域学习研究已较为丰富,关于大学生学习指导也需要更深层次的研究。陈立民从多视角阐释学习指导,学习指导是基于社会和个人的发展需求,由高校相关部门和教师作为实施者,指导学生合理规划学习、尽快适应高效学习生活、利用广阔学习资源、不断提升自我,旨在实现立德树人的人才培养目标。上述学习指导的阐释能够从学生本身出发,多视角看待学习问题,但局限于对学习活动本身予以指导,涉及学习内容的指导、与学生学习相关方面(如内容的选择、课程的学习等)学习的指导,以及学生其他方面发展的指导相对较少。

美国的大学形成了针对大学新生的综合性教育计划,或称之为"一揽子"工程,是目前发展较为成熟的学习指导体系。有学者将新生教育称之为"头年教育"或"第一年教育"。我国针对新生教育的定义多种多样,但尚未形成统一的标准概念。可以从两个方面对大学新生的学习指导进行概念界定。

(1)时间。从收到录取通知书到第一学年结束,针对大学新生遇到的问题并结合现实需求,在专门人员的帮助下,分析新生在学习生活、活动参与、学术知识、课程实践等方面的适应性和提升性问题,再盘活各方资源、创造有利条件、转换自身角色,从而帮助大学新生获得全面提升和终身学习能力的专门活动。我国大学生的新生教育时间明确为一年,虽较为短暂,但能基本实现大学新生从环境适应到学术适应的转变。

(2)内容。新生的学习指导不仅仅局限于专业相关知识的学习,还包括第二课堂知识的学习。对于大学新生而言,时时、事事、处处都需要学习,包括课程的选择、学校资源的使用、校纪校规、学位学分制度、相关专业就业及发展前景等适应性问题。只有当这些问题解决之后,才是所遇到的专业性学习指导。

(二)学习指导的类型

根据学习指导的组织范围、组织形式、实施主体等,可以将学习指导划分为不同的类型。

基于学习指导的组织范围进行划分,可分为:宏观学习指导、中观学习指导、微观学习指导。宏观学习指导,主要是在新生入学或适应阶段,针对其学习特点、学习方法、学习环境、学习前景等进行介绍和指导,如开学典礼、开学第一课、新老生见面会、院长第一课、校友课堂等;中观层面的学习指导是针对具体的学科或专业而言的,不同的专业或学科在其学习方法、学习策略上有所区别,需要有针对性的指导,如学校各个专业开设的专业导论课程等,就是针对不同专业特点所进行的学习指导,有利于学生正确认识和了解所学专业,微观学习指导更加深入和细致,主要解决学生在课程和知识点学习过程中遇到的问题和困惑,各高校开展大学英语、大学物理、大学数学等课程的普遍性指导学习。

根据学习指导的实施主体的区别,将其分为三类:教师指导、朋辈指导和校友指导。基于如何实施学习指导、学习指导的途径又分为:课程指导、演讲指导及活动指导。学生身为学习者和受教育者,时刻都受到来自教育者和教学组织的影响,包括其学习行为习惯、学习态度和方法等。此外,根据学习指导开展的组织不同,还可以将其分为:学校提供的学习指导、学院提供的学习指导和系科提供的学习指导。根据不同的分类依据和标准,学习指导可以分为多个类型,本书重点在于了解分类标准,而非所有种类,因此不再一一赘述。

二、学习指导系统的不足

(一)新生学习指导的人员配置问题

新生学习指导的人员配置存在以下问题。

1. 人员的构成较多样、零散

辅导员、相关的专业课程老师、一般课程老师、班主任、相关的学校领导及同辈志愿者都是大学新生学习指导的参与者。学校在学习上予以新生一定的指导,对新生的学习产生相应的影响。根据新生的成长发展规律,以上学习指导的人员构成,在不同的环节发挥着不同的作用。新生初入学校,尚未脱离高中时期传统的学习模式,在学习方式的改变以及大学授课模式的适应上,辅导员的引导至关重要;朋友、伙伴等同辈群体是新生学习中接触最为密切的,善用“过来人”的经验予以启发和指导,对新生的发展起到很大的作用;深入到具体专业的学习指导,就必须发挥相关专业课程老师的作用,针对学生们在专业学习中遇到的具体问题和疑惑,做出专业性的解答和引导,在其专业领域的发展前景和方向等方面给予帮助,但是存在的问题就是缺乏持续性,一般在授课结束后这种指导就趋于停止。

2. 人员的数量相对偏少

缺乏专门性的学习指导机构,这反映出相关的专业人员有待增加,个别高校已经设立,其经验可以得到较为广泛的推广。

3. 人员的专业化水平不高

新生的学习指导是一项系统而复杂的工作,由多个人员构成的指导团体,每一部分都发挥着重要的作用。但从现实工作来看,专职教师和兼职教师对于新生的学习指导源于其主观的经验和人生阅历,是根据以往学生存在的问题进行的经验总结,分析学生的特点,进而进行相关的指导。朋辈志愿者的学习指导虽经过简单培训,但也是结合个人的学习生活经验进行阐述,缺乏系统性和科学性。

总的来说,学习指导仍然存在人员专业化程度低的问题。因此,成立相关专门机构,组织定期培训、建立考核反馈机制,不断提升学习指导构成人员的专业化水平和素质,已成为亟待实施的路径。

(二)新生学习指导的课程体系缺失

新生学习指导的课程体系缺失问题如下。

1. 有一些新生教育课教学效果有待于提升

新生入学教育在高校教育体系中可以说是颇为重要的一个环节,这对于新生认知新环境、班级、专业、院系、学校发挥着重要作用。相较于一些短时间、集中式的宣传灌输教育,自身去感受、去参加各种活动、去适应新的学习方式和生活环境,才能真正起到新生教育的作用。

2. 学习方法指导课与学习实际有差别

很多学生对于课程学习主次矛盾辨别不清,在新环境下对课程学习方式有一定的脱节,同时相对次要的学习课程牵扯了太多的精力。尤其是涉及高等英语、数学或其他专业课程时,学生停留在中学时的学习思维,在高校缺乏系统学习方法教育和相关学习方法论教育的情况下,在学习过程中未免会力不从心。

3. 规章制度学习难以引起学生共鸣

规章制度在现代高校教育中的重要性不言而喻,不止有学生日常行为规范,还有学分构成、毕业要求、奖励激励机制、专业流动等与学生在校息息相关的制度。加强对学生校规校纪、学校相关政策的教育非常有必要,但是就目前而言,大多数高校对相关政策的解读不够深刻,若有相关专题教育也多为枯燥乏味的逐字逐句宣读,难以引起学生的兴趣。对新生而言,有些规定距离其较远,与其切实需求脱节。

(三)学习指导的保障体系缺乏

学习指导的保障体系缺乏问题如下。

1. 学习指导的实施机构较多

学校是学习之地,校园内学习氛围往往是社会其他地方所不能比拟的。新生突然进入新的环境,伴随“茫”和“忙”两种状态,在陌生的环境和有着较高涨的好奇心和学习热情,这也有利于新生尽快接受新事物。当学生在学习或生活中有困惑或不解之时,可以向学校任何部门、机构寻求帮助,但是这些机构大多分属于不同的部门,如学院、学工部、教学教务等,各系统各司其职、各谋其政,难以对学生的诉求形成有效统筹。除此之外,解决渠道、方式也不同,不能系统化地为学生提供专业的指导。

2. 学习指导的经费不固定

俗话说“巧妇难为无米之炊”,放在高校学习指导的环境下亦是如此。在对新生进行学习指导时,不管是提升学习指导所用的场地设施环境还是组织开展相关的活动、机构的内部运行,都需要一定的经费作为保障。如果经费紧张,一些需要占用较大地方、使用较多物料和人力的素质拓展教育就会因此而搁浅。此外,优质的后勤保障机制也不可缺少,比如相关领导的重视程度、资金的拨付、物资的到货效率等,都会影响整个新生教育的成效。

3. 相关体系机制不健全

在新生的学习指导体系中,新生教育作为大学新生学习指导的重要组成部分,对新生的成长发展具有重要的作用。学习是学生生涯的重要内容,学生的学习具体状况因人而异,在不同专业和不同地区,学习内容和学习方式方法不一样,相关指导教师和机构的职能也不一样,整个新生教育具有复杂性。

整体而言,新生学习指导制度规范有待完善,如新生教育方面的学习内容、方式是否有明确规定,相关指导人员需要的从业要求和条件,具体指导过程中应该遵循的原则和规范等。相关政策和制度的健全完善,一定程度上可以保证新生学习指导有序进行,促进更大范围的推广落实。

三、学习指导系统的建构

(一)加强学习指导的队伍建设

师资队伍在教育系统中有较大的重要性,在新生学习指导教育体系中,师资队伍建设有待深层次挖掘和研究。如何加强指导教师队伍的综合水平,成为一代代关心新生教育的学者、专家长期关注的研究内容。首先是加强相关理论知识的培训,站在高校新生学习指导教育研究的最前沿,积极汲取最新的理论教学成果,提升自身钻研能力,实现从学习到教授的角色转变。其次,要加强专业化学习指导,不断提升指导教师的专业化水平,以更好的面貌、更强的能力服务学生,助力其做好过渡,实现成功。同时强化组织交流,完善人员专业化结构,新生学习指导队伍可以适时地去其他地区、其他国家的高校进行经验交流,组织相应的培训,彼此互通有无,并建立激励机制,提升新生学习指导教育队伍的成就感,拓宽该体系的晋升空间,从而打造一支有水平、有能力,稳定而长久的一线新生学习指导教育队伍。

(二)建立专业的学习指导部门

成立大学学生咨询中心,为有不同需求的学生提供个人或小组学习指导。一些外国大学通过建立针对大学生的学习指导(咨询)机构来提供指导和支持,以解决学生遇到的各种具体问题或困难。例如,美国哈佛大学设有专门的学生咨询局,鼓励学生进行相关咨询,促进学生在智力、情感、社交生活及相关领域的整体发展,学生就各种学习和性格方面的问题进行咨询,也可与咨询局交流其在生活、学习中遇到的困难、挑战、严重冲突和其他问题,其形式包括个人咨询、团体咨询和工作坊,学习策略课程、同伴指导、自助资源等,咨询提供者主要包括经过特殊培训且具有高度专业化水平的专业人员、教师、学生管理人员;哥伦比亚大学的学习指导工作是由学生事务办公室、学术资源中心、学术援助中心、心理和身体残疾服务办公室以及生命教育中心共同开展的。与此相比,以往国内高校设立的学习指导机构并没有得到相应重视,且还有大部分高校并未设立。

因此,高校有必要建立一个咨询中心,聘请兼职或专职人员来指导学生学习和生活,帮助学生解决在大学学习中遇到的问题和困难。通过面谈、热线、网络联系等方式对不同年级的学生(包括新生)开展咨询服务,解决学生的个性化问题,更加注重学生(包括新生)的个人学习需求和个人关怀需求。为了充分发挥教育机构在向新生提供个性化指导方面的作用,必须积极探索以下方面:(1)给予应有的重视,制定相关政策法规,为相关工作者提供有针对性的帮扶和预算支持;(2)明确学习指导机构的职责,并与其他相关部门建立紧密联系;(3)促进专业团队的形成;(4)提高兼职指导和咨询的能力及水平。

(三)对学习指导的课程进行资源整合

新生学习指导课程设计是一门系统化的新型课程,其与各种课程资源相联系。新生入学教育课程既是学习指南,也是高校学生课程的重要组成部分。但是,在整个一年的学习计划中,学生的学习方向不应仅停留在刚入学的适应课程上,还应该合理规划、不断强化新生课程的内容,使其在学习指导的方向上更趋于合理化。逐步增强课程资源的开发和研究,整合课程资源,并对课程的内容、规则、方法和组织结构制定清晰的计划,使其符合大学新生的需求,明确对大学新生的服务定位愈加明确。组织学生积极参与活动,要求他们在实践中不断加深理论知识,并在理论知识的指导下更具体地进行实践,避免课程资源整合的盲目性。此外,将新生入学指导活动纳入新生入学课程中,能够为学生带来直观的学习体验,使学生了解更多丰富且具操作性的校园活动,并将理论与实践紧密结合,达成一个系统的整体。例如,在新生教育项目中,长安大学设计了6个核心模块,60个必修项目和95个选修课,以精确地帮助学生“入好门、走好路、学好业、成好才”。

同时,加强课堂教学中的学习指导。普通课程和专业课程都有各自的特点,这就要求授课教师结合相应的课程特点和教学内容,有针对性地对学生进行富有学科特色的课程教育,这也是帮助学生学会学习、发展学生学习能力的有效途径之一。总的来说,这种类型的学习指导包括两个方面:(1)学习内容的指导,针对的是学科本身的知识,即“哪些知识更有价值”;(2)学习活动的指导,针对学科知识的学习,即“如何更有效地学习”。因此,从这一角度来说,大学课堂教学中的学习指导不仅是学习指导的体现和深化,还是大学学习和教学创新时代的要求。该类学习指导与教学内容联系程度较高,并需介绍具体的学习方法,包括课前准备、课后复习和课程内容的总结、梳理、研讨及答疑,都能够帮助学生积极学习、深入探索,养成良好的学习习惯和学习技巧。因此,要求教师不仅要主动总结自己的学习经验,还要系统地研究与挖掘学习指导的理论和方法,以提高在课堂教学中灵活开展学习导向活动的水平,充分发挥这种学习指导方法的优势和效果。同时,学校还应建立相关制度,明确不同教职岗位的指导责任，将任课教师的课堂指导情况和具体效果，作为教师绩效考核的重要指标，充分挖掘各种资源，为教师系统学习课堂学习指导创造条件，开设形式多样、内容丰富的学习指导培训班，开展主题鲜明的研讨活动，提高教师的学习指导能力，改变传统的学习指导理念。

第三节　心智提升系统

一、心理健康状况概述

（一）心理健康的含义

心理健康的基本含义是心理的各个方面及活动过程处于一种良好或正常的状态。心理健康的个体能够适应发展着的环境，具有完善的个性特征；且其认知、情绪反应、意志行为处于积极状态，并能保持正常的调控能力。在生活实践中，能够正确认识自我，自觉控制自己正确地对待外界影响，使心理保持平衡协调。

根据大学生这一群体的年龄特征、心理特征和社会角色特征，可以从以下几个方面概述大学生心理健康的标准：

（1）智力正常且充分发挥；

（2）保持良好的心态，情绪稳定、乐观；

（3）保持健全的意志；

（4）保持完整统一的人格品质；

（5）保持正确的自我意识，悦纳自我；

（6）保持和谐的人际关系；

（7）保持良好的环境适应能力；

（8）心理行为符合大学生的年龄特征。

（二）大学新生常见心理问题

根据教育部推广使用的“中国大学生心理健康测评系统”的测量结果，以西部某高校近五年的普查数据为例（表7-3），每年约有15%～20%的大学新生存在出现心理问题的倾向，需要给予关注和心理支持。

近五年“中国大学生心理健康测评系统”结果分析（以西部某高校为例）　　表7-3

年份（年）	普查总人数（人）	一般心理问题人数（%）	严重心理问题人数（%）
2016	6116	569（9.30%）	408（6.67%）
2017	6093	504（8.27%）	344（5.65%）
2018	6094	601（9.86%）	354（5.81%）
2019	6156	757（12.30%）	495（8.04%）
2020	6177	720（11.66%）	427（6.91%）

结合普查数据及学生工作实践,总结出大学生常见的心理问题主要表现为以下三类:

1. 适应性问题

进入大学,新生面临的首要问题就是尽快适应大学的新环境,其中最普遍的是学习适应。不少新生缺乏相关的经验和能力,学习困难,难以适应大学的学习模式。另外,新生要和来自全国各地的同学一起互动交往,建立起新的人际关系,在此过程中,还要面临人际适应、生活适应、环境适应等诸多适应问题。良好的开始是成功的一半,如果新生能平稳度过适应期,则易于在今后的大学生活中获得成长。反之,如果适应问题不能很好处理,新生的学习生活将面临较多的问题和障碍,导致其学习兴趣减退、自信心受挫。

2. 发展性问题

发展性问题主要是指新生进入大学阶段的学习后,在自我成长发展的过程中遇到的一些问题。主要表现为缺少生活、学习的目标、对未来感到迷茫,以及在人际交往的过程中遇到一些冲突,或在恋爱问题上感到困惑。新生的发展性问题大多数会随着年龄的增长、生活阅历的丰富自行缓解,或在家长、老师、辅导员、心理老师等的帮助下得以解决。但也有一些新生由于缺乏积极的生活态度或使用不恰当的处理问题方式,导致无法找到生活学习的意义,长期处于痛苦、迷茫的状态中。

3. 障碍性问题

新生常见的心理问题有焦虑、抑郁等,如果症状存在时间较长,并对新生的学习生活造成较大影响,则需要心理医生、心理辅导老师等专业人员的帮助。

(1)焦虑。焦虑是指个体主观上意识到将要发生不幸事件时,产生的恐惧、紧张、不安、烦躁、焦急等负面情绪的体验。由于感觉难以达到目标或者不能克服困难,个体自尊心与自信心严重受挫、失败感和内疚感增加。焦虑分为状态焦虑和特质焦虑:状态焦虑是由具体情境引起的,又叫情境焦虑,如考试、当众发言等;特质焦虑是一种慢性、弥散性的焦虑,往往没有具体、明确的原因,这种焦虑存在潜意识的原因,大多跟个体的以往经历有关,并且容易演化成焦虑性人格。焦虑除了会让人体验到烦躁、急切、提心吊胆、紧张不安的负面情绪外,严重者常常伴有植物神经功能紊乱的症状,如失眠、心跳加快、出汗、发抖、血压升高等。

(2)抑郁。抑郁是指人的情绪长时间处于沮丧、忧郁等状态下,感到无力应对外界压力而产生的心境持久低落的负面情绪,伴有痛苦、自卑、情绪低落、郁郁寡欢、闷闷不乐、兴趣丧失、缺乏活力等消极情绪体验,以及反应迟钝、思维迟缓、躯体不适、睡眠障碍等外部症状。

抑郁情绪就像其他普通的情绪反应一样,每个人都可能经历过。对大多数人来说,抑郁情绪只会偶尔出现,且持续时间短暂,最终会消失。但性格内向孤僻、多疑多虑、不爱交际;生活中遭遇重大挫折;长期努力得不到回报社会支持系统匮乏的人会容易陷入抑郁状态,无精打采,不愿参加社交,故意回避熟人,对生活缺乏信心,体验不到生活的快乐。也有极少数人长期处于抑郁状态,症状严重者会患上抑郁症。长期的抑郁会使人的身心受到严重损害,从而无法有效地投入学习、工作和生活中。

(3)恐惧。恐惧是对真实危险或想象威胁产生的一种心理反应。人们对有威胁的事物或有危险的情境都会产生恐惧心理,但对无威胁的事物感到恐惧,或者恐惧的强度和持续的时间远超出个体正常的反应范围,而使个体难以克服,则该心理将发展为一种病理性的恐惧状态,甚至发展成为恐惧症。大学生中最常见的类型是社交恐惧。

(4)其他精神障碍。还有少数新生,存在妄想、幻觉等精神障碍症状,或患有躁狂—抑郁双向情感障碍等严重精神疾病。此类同学无法正常在校学习生活,需要家长监护及医学治疗。

二、常见心理问题的原因

在学习方面,大学阶段的学习和小学、中学阶段的学习完全不同,具体体现在学生不依赖于家长和老师的陪伴与管理。而是通过自我管理来进行自主学习,因此,很多新生难以应对该阶段的学习。有些新生存在"高中苦一段、大学轻松上"的心态,不能及时调整学习状态最终挂科,在影响后续的保研和奖学金评定时追悔莫及,从而成为焦虑、抑郁情绪的诱因。在生活方面,由于文化、风俗和家庭生活习惯不同,使新生在生活习惯、个人喜好、自理能力等方面均存在一些差异。在一起学习生活的过程中,可能难以避免地产生一些摩擦和误解。另外,由于缺乏社会经验,在自我认识的过程中,一些新生会与同伴在外表、成绩、能力、物质条件、家庭背景等等方面进行比较,盲目攀比,容易产生嫉妒情绪,对个体的心理平衡具有一定的破坏性。因此会对大学生的人际交往产生不良影响,造成同学间的隔阂甚至对立,同时也使自己处于烦躁、痛苦的情绪中。

新生的个性特征、应对方式、社会支持等方面的情况,也会对其心理健康状况产生较大的影响。面对陌生的校园环境,如果新生性格乐观开朗、积极应对,遇到困难时 ,可以通过家人、老师、同学、朋友等途径获得一定的资源和支持,那将帮助其较好地度过适应期,为大学生活打好基础;反之,新生面对大学生活中的挫折和压力,缺乏有效的途径和方法,悲观失望、消极逃避,也无法获得其他外部的支持和帮助,就会长时间处于焦虑痛苦、自我否定的状态。

三、心理健康素质提升系统构建

(一)构建科学完善的心理健康教育工作体系

构建全面系统、科学完善的工作体系是大学新生实施科学有效的心理健康教育的前提和保障。笔者在多年的理论研究和教育实践的基础上,总结出了"四维四级"心理健康教育工作体系。

1.四维

"四维"是指普通心理学心理活动发生发展的过程,即认知、情感、意志、行为四个维度。在认知教育方面,以深入浅出的方式传授心理健康教育知识,帮助大学生正确认识自我、完善人格;在情感教育方面,情感是沟通彼此的桥梁、开启教育对象内心世界的阀门,坚持以情感人、以情育人,培养学生积极的思维方式,帮助大学生懂得感恩,激发自我潜能;在意志品质方面,意志是人们自觉克服困难的心理过程,通过意志品质的训练,帮助大学生掌握压力应对策略,提升自我调控能力,为学生的健康成长、成才创造必要的条件;在行为养成方面,培养学生良好的行为习惯,帮助大学生进行心理健康教育实践活动,最终达到知情意行的整合统一。

2. 四级

“四级”是指学校、院系、班级、宿舍四个教育管理层级。

(1)一级:学校心理健康教育与咨询中心。学校心理健康教育与咨询中心的主要职责是对全校心理健康教育工作进行总体规划,开展心理健康教育相关的教学、科研、培训、指导、宣传等工作,面向全体学生提供心理咨询服务、协助实施心理危机干预,促进学生身心健康发展。

(2)二级:院系学生工作办公室。院系学生工作办公室在学院党委领导和心理健康教育与咨询中心的专业指导下,开展大学生心理健康教育工作,把握学生的心理健康动态,上报排查学生心理危机情况,帮助学生解决心理困惑,组织学生开展教育宣传活动。

(3)三级:班级心理委员。心理委员是班委成员之一,是在专业老师的指导下开展班级心理健康教育与宣传、协助管理心理健康事务、实施朋辈互助的专职学生干部。

(4)四级:宿舍长。宿舍长负责在学生社区、宿舍楼内开展心理健康教育与宣传、实施朋辈互助,关心关注宿舍同学的心理健康状况,营造和谐积极的生活氛围。

多年的工作实践证明,“四维四级”心理健康教育工作体系,四维互补、四级联动,形成全方位、立体式的心理健康教育系统,不仅是加强大学生心理健康教育管理的工作系统,还是大学生心理危机预防干预的信息与控制系统。

(二)营造和谐人际关系氛围

在紧张的学业之余,处理人际关系成了大学生们生活的重要内容。建立和谐的人际关系,可以帮助新生获得自尊与自信,在校园生活中得到较多的帮助和支持,有助于缓解新生的心理压力,化解负面情绪。反之,如果在校园中人际关系不良,新生便会较多处于焦虑、压抑的情绪状态中,影响学习和生活质量。

1. 宿舍关系

每一名初入大学的学生,都有过许多对于大学生活的美好设想,设想包括大学拥有绿树成荫的校园、宽敞明亮的教室和亲密无间的宿舍同学……随着时间推移,来自不同地域、不同家庭环境、拥有不同生活习惯的同学聚集在一起,在新环境中学习生活,各种不适应、不和谐逐渐显现出来。宿舍作为大学生衣食住行的地方,每个人都有自己的生活习惯、部分学生个性较强,缺乏换位思考的能力和同理心,在宿舍中往往放松对自我的管理,对舍友提出一些绝对化的不合理要求,因此很容易在宿舍中产生矛盾。

处理好宿舍关系,首先应当学会自我管理,严格自律,合理安排作息时间,培养独立生活能力,积极维护同学们共同的生活空间;其次应当尊重他人,同学之间很难在生活习惯上达成完全一致,因此需要每一位宿舍成员尊重彼此;再次学会宽容,多换位思考,像对待亲人一样宽容同学,不将错误归咎于其他人身上;另外,宿舍里的每一位同学都应当发挥主人翁意识,通过制定公约、作息时间表等,尽量协调大家的生活习惯,出现矛盾时,所有成员积极协调,在校园中营造和谐友爱的生活环境。

2. 同学关系

美国著名的心理学家亚伯拉罕·马斯洛提出的需要层次理论指出,在生活中个体的生理需要和安全需要得到满足之后,下一层次需要满足的就是归属与爱的需要,即个体希望得到亲人、朋友、同学等团体成员的关怀和理解。因此在学校中,大家倾向于自己在班级或者社团组织中受到同学们的欢迎和喜爱,在同学关系中找到归属感。

在大学中,每个大学生都有进一步发展人际关系的需要,每个人也都有这方面的潜能,重要的是必须超越封闭的自我,确立健康的群体意识,把自己真正融入集体之中。首先,人际关系是互动的。在人际交往中,避免被动等待,大学生要克服自己观望、等待或被动态度,积极融入集体生活,主动热情地关心每一位同学。人与人之间需要感情的交流,尤其性格内向、情感含蓄的大学生更应主动走出自己的情感世界,多与同学相互沟通。其次,大学生建立良好的同学关系,提高社交能力,在很大程度上取决于对自己情绪的调节和对他人情绪情感的把握。乐观、热情、自尊、自信是人际间产生相互吸引的重要条件,能使彼此间心理距离缩短、情感融洽;而自卑、情绪压抑、爱发怒的人,往往不能与他人正常相处,难以沟通,使人与之疏远。因此,大学生要有意识地进行一些社交技巧的训练,通过社交技巧的获得,社会化程度的提高,可以在社会交往中得到更多的正向反馈,培育积极的人际交往体验。大学生在这个过程中可通过与周围的人保持友善的关系而获得社会支持。遇见挫折和困难时,良好的社交技巧、多层次的社会支持,会使个体获得克服困难的能力,从而减少无助感,有效地减少负面情绪对心理健康的影响。

(三)实施有针对性的精准干预

在日常学生工作中,大力普及心理健康知识,引导大学生树立现代健康观念,对学生中广泛存在的适应问题、学习困难问题、情绪管理问题、人际交往问题、恋爱与性的问题等开展有针对性的心理健康教育。通过班团活动、讲座培训等途径,开展形式多样的心理健康教育活动,在学校形成良好的心理健康氛围,帮助学生优化个人心理品质,增强心理调适能力,提高心理健康水平。

注重新生“逆商”的培养,帮助学生科学地应对挫折和压力,增强心理素质。教育学生首先要面对现实,认清压力源,感知自我的情绪状态,明确自己的工作目标;其次及时调整工作或学习计划,将比较困难的目标分解为不同的子项目,从而循序渐进完成目标。另外,在应对挫折和压力的时候,引导学生多与家人、老师和同学沟通,寻求社会支持,吸取他人的成功经验,通过不断的学习提高应对能力,使自我变得更强大。

对于一些严重的问题,可以通过学业帮扶指导、团体辅导、心理咨询等专业途径,为新生提供有针对性的帮助。

四、心理危机应对

心理危机是指个体在遭遇突发事件或面临重大挫折和困难时,当事人自己既不能回避又无法用自己的资源和应对方式来解决而出现的心理反应。一般而言,危机有两个含义:(1)出乎人们意料发生的突发事件,如地震、水灾、空难、疾病暴发、恐怖袭击、战争等;(2)人所处的紧急状态(即危机状态),当个体遭遇重大问题或变化发生使个体感到难以解决、难以把握时,平衡就会打破,正常的生活受到干扰,内心的紧张不断积蓄,继而出现无所适从甚至思维和行为的紊乱,进入一种失衡状态。

一般来说,大学生新生面临的心理危机主要有重大生活事件(亲人离世、父母离异等)、个人发展受挫(考试不及格、延期毕业、考研就业失利等)、人际交往困境(失恋、社交障碍等),以及严重的心理疾病如抑郁症、双向情感障碍、精神分裂症等诱发的强烈心理痛苦,并伴有自残、自伤、伤害他人,甚至自杀等危机行为。

事实上,我们体验到的心理危机状态并不是完全来自个体经历的危机事件本身,而是因为个体意识到事件或情境超过了自己的应对能力。在应对心理危机的过程中,有的学生能够迅速做出恰当反应,寻找资源积极应对,不仅保障自己的学习生活不受影响,还能从中获得经验,使自我得到成长;有的学生难以获得恰当的资源处理危机,只能将这些痛苦通过隔离、压抑等心理防御机制封锁到潜意识中;还有的学生面对危机事件时手足无措,情绪崩溃,痛苦感强烈,社会功能严重受损,内心留下强烈的心理阴影,对其今后工作生活都造成严重的影响。

对大学生实施心理危机干预,首要的是发现危机。通常情况下,大学生面临心理危机,会表现出情绪异常,如烦躁、焦虑、恐惧、情绪易冲动,以及绝望、无助,情绪异常低落,严重失眠等,并且伴有行为异常,如出现轻生的念头或计划,讨论自杀方式,不明原因地给同学、朋友或家人送礼物、请客、赔礼道歉、道别等。

大学生群体,心理发育普遍不够成熟、心理承受能力较弱,且缺乏社会经验,因此家长、老师、同学应形成合力,加强监护,给予学生关心和陪伴,帮助其接纳现状、表达情绪、寻求专业的心理咨询和心理治疗,缓解心理痛苦,最终度过危机、获得成长。

第八章

大学新生学习生活的治理系统

大学新生学习生活治理体系和治理能力现代化，是教育治理体系和治理能力现代化的重要组成部分，也是推动新生教育内涵式发展的必然要求。进入新时代，推进大学新生学习生活治理，就是要全面把握新生学习生活治理的科学内涵和理论特征，不断探索大学新生学习生活良好治理的实践路径。

第一节　学习生活的教育管理

大学新生学习生活教育管理是高校教育管理工作的重要组成部分，是高校根据其培养目标和高等教育的特点，以大学新生为教育对象，围绕新生学习生活中过渡性变化的需求，系统性、针对性、阶段性地组织开展的一系列教育活动。成功的大学新生学习生活教育不仅能帮助新生尽快适应环境与角色转变，使学生保持主动学习状态，有效提升学习生活质量，还能激发他们的内在潜能和成长动力，对其今后的学习和发展产生重要影响。在深化高等教育体制改革、创建“双一流”大学的背景下，对大学新生开展系统的新生教育，帮助大学新生“系好第一粒扣子”既是大学生成长道路上的内在要求，又是高校立德树人工作的重要起点。梳理我国高校中常见的新生教育内容与模式，总结典型经验，反思不足之处，为大学新生学习生活的教育管理提供历史依据与经验借鉴，以促进未来我国高校新生教育的良性发展。

一、学习生活教育的发展及类型

中华人民共和国成立的初期便出现了“大学新生教育”的雏形。在该时期，新生入学时，高校一般会开展为期 1 ~ 2 天左右的新生教育，持续时间往往较短，主要包含新生课程教育、生活等具体事务以及学校规章制度（如住宿、餐饮、奖惩制度等）的宣传等内容，但是无法满足学生的成长需要。随着高校扩招，新生规模不断扩大，学生类型逐渐多样化、教育管理工作逐渐复杂化，高校的教育工作者在工作实践中逐渐注意到新生在入学后出现的种种问题，于是出现了“帮服模式”。在这个时期，对个别学生存在的特殊问题的帮助与咨询工作趋于普遍化，高校开始设置与新生学习生活有关的教育内容。

21 世纪以来，随着我国经济的迅猛发展，对高校教学质量和人才培养质量的要求不断提高，大学生人数规模不断扩大，大学新生群体的特性和要求都发生了不小的变化。为适应新形势，国内各高校纷纷对新生教育进行拓展，此时，普遍将国内高校的新生教育定位为学生的阶段性教育，通过制定具有的特色的新生教育计划和方案，采用“教育周”或“教育月”的模式，帮助学生实现由中学到大学的顺利过渡。此阶段的大学新生教育，除了传统的迎新工作之外，还涵盖服务性事务，如报到、户籍转移等。在新生入学后，通过编发实物资料、面对面教育等方式，围绕学校规章制度、新生学习、新生生活等方面开展教育活动，该教育活动通常维持1~4周。

近年来，新生教育也在教学研究和教学实践改革中不断探索，并深入发展，在"以人为本""全面发展"等先进教育理念的指导下，国内高校对于新生教育的定位向注重学生长期成长发展的方向转变。新生教育的时间自新生入校之日算起，一般为一年，学校全面、系统地规划设计教育内容，并由学院等二级单位和各部门分阶段实施。教育内容涉及入学教育、适应引导教育、发展规划教育和专业认知教育等方面。从总体上看，这一时期的新生教育开始关注学生的需求和利益。其目的，一方面是帮助新生能够尽快适应和融入新环境，以良好的精神状态投入大学学习生活；另一方面是对新生进行生涯发展规划和指导，确立合理目标，充分利用大学时间。此时的大学新生学习生活教育，包含在上述新生教育体系中，是我国特定时期社会与教育需求的产物。教育内容主要包括新生专业技能的认知与学习、学业辅导等内容，但仍然是对于课程学习、专业学习发展的简单教育与辅导，由于对新生学习生活的认知不够充分，无法有效促进新生的学习生活质量提升。

在不同的历史时期，起着"承上启下"作用的大学新生教育，一直以来都是高校较为重视的"第一节课"。新生教育模式尚未形成统一有序的类型。往往结合高校本身的办学性质、行业特色、历史渊源等特征开展新生教育，我国学者白华等认为新生教育的主要内容集中在品行教育、军事教育、奖助教育、政治教育、专业教育、生活指导、课业指导方面。大学新生教育是指在新生入学一年级时期，采取一定的教育方法，重点通过新生认知教育，促进新生适应大学生活，从而实现自我转变，为新生可持续发展奠定扎实的基础。长安大学的"六个模块"方法就是教育方法的一种，其中"六个模块"是指：入学与适应教育、素质与养成教育、专业与职业教育、学风与学务教育、发展与成长教育、奖励与资助教育。韩宇认为新生教育的内容大致可以概括为入学基础教育、适应引导教育、发展规划教育等三个阶段，具体内容涉及学生思想政治教育、理想信念教育、校规校纪及校情校史介绍、环境适应教育、心理健康辅导、学业辅导、专业认知教育、职业发展与生涯规划教育、国防素质教育等方面。从高校新生教育实践主体来看，大部分学校的新生教育工作主要由学生工作部门、二级学院负责，根据新生所处的不同阶段实施不同的教育活动。陈晓斌等从心理学的角度对大学新生教育模式进行了诠释，认为新生教育应主要包括目标规划教育、自我认知教育、自主学习教育、人际交往教育以及道德观念教育五个方面。巩少媛通过对大学一年级的新生进行问卷调查与访谈，提出高校应进行体系化的新生教育，其教育内容应该包括：入学基础教育、思想道德教育、适应能力教育、专业思想教育、学习目的与方法教育、职业生涯教育等六大方面。

国外高校探索新生教育模式的时间较长，经验更为丰富。如美国高校的新生头年计划已经形成较为规范的流程与内容。早在1986年，全美入学指导管理者协会联合美国标准促进委员会共同出版了《学生服务和学生发展指导纲要》，列举了18项涉及新生教育的具体内容，主要包括向学生介绍学校情况、提供信息与技术支持、组织开展课外活动、培养学生学习兴趣、个人安全教育及新老生交流会等，以促进新生学术性和适应性的共同发展。此项工作在帮助新生成功完成高中向大学转变、提高美国大学学生保留率等方面发挥了巨大的作用，现已被英国、日本、澳大利亚等许多国家学习与借鉴。

澳大利亚的大学也非常关注新生教育，为帮助和引导学生成功实现角色转变，开展了各具特色的FYE(First Year Experience)教育内容，其中较为典型的新生教育模式分为三个部分：第一部分以帮助学生正确地选择专业与课程为目的，第二部分以帮助学生适应和熟悉大学生活和学术文化为目的，第三部分以促进学术文化和学术课业相结合为目的。第一部分往往在新生进入大学之前就已经启动实施，一方面为高中毕业生提供提前了解大学、熟悉校园环境的机会，帮助高中生加深对大学专业及课程的认识与了解；另一方面通过为新生配备专业的辅导员老师，实施入学前项目如信息交流活动及社交聚会等，帮助学生认识新同学、结交新朋友，从而激发其对大学的向往之情。第二部分的活动集中在“入学适应周”开展，通过组织开展学生支持日、校园参观活动、学术适应项目、适应周社交等，帮助学生对校园文化生活有更加深入的了解与熟悉。第三部分主要是为强化新生在大学期间的学习能力而推出的时间更持久的学习项目。澳大利亚大学实施的三阶段新生教育符合新生的心理特征与认知规律，通过阶段性的项目安排，稳步提升新生的适应、调节、学习、社交等能力，收到了良好的教育效果。

我国台湾地区高校在新生教育方面，推出了“新鲜人守护神计划”。把刚入校的大一新生视作“新鲜人”，每15～20名左右的新生配备一名“守护神”老师。守护神老师由专任教师或资深管理人员担任，他们通过聚会、座谈、聊天、组织参观、比赛等各种形式，定期与被守护的新生进行联系与交流，帮助新生尽快适应大学生活，探索未来职业生涯与专业发展，其所做工作被纳入教师服务成绩考核。这种“新鲜人守护神计划”类似于“导师制”，成为具有代表性的新生教育工作模式。其优势就是调动了大量师资力量参与到新生教育中，为新生提供一对一、有针对性的指导。

中华人民共和国成立初期就已经有了大学新生教育的雏形，并经历了由“迎新”向“帮助”，再到“集体宣讲”模式的发展演化。伴随着我国高等教育体系的发展，大学对于新生教育的重视程度也与日俱增。梳理近代中国的新生教育历程，可以将新生教育的内容概括为以下几个方面。

（一）新生适应性教育

1. 新生适应性教育的理论依据

由美国心理学家亚伯拉罕·马斯洛于1943年在《人类激励理论》论文中提出的“马斯洛需求层次理论”是人本主义科学的理论之一。该理论将人类需求从低到高按层次分为五种类型，分别为生理需求、安全需求、社交需求、尊重需求和自我实现需求。根据马斯洛需求层次理论，当处于较低层次的需求被满足后，就会向更高一层次发展，追求更高一层次的需求就成为驱使行为的动力。这对于开展新生教育工作的启示是，当个体从生理需要和安全需要等较低层次需要的控制下解放出来时，更高级、社会化程度更高的需要才可能产生，如爱和归属感的需要等。因此，在开展新生教育工作的时候，应首先着眼于新生最迫切、最渴望的需要，对此进行重点关注和给予政策支持，在此基础上才能对新生教育工作进行更深层次的推进。

我国著名教育家潘懋元先生以他提出的教育内外部关系规律理论为基础,形成的全面发展教育思想和素质教育理论,对我国教育学科建设、高等教育的深化改革发展做出了重大贡献,成为当前高校开展新生教育工作的理论依据之一。潘先生认为教育有两方面功能,一是促进人的发展,二是促进社会的发展。从教育内部看,教育作为培养人的活动,必须全面地协调德育、智育、体育、美育,使学生全面发展;从教育与社会的关系来看,教育要受社会的经济、政治、文化制约并对经济、政治、文化的发展起作用,以此对整个社会的发展起作用。教育内部关系规律的运行,要受外部关系规律制约;教育外部关系规律要通过教育内部关系规律起作用。潘先生认为教育的价值,首先在于提高全民族的素质,培养合格的公民;其次在于提高人才的全面素质,促进受教育者德、智、体、美几个方面的和谐发展。也就是说,教育工作要面向全体学生,促进学生个体全面发展。

2. 新生适应性教育的主要内容

新生入学后,首先面临的就是适应环境的问题。环境是指围绕在人身边并给人以某种影响的客观存在,即人类活动赖以进行的自然、社会和文化条件的总和。大学的学校环境是一个综合的环境系统,它包含了物质环境、组织环境、文化环境、制度环境、人际环境、网络环境和其他环境。在新生适应性教育实施过程中,物质环境是基础保障,文化环境是重要内容,制度环境是有力保证。所谓"适应性",是指个体在来到新的环境后,由一开始对外界环境的陌生与谨慎状态,到经过了解与接触后逐渐产生信赖、熟悉情绪等的状态,最后达到身心与外部环境相平衡的和谐状态。由此可见,适应不仅仅指个体行为对外界条件变化的适应与遵守,也包括个体在心理层面对新环境产生的安全满足、舒适自在等情绪体验。一般来讲,新生的适应性教育自入学报道就已经开始,持续时间为几周至几个月不等。

大学新生通过高考,从原先熟悉的环境来到全新的陌生环境。宏观来看,新城市的地理位置、风土人情、饮食文化、经济发展水平、交通要素等等因素对新生来说都非常陌生。在陌生的城市开启四年的大学生活,需要对大学所在的城市进行"适应",这就需要新生在入学之前就对大学所在城市着手了解。在互联网发达的今天,新时代"00 后"大学新生可以通过各种类型的 APP 程序、贴吧、论坛、微信公众号等渠道获得相关信息。中观层面上,新生从熟悉的高中校园来到新鲜的大学校园,也需要"适应",包括适应大学的校情校史、校规校纪、校园建筑、风格布局等校园"硬文化";适应大学的食堂饭菜、宿舍的集体生活、自主的时间节奏、自由的交友氛围等校园"软文化",以及适应校园安全教育、形势政策教育、军事国防教育、思想政治教育、课外实践活动等教育类活动。目前,我国大部分高校在新生入学报道周中,已经形成了较为系统和完备的新生教育模式与流程。学校由注册报道后,统一组织新生参观校史馆、图书馆、文化馆等校园主要建筑,进行校规校纪、安全教育、形式政策教育、奖励与资助教育的宣讲,开展军事化训练、优秀寝室创建、辅导员一对一见面等活动,以帮助新生尽快熟悉校园环境、适应大学校园生活。最后,在微观层面上,作为大学新生需要在心理层面进行自我适应与角色认知,如认知自己的大学生身份、自己 18 岁的事实、自己可以独立做出某些决定而非依赖父母的现状,也就是心理学上所谓的"心理断奶"。在新生入学后,大学会组织针对新生的心理状况普查、心理健康知识讲座等,摸清新时代"00 后"大学新生的心理状况与心理诉求,及时发现心理存在问题的学生,帮助学生进行角色的认知与转变。

3. 新生适应性教育的典型案例

1)西安交通大学"书院制"

西安交通大学实行本科生"书院制"的管理模式,通过营造温馨的社区环境和良好的成长氛围,致力于为学生提供专业化、个性化的第二课堂及入学咨询服务,在新生入学后的适应过程中形成了以"南洋书院"为代表的实践模式。南洋书院包含电气学院、电信学院、公管学院以及少年班等,具有管工结合、传统优势学科与新兴学科结合、传统录取与特殊录取结合的特色。在南洋书院的第一阶段教育中,新生会参加专业认知班会、教师专题讲座、学院开学典礼、学习方法培训、校内外实践参观、专题班会素质拓展、心理健康知识讲座、朋辈课业交流等一系列适应性教育教学活动。经统计,南洋书院2014级新生对适应教育活动的总体评价较好,选择"非常满意"和"满意"的学生占74%。通过第一阶段的适应性教育,学生普遍能较正确地认知自我,自觉调适心理,尽快转变角色,新生入学后的适应性教育工作收效良好。

2)浙江大学"新生入学教育月"项目

浙江大学实施的"新生入学教育月"项目,建立了短期教育与长期教育相结合的教育机制,以促进新生在入学后能够尽快适应大学生活。自新生报到后,学校实行有计划、有组织的短期集中培训,让新生尽快适应大学生活、融入校园环境。此外,浙大还推出了面向全体新生的"新生养成教育 MOOC(慕课)课程",助力新生融入大学校园。在报到前1个月左右,新生便可通过网络平台学习新生养成教育 MOOC(慕课)课程,在入学前获得本科生第二课堂活动的0.5学分。课程以"00后"学生感兴趣的闯关式形式展开,分设浙大初印象、校园补给站、漫漫求知路、在浙亦在乡、未来任我行、规矩成方圆、活动全能秀、浙里正青春等八大章内容,使新生入学适应工作发挥作用。

(二)新生引导性教育

1. 新生引导性教育的理论依据

根据马斯洛的需求理论,当处于较低层次的需求逐渐满足后,处于较高层次的需求[如情感和归属感的需求(社交需求)等]就会显现出来,对于新生来说,其主要表现为对友情、爱情以及隶属关系的需求与渴望。因此,在新生对环境进行了较为充分的了解与适应后,新生引导性教育的开展工作随即而来。

人们在接受外界事物的不同刺激时,往往对第一刺激反应的强度和灵敏度更大,这就是心理学上的"首因效应",也称"第一印象""首次效应原理"。根据这一理论,在人们初次接触或认知某些事物的过程中,最先进入大脑的信息容易对形成知觉印象产生最大影响。不管正确与否,第一印象总是鲜明牢固的,往往左右着知觉者对他人或事物的评价,也就是通常所谓的"先入为主"。大学新生在新入学时,周围一切环境对他们来说,都是新鲜刺激的,未曾经历过大学生活的新生可塑性比高年级的学生更强。因此,在新生入学后进行科学、合理的引导性教育,能够产生良好的"首因效应",从而帮助新生更快更好地适应大学生活。

2. 新生引导性教育的主要内容

引导性教育就是要在新生的思想与观念上,对其进行引领,在新生的行为与习惯上,对其进行指导,将行为规范"内化于心、外化于行",进一步加深新生对大学生活的适应程度以及实现个体政治社会化的过程。新生引导性教育主要包括政治上的引领、学业与专业的认知以及人际交往上的指导三大方面，伴随着新生入学适应性教育的开展，引导性教育工作应陆续启动。

我国大学新生教育具有鲜明的中国特色。用科学的理论武装学生头脑、用正确的思想引领学生成长是思想政治教育的根本任务，也是高等学校教育的重要内容。例如，1961 年 9 月 10 日，中国人民大学举行新学年开学典礼。吴玉章校长在会上讲话，阐述了“红”与“专”的关系。受当前国内外政治、经济、文化等因素的影响，各种良莠不齐的观念正在削弱社会主义核心价值观的感召力与影响力，大学新生在人生黄金阶段初步形成的“三观”受到了强烈的冲击。通过开展思想政治教育工作、丰富多彩的党团活动、爱国主义教育、红色革命教育、学生干部培训等教育实践活动，帮助新生树立正确世界观、人生观、价值观，帮助大学新生“系好第一粒扣子”。

新生引导性教育具有“首因效应”，对于大学的学习具有基础性作用。在我国当前的教育环境下，高中教育与大学教育衔接不紧密的现象仍然存在。大部分学生在入校之前，对大学里的专业情况、学科领域、师资力量、就业前景、职业生涯、创新创业等学业相关信息知之甚少，而社会上存在诸如“冷门专业就业难”与“热门专业挤破头”等不良舆论，则更在一定程度上加重了新生专业冷漠、学业萎靡的情绪。正确的专业认知、科学的学习方法、明确的职业目标能帮助新生树立远大志向，促使其进取与奋发，成为新生学习动力的重要源泉；没有目标的学习则使新生意志迷惘、精神消沉，长此以往会导致其无法顺利完成学业，原本是“天之骄子”的学生因为荒废学业而误入歧途，甚至滑向犯罪深渊的报道并不少见。因此，这就需要高校教育工作者把握住新生入学这一黄金阶段，通过主题班会、专业认知教育、朋辈学业交流、专业教师解读、新生研讨课等一系列方式，在第一时间内帮助新生解构对教育的误读、重构学习的意义、正确认知学业与专业的关系，这样才能为其大学四年的顺利学习生活奠定良好的基础。

美国著名心理学大师卡耐基曾指出，若想在职业、事业、生活等方面更上一层楼，85% 取决于人际关系，而仅有 15% 取决于知识和技能。基于大学新生的认知结构和年龄特征，他们在社交关系上表现出较为复杂的特征。首先生理较为成熟但情感波动较大，这是由于大学新生属于生理发育已经趋于成熟，体貌特征都已经接近成年人，体力充沛、思维敏捷，但是由于性激素的旺盛分泌，使得大脑皮层和皮层下中枢之间出现暂时的不平衡，易产生情绪波动，往往导致他们既渴望自立而又过度依赖，既渴望尊重而又自感自卑，既渴望成才而又行动不足。其次，大学新生易产生情感依附与转移的倾向。中学老师的保姆式教育、家长无微不至的关怀、关系紧密的同窗情谊在进入了大学后发生了变化，使得新生不得不重新审视自我与他人的关系。基于该情况，需要对新生的社交技能进行引导性教育，可通过优秀寝室创建、班级联谊活动、社团交流活动、志愿服务活动、心理健康讲座、主题团日活动等方式，帮助新生在正确认知自我的基础上，对友情、爱情、师生情谊等关系进行正确的认识与应对，构建与他人良好的关系，促进自身人格的丰富与发展。

3. 新生引导性教育的典型案例

1）哈工大的 MOOC（慕课）模式

2015 年哈尔滨工业大学设计了一套较为完善的“大学新生教育”项目课程，并于 2016

年秋季学期在好大学在线平台上以校内课的形式发布，选课量达到了99.8%。该项目整合了全部的教学资源，以学生喜闻乐见的授课方式，结合校园信息化建设，引入了MOOC(慕课)教育方式，巧妙地将大学课程学习、项目学习、第二课堂学习等三种学习方式与校内育人体系无缝链接，收到了良好的教育效果。哈工大的MOOC(慕课)教育方式(图8-1)已经嵌入校内迎新系统，实现了新生教育的全覆盖；运用翻转课堂，提高了学生的主动参与性；实行分组管理，搭建起师生沟通的"心桥"，从而将适应融入教育、大学文化教育、专业认知教育、学习方法教育、创新创业教育、综合素质教育、心理健康教育、人生规划教育进行系统化整合。

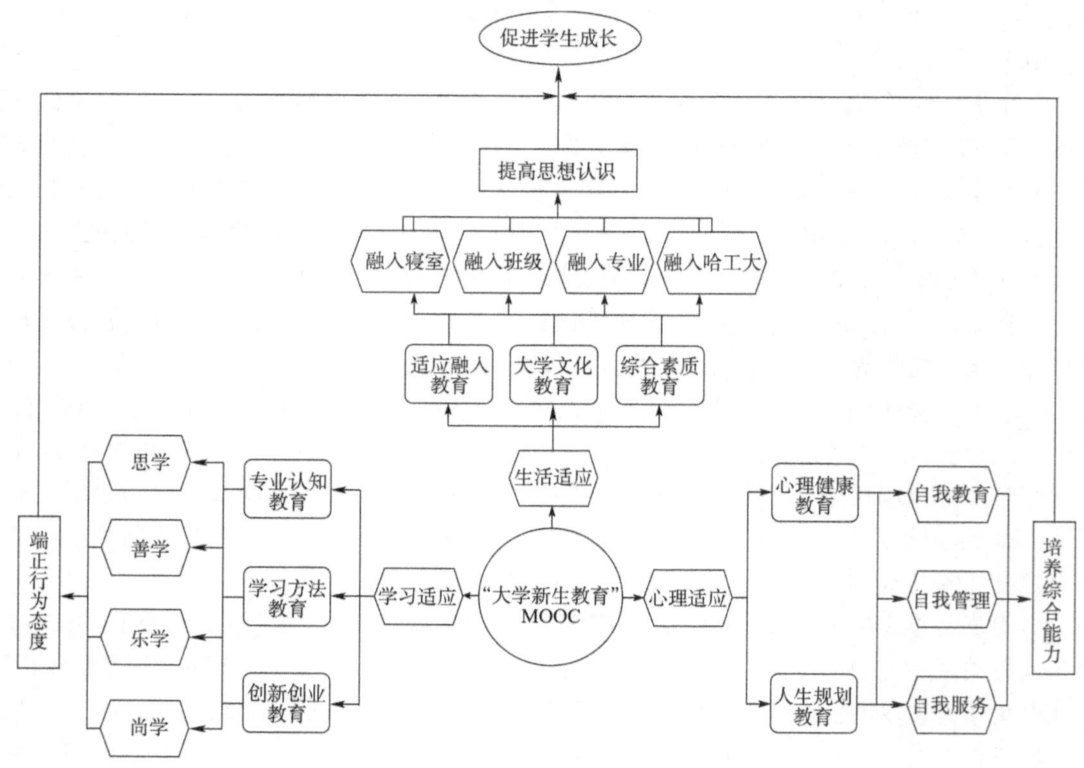

图8-1　哈工大"大学新生教育"的MOOC内容体系

2)北京大学"新生教育工作坊"项目

为帮助新生更好地融入班集体、适应大学生活，建立稳定和谐的人际关系，北大心理健康教育与咨询中心推出了"新生教育工作坊"项目。深入院系开展"朋辈辅导工作坊"，共同探讨心理成长与人际关系健康发展的话题，为新生带来在课堂中无法获得的成长体验。通过朋辈团体辅导骨干的力量，在全校所有院系举办新生适应、大学生涯设计、学业管理、人际沟通、冲突管理、情绪管理、压力应对、考试焦虑应对、网络成瘾应对、恋爱指导、艺术治疗体验等10余个主题的工作坊项目。同时推出"心理健康精品讲座走进院系"项目，在不同的时期，根据不同的学生群体设计讲座内容，安排专业人员深入院系，为学生做主题讲座，内容覆盖了环境适应、自我探索、人际交往、恋爱指导、时间管理、情绪管理、冲突管理、压力应对、生涯规划以及生命教育等10余个主题。

(三)新生发展性教育

1. 新生发展性教育的理论依据

马克思认为,人的全面发展具有二重性。一方面是个人的全面发展,另一方面是人类的全面发展,两方面相辅相成、互相补充。人们通过能动的创造力克服客观方面的障碍,实现自我的价值,才能实现真正的积极的自由。人们必须实现全面发展,这是自由发展的前提和基础,而人的自由发展是人的全面发展的目标和归宿。全面发展包含的内容很广泛,主要有四个方面:个人社会关系、个人需要、个人实践、个人素质。因此,大学新生要实现全面发展,不仅要克服主观世界和客观环境的重重障碍,还要不断提高个人在社会关系、能力、素质以及个性等方面的实力;整个社会的发展又以新生等的个体发展为前提,只有教育新生实现全面发展,整个社会才能实现全面发展。

2. 新生发展性教育的主要内容

伴随着新生入学适应教育和行为习惯的引导性教育的开展,以及新生教育工作的逐渐推进,发展性教育作为帮助学生明确自我认知和目标规划的手段,其重要性开始凸显出来。古希腊的著名格言“认识你自己”强调了正确的自我认知的重要性。美国心理学家埃里克森提出了人格发展理论,他认为大学阶段的学生正处于人格发展的第五阶段,即自我同一性阶段,面临的主要问题就是自我同一性与角色混乱之间的冲突。进入大学之后,随着自我意识被唤醒,大学新生有了更多自由时间去思索“我是谁”“我在哪”“我要到哪里去”等形而上学的问题。当本我、自我与超我发生矛盾与碰撞时,学生难免会产生焦虑与苦恼。因此,帮助新生进行正确的自我认知,在心理认同的基础上,保持良好的身心状态与情绪上的稳定性,有助于学生进一步认识自我、完善自我,从而促进人格的全面发展。

美国心理学家洛克提出了“目标设定理论”,他认为目标本身具有激励作用,能够将人的需要转变为动机,促进人们的行为朝着一定的方向努力。目标有两个最基本的属性:明确度和难度。只要确定了目标的清晰可预见性和难度的可把握性,就会激发出人们对于结果的巨大动力。但是对于大学新生而言,在经历过“千军万马过独木桥”的高考之后,一旦没有了往日繁重的学业压力,就很容易出现丧失目标的情况。容易表现出茫然苦恼、紧张焦虑等消极的状态。针对这样的普遍现状,如何帮助新生确定新的目标、做好目标规划工作,成为新生教育中的重要内容。

3. 新生发展性教育的典型案例:长安大学的“六板块”

依据马克思关于人的全面发展思想,针对高中毕业生素质发展不全面、部分能力缺少等问题,长安大学采取的全面化、系统化的新生素质与养成教育模式具有可借鉴性。通过组织大学新生参加学校安排的军事训练、安全培训、文化熏陶等一系列新生教育的课程或相关活动,提高其在人际交往、时间管理、安全自救以及自我管理方面的能力,实现其自身全面发展。此外,长安大学还从认知维度、方法维度和情感维度等“三个维度”,物态文化、制度文化、行为文化和心态文化等“四个文化层面”,设计了大学新生入学与适应教育、素质与养成教育、专业与职业教育、学风与学务教育、发展与成长教育、奖励与资助教育等六个教育模块,统筹规划为期一年的新生教育工程制度。在近十年的实践与探索过程中,长安大学形成了系统的新生教育制度,奠定了新生良好的发展基础,凝练了理念新颖的新生教育理论,构建了一套社会认可的新生教育模式。

二、学习生活教育管理的国内外比较

国内外在大学新生学习生活教育的教育目标、教育内容、运行机制、教育主体、发展水平等方面存在一定的差异。分析和对比这些差异，有助于更好地观察和借鉴国外大学新生的学习生活教育的有益经验，为我国大学新生学习生活教育的改进和发展提供有益的参考。

(一)新生学习目标和生活教育目标的差异

从20世纪90年代初开始，我国新生教育主要以解决新生生活中的基本问题为主，没有过多关注学生的学习生活。21世纪以来，我国新生教育的内容不断增加，但受教育目的价值取向的影响，学校学习生活的根本追求也表现出相应特点，即关于新生学习生活的教育趋向工具化、实用化。同样，随着高等教育使命以及学生事务管理者“学生观”的变化，美国新生学习生活教育的目标也随之改变。20世纪50年代，新生学习生活教育活动主要关注学生的“社会需要和个人需求”；而后，则转变为强调学生的“学术原则”和“高等教育使命”；随后又日益强调将两方面结合起来，即“帮助学生在‘社会方面’和‘智力方面’均过渡到大学环境中来”。

(二)新生学习生活教育内容的差异

美国大学新生教育的内容结构随着新生群体的需求而变化。随着时代进一步发展，出现了从“以新生事务教育”到“新生辅导课程的升级”。我国的新生教育除了常规的校史校规教育、职业发展教育、安全健康教育、心理健康教育、日常管理事项外，还包括思想政治教育、理想信念教育，军事训练和国防教育。但是，一般不提供学习社区和新生研讨会等服务，而只提供宏观层面的专业认知教育。

(三)新生学习生活教育主体的差异

通过比较可以发现，美国大学新生的学习生活教育已经形成了一支稳定的、专业化的教育队伍，实现了学生发展专业化、大学教师教授化、课程管理者化和大学院系化的广泛参与。我国高校新生教育管理团队则很少经过相关的专业培训，培训大多是由“有经验的”老师讲授，参与者包括学校领导、辅导员、系主任、新生班主任等，这些都对我国新生教育的发展和完善产生了一定的影响。

作为大学生升入大学的第一阶段，新生学习生活教育在整个大学教育中起着不可替代的作用。目前，对标社会培养德智体美劳全面发展人才的要求，我国新生学习生活教育的发展状态还有着进步空间，需要在理论与实践的基础上进一步优化和完善。通过上述对我国和美国大学新生学习生活教育的差异，我国的新生教育应更加重视新生的学习生活教育，切实提高人才培养质量；丰富新生学习生活教育内容，通过暑期招生教育和新生研讨班，充分调动他们的积极性；优化教育环境，建立专业的新生教育管理团队等，从而更好地促进新生的持续发展。

三、学习生活教育模式存在的问题

经过近几年的发展，尤其是随着“学生事务管理”概念的出现，高校新生学习生活教育在理念与内容上进一步系统化发展,学生对大学校园生活的适应与学习生活的认同不断增强。通过对国内外现有大学新生教育内容相关文献资料的梳理,可以发现当前国内关于新生教育内容的研究和实践尚存在不足之处,有待进一步优化完善。

(一)重“部门作战”、轻“协作创新”,导致主体力量薄弱

在我国高校中,学校、学院、学生三个层面分别属于几个不同的管理系统,相互之间的交叉部分较少,每个系统中实行的都是分层管理。学校层面的管理机构并不直接面向学生,而是通过学院面向学生。不同层面上的学生事务管理机构是一种平行、合作的关系,而没有隶属关系,在新生教育方面也沿用了这一“多线平行”的工作体系。目前我国高校中指导新生教育的主体部门多为学生工作部门(学生处或学工部),二级院系为组织实施者,然而与新生教育相关的部门不只有学工部,校团委、教务处、党政办等各个职能部门都需要系统性参与。因此,目前我国新生教育模式可能存在着制度性与系统性不强的现状,没有形成完整统一的制度体系,未能形成连续性和连贯性的系统布局,导致工作较为分散,难以形成合力,协作性不够强、主体力量较为薄弱。

(二)重“管理教育”,轻“引导服务”,导致活动形式单一

受尊师重道的观念与传统行政管理模式的影响,尽管目前高校中提出“以人为本”的教育理念,倡导“素质教育”的方式方法,但在实际操作中,高校可能仍以学校工作为主线,忽视精细化管理,重宏观指导、轻细节把控的工作方法依然延续,因此新生教育更倾向于对学生的“管理教育”,而不是“引导服务”,甚至有时会出现管理大于服务的情况。以新生入学适应周为例,在新生入学后,各二级学院会组织本学院开学典礼仪式,开展校规校纪与校风校训教育、形式政策教育、安全教育等较常规的教育内容,采取讲座等“灌输式”的教育方法,活动形式与内容往往较单一,育人效果不佳。

(三)重“适应引导”,轻“发展成长”,导致育人效果不佳

当前关于新生教育的探索主要从理论分析与实践经验两方面进行宏观研究,聚焦新生教育内容的具体研究较少。目前新生教育的研究与开展,主要集中在新生入学教育、心理健康教育和适应性教育三大方面,具体涵盖思想政治教育、理想信念教育、校规校纪及校情校史教育、环境适应教育、心理健康教育、学业辅导教育、专业认知与生涯规划教育等诸多方面。但教育内容多停留在对学生认知的层面,即只是让学生了解相关教育的内容,对学生情感以及能力方面的深层次教育较少。究其原因,不难发现,适应引导教育内容多“有章可循”“有法可依”,但涉及学生深层次心理发展诉求的成长与发展教育往往因人而异、较难实行。且从育人效果来看,由于人的发展成长难以一蹴而就,这就导致短时间内难以检验出新生教育育人成效。

(四)重“短期教育”,轻“长远规划”,导致活动层次模糊

在我国现行的高考制度下,高中毕业的学生对即将到来的大学生活的了解大多为“道听途说”型,即可能来源于高中老师关于“大学是不必好好学习的天堂”的言论;父母长辈关于“大学是象牙塔”的言论,网络上关于大学的种种消息。这种高中与大学认知衔接不畅的现状,无疑对新生带来了一些不好影响。为了缓解高中与大学衔接不顺的现状,很多

高校在推行新生教育时,易出现“欲速则不达”的情况。由于过于重视对新生在入学初期内的“第一印象”,投入较大精力开展短期的新生适应性教育。但是,受经费、人员、时间、组织保障等的限制,这种“三分钟热度”的现状却不能持续较长的时间,短期的入学适应周结束后,新生教育“销声匿迹”的情况并不少见。重“短期教育”、轻“长远规划”的新生教育安排,使活动内容集中在入学前的几周或者几个月中,忽视了新生教育的可持续性与科学发展性。

(五)重“共性教育”、轻“需求差别”,导致精细化服务欠缺

自20世纪90年代末我国实行高校扩招政策以来,每年进入大学的人数呈大幅度递增趋势,我国的高等教育迈向了大众化教育阶段。然而,师生比例失衡的现状在部分高校中依然存在,尤其是辅导员老师与学生的配比存在较严重的失衡情况。在繁重的工作量下,为了推进新生教育的实行,作为基层落实部门不得不采取“撒胡椒面”式的平均覆盖,忽视了新生群体中存在着的来自不同生源地、不同民族背景、不同学科分类乃至不同性别等差异。较少采用“一对一”或者“一对几”的精细化管理方法,强调“全部覆盖”“共性教育”,忽视了“不同需求”“精细管理”。这种粗放的新生教育手段,只能在一定程度上起到“蜻蜓点水”的作用,未能充分干预到新生内心深处与精神层面。

四、学习生活教育模式的创新发展

纵观新生教育的发展,其呈现出多样化的模式与方法,实施氛围也可谓轰轰烈烈。但对这些做法也要进行反思与总结,不断创新与探索,才能形成科学的发展理念。

(一)新生学习生活理念的转变

就高校内部而言,学生日益增长的学习、成长需求与有限的教育资源之间的矛盾是主要矛盾之一。这是由于目前我国大学新生教育仍停留在学生事务管理阶段,在管理理念上尽管提出了“以人为本”与“科学发展”的理念,但是全员育人与全局育人的观念不够坚定,新生教育工作者的身份更像是“管理人员”而非“学生发展教育者”,重视行政管理工作,忽视了学生的发展教育。因此,我国高校开展新生教育工作,应首先在观念上进行转变,借鉴美国新生教育全面、系统、生态化的思维,将新生教育的主体从以往“教师管理”转向“师生共治”,实现新生教育从“管理”向“治理”的转变。

其次,高校新生教育工作者应充分把握新时代“00后”大学新生的心理特征。当前“00后”青年学生是大学校园里的主要人群,他们表现出与其他年龄段人群不同的时代个性。在世纪之交中成长起来的新一代青年学生已经不再囿于大学的“象牙塔”,他们身上往往体现着行为独立与心理依赖、梦想成功与逃避失败、个性鲜明与“佛系”淡然等既矛盾又复杂的时代特征,然而高校中新生教育呈现“轻重分化”的现状,反映出当前“撒胡椒面”式的粗放覆盖,只能起到“蜻蜓点水”的效果,未能充分滋养和满足新时代青年学生内心深层的需求与渴望。这就要求高校教育工作者充分了解新时代“00后”青年的心理与行为特征,把握他们内心深处最真实的发展诉求,通过开展符合新生心智年龄、思维习惯且被学生们喜闻乐见、津津乐道的新生教育活动,切实将新生教育工作做到实处。

(二)新生学习生活理念系统的视角

梳理过去的工作经验不难发现,新生教育开展的系统性考量欠佳。高等教育教学综合改革的核心是提高教育质量,质量的关键在于实现学生的全面和谐发展。新生这个特殊阶段的学习生活及其教育成效,影响到整个高等教育的成败。新生教育的目标是学生的成长,而成长应该是全面、有机、整体的,而不是片面、单一、零碎的,因此就需要系统化的思维设计。新生的生活就是以学业发展与素质提升为主,学习与生活融为一体,生活就是发展,而发展成长的过程就是生活。教育是促进学生成长的过程,大学初始教育的意义就是要使新生能从生活中学习,并把生活的条件变成一种境界,使学生的学习与生活紧密结合,避免生活的碎片化。此外,新生的成长发展是一个持续动态的过程,不能将新生与其他年级学生分开研究,要立足长远、着眼学生未来发展,用系统化思维审视新生学习生活与整个大学期间学习生活的关系,构建科学的教育系统,更好地设计新生培养教育方案。

其次,注重新生教育的系统性,就要实现全员育人,吸纳学生家长、专业教师、退休教师、高年级优秀学生、毕业校友和社会力量,构建学校、家庭、社会三位一体的育人模式。设立助理班主任制度,选拔高年级优秀学生担任班主任助理,发挥新老生自我管理、自我教育、自我服务的作用。

(三)新生学习生活教育休闲的视角

随着我国全面建成小康社会,“有闲社会”逐渐成为现实,人们将拥有越来越多的闲暇时间用于全面自我发展。对于初入学的大学新生来说,没有了繁重的课业负担,自然拥有了更多闲暇的时间。但是,很多高中毕业生进入大学之前,往往听说的是各种关于大学的“好”:没有人管着、没有繁重的作业、没有频繁的考试,可以自由支配自己的时间,做自己想做的事。一些新生入学后,刚开始的时候的确很自由,没有高中式的监管,整天疯狂地玩,好像是要把高中失去的时光全部补回来,全然忘记了什么是学习,什么是读书。中学时期有的学生对大学产生了一些误解,包括大学的学习、生活、专业、就业。在这种误解的影响下,新生感知到的大学生活是扭曲和片面的。一些原本优秀的学生很可能会迷失继续奋斗的方向,丧失学习动力,甚至于放纵自我、沉迷网络、荒废学业。大学新生教育就是要通过一系列的教育措施解构新生对大学的误解,扩展“认知视角”,更主要的是要教育学生学会利用好“空闲”时间,学会休闲生活,使其将“学会学习”“学会生活”“学会休闲”作为生活的意义。

(四)新生学习生活教育专业化视角

我国高校新生教育工作专业化程度有待提升。正如我国学者庆承松所言,新生教育工作专业化建设的当务之急,是强化其相对独立地位并对其进行专门研究与开发,建立新生教育专业化标准。新生教育的专业性包括新生教育队伍的专业性、新生教育内容的专业性以及新生教育方法的专业性。新生教育需要一支专职的领导组织和工作队伍,进行新生教育的理论与实践,设计新生教育的内容与框架,研究新生教育的内容与问题,组织和带领普通学生工作干部共同完成新生教育任务。而作为新生教育工作者,应秉持着育人为本的理念,为学生提供给适合的教育,能够了解学生思想上的需要,并且真正在工作中得到愉悦,在师生之间建立起一种友谊关系而不是敌对关系。新生教育在内容上也应呈现出专业性,其内容需要科学规划与论证，要具有针对性与前瞻性，不能仅凭一些领导干部的一时心血来潮来开展工作。另外，新生教育方法还应呈现出专业性。教育的方法要得当，这样才能收到满意的效果，当前教育者关注新生教育的面上方法，而忽视了新生个体教育的方法。个体教育的方法是解决新生个体个性问题的有效方法，值得深入探讨与研究。

第二节　学习生活治理内涵与要素

一、学习生活治理内涵

“治理”一词最早源于世界银行对非洲的情况进行概括时，使用的“治理危机”，初始含义为操控和引导，常与“统治”一词交叉使用。国内外学者对治理的定义众说纷纭，陈振明所提出的定义较有代表性，他认为，治理就是指政府部门、社会组织、社会公众等多元主体为最大限度地增进公共利益，共同享有公权力以实现对公共事务合作管理的过程。教育治理是治理理论在教育领域的延伸与发展，旨在解决教育领域政府和市场失灵的问题。特别是党的十八届三中全会明确提出“推进国家治理体系和治理能力现代化”后，教育治理体系和治理能力现代化成为深化教育综合改革的总目标和必然选择，教育治理也逐步成为公共政策领域的重要话语。教育治理就是指政府部门、营利组织、社会组织和社会公众等多元主体通过一定的制度安排进行协商合作，共同管理教育领域内公共事务的过程，其典型特征是多元主体参与的共同治理。共同治理是教育治理的路径，善治则是教育治理的目标。

“善治”一词最早也是由世界银行提出，其英文表达为 Good governance，直译为良好的治理，与中国古代“善政”一词有着异曲同工之妙。20 世纪 90 年代以来，“善治”一词逐渐成为政治学领域内的主要话语，俞可平在综合国内外治理理论研究的基础上，指出善治就是使公共利益最大化的社会管理过程，其本质在于政府与公众之间相互合作、共同管理社会生活，以实现最大的社会管理效能。由此可知，教育善治就是要实现教育领域内公共利益最大化，意味着办成让人民群众满意的好教育或善教。总而言之，共同治理是实现教育善治的路径选择，虽然共治不一定能实现教育善治，但没有共治，教育善治必将是空中楼阁。

大学新生学习生活治理是指政府部门、高校、社会组织、大学新生、家长等多元主体为增加公共利益最大化，共同参与大学新生学习生活合作管理的过程。大学新生学习生活治理与单一的高校管理不同，显著的区别就是主体不同，单一高校管理的主体只是高校，而治理的主体则包括了社会组织、大学新生、家长等。这一变化意味着，高校不再只是大学新生学习生活治理的主体，而且也是被治理的对象，大学新生、社会组织不再只是被治理的对象，也是大学新生学习生活治理的主体。大学新生学习生活治理是对传统大学新生学习生活管理的创新与超越，是教育管理民主化的集中体现和教育治理现代化的具体反映。大学新生学习生活治理作为高等教育治理的重要维度，其治理路径、目标和教育治理的路径与总目标是一脉相承的。具体而言，大学新生学习生活治理的路径，就是要通过政府部门、高校、社区组织、社会公众、大学新生、家长等多元主体参与的共同治理，其目标则是实现大学新生学习生活的善治。

二、学习生活治理主体

学习生活治理主体具体就是指能够参与到大学新生学习生活治理过程的利益相关者，能够影响大学新生个人成长，或在大学新生个人成长过程中影响的任何个人和群体。随着大学新生学习生活治理涉及的内容越来越宽泛，大学新生教育主体也慢慢呈现出多元化的发展态势。这些多元化治理主体包括以下群体。

(一)大学新生自身

在以往新生教育管理过程中，大学新生相对来说处于被支配的弱势群体地位，其主体地位并没有受到真正重视。00后随着大学生思维较开放多元，自我意识极强，其主体意识逐渐觉醒，新生教育受到新的挑战。而随着治理理论运用到新生教育的过程中，为治理主体多元化地参与到新生教育中提供了理论支撑，学生的主体性地位也随之得到尊重和重视。归根结底，新生教育的核心始终是为了实现新生全面的发展，这是大学新生学习生活治理持续互动的根本。所以大学新生是大学新生学习生活治理的核心利益主体，是参与大学新生学习生活治理的重要力量。从马斯洛需要层次理论出发，让大学新生参与到大学新生学习生活治理之中，能更好地实现新生的权利，能更好地保障大学新生学习生活治理的科学性和有效性。通过引导教育新生自我管理以及作为治理主体参与到大学新生学习生活治理的实践活动中，能够合理有效地调动他们主动参与大学新生学习生活治理的积极性，培养他们作为主人翁的责任意识，激发新生的创造力。相比以往基础教育时期紧张的学习氛围，新生对大学时间的支配较为自主，这也为他们参与治理提供了客观条件，合理有效地利用较多的休闲时间，方便其主动参与适应大学的实践活动。但大学新生入学习惯于被动接受学校管理，缺乏自觉性和主观能动性，缺少参与大学新生学习生活治理的积极性，而且大学新生还较为稚嫩，参与能力有限，需要一定的知识储备和强烈的责任感。因此在大学新生学习生活治理过程中，要找到合理有效途径，充分唤醒新生自主参与意识，立足作为大学新生学习生活治理利益主体的定位，合理平等表达自身诉求。

(二)高校行政管理机构及管理人员

高校行政管理主体指的是以校长为代表的管理学校日常行政事务的个人和组织。行政权力主体包括多种机构设置，专门化和职业化的大学机构设置涉及高校发展方方面面，科层制结构下各司其职，分工管理。在“以人为本”的教育理念下，这些机构设置在大学新生学习生活治理中发挥着巨大的领导决策主体作用。在大学新生学习生活治理活动中，高校相关机构应充分调动本部门的积极性，在大学新生适应大学学习和生活过程中给予他们有效的帮助，发挥自身主观能动性，充分了解掌握新生合理的个人发展需求，在此基础上制定科学有效的治理决策。作为大学新生学习生活治理的最有力执行主体，学校相关行政机构在治理过程中应以新生顺利过渡适应为核心，不断更新管理方式和方法。在现实中，学校相关管理机构在高校金字塔结构的较高层次，拥有较大的实际管理权限。而新生作为管理层次的弱势群体，刚入大学时对大学管理机构了解不够深入，加上受到传统的管理一元主体自上而下的命令式管理模式的影响，大学新生与学校管理机构主体间有巨大的沟通距离所以在治理活动中高校管理机构需要调动一切可利用治理的工具，拉近与新生的客观距离，充分掌握当代大学新生的特点与适应大学过程中产生的困惑，才能发挥强有力的主体作用。

（三）教师群体

教师是大学发展的核心资源，关系到高校教学、科研等工作的开展。教师与学生群体联系紧密，也代表着大学的管理层面，因此他们是联系大学新生与学校较高层群体之间的纽带，自然承担了大学新生学习生活治理的主体角色。这里所提到的教师既包括负责新生思想政治教育和心理健康的教师，也包含负责教授新生专业课的专业老师。大学新生刚结束基础教育阶段的学习，短期内还不能完全适应自主学习和生活，受基础教育阶段的观念影响，对教师的依赖性较大。因此教师群体可以得到大学新生的充分信任，在大学新生学习生活治理中可以更好地发挥主体作用，在新生面对新环境产生思想变动时，辅导教师能够及时调整；在新生面对全新专业产生陌生感和恐惧感时，专业教师能够给予新生充分有效的专业信息，消除专业困惑，提供未来职业的思路方向。可以说，在大学新生学习生活治理中，教师主体的引导作用更大。如果教师在新生教育中充分发挥自身优势，便能极大提高大学新生学习生活治理的有效性，但是由于传统的师生尊卑观念影响，教师与新生之间可能会存在一定的距离感。为了充分发挥治理的有效性，大学新生学习生活治理亟须一个消除教师与新生之间距离的平台。

（四）朋辈

顾名思义就是朋友和同辈，他们是一群年龄相仿，有着共同爱好以及相同文化背景的共鸣群体，在思想意识上对于同伴具有较强的影响力。作为大学新生学习生活治理主体的朋辈，主要是经过严格科学的审核评选而出高年级学生，他们应具备一定的专业知识和良好的个人素质。事实上，在新生入学后不止会接触到这类学校专门配备的朋辈辅导团队，还会接触到来自其他正式与非正式组织的朋辈，如社团成员、学生组织成员、同专业的高年级学生、同乡会甚至同寝室的高年级学生等。由于朋辈与大学新生的学习生活环境近似，身份地位环境对等，相对交流空间充分，没有悬殊的身份地位差别，也经历过新生入学后类似的困惑，因此朋辈与新生能直接拉近距离紧密接触，能通过彼此平等交流沟通，直接了解新生入学遇到的困惑与问题，分享自身适应大学学习和生活方面的成功经验，对新生可能面临的困境起到防患于未然的作用。在朋辈参与治理的过程中，在帮助新生成长的过程中，也实现了自身的个人价值，对有志于成为高校教育工作者朋辈个人，也得到了锻炼专业技能的实战平台。因此，朋辈辅导也发展成了新生教育多元治理主体的重要角色，为大学新生学习生活治理打开了新的渠道，注入了新的活力。

（五）学生家长

作为鲜活的个体，每个大学新生具备独特属性，学生家长是最了解其孩子新生特性的人群。新生进入大学求学，大多是远离自己原本所处熟悉的城市去到完全陌生的环境，新生入校后在陌生环境下易发生情绪波动，而周围人际关系也相对陌生，还需要一定时间的相处才能相对畅所欲言，因此家长自然是新生入学初期倾诉的第一对象。所以在大学新生学习生活治理进程中，新生家长发挥着一定的治理主体作用。相对来说，家长参与大学新生学习生活治理的积极性也最容易调动,所以大学新生学习生活治理工作在家长的大力支持下,其实施效率势必会得到巨大提升。

(六)社会群体

从广义角度来看,大学新生学习生活治理外部的利益相关主体包括政府、企业、社会等。相比较前面几类治理主体,"社会"这一笼统的概述对大学新生学习生活治理的影响相对较弱,但依然是大学新生学习生活治理不可忽视的重要治理主体之一。大学新生刚结束象牙塔的生活,进入大学后逐渐接触到学校以外的社会,因此大学新生学习生活治理要充分认识到社会对大学新生的影响,正确看待社会作为治理主体的正反面作用,作为参与大学新生学习生活治理主体的社会,包括社会的个体成员和社会组织,如已毕业优秀校友、企事业单位组织、基金会、协会、社团组织、志愿组织、媒体组织等。随着社会的高速发展,大学培养出的人才必须适应社会和经济进步的需要。通过大学新生学习生活治理搭建新生与社会的桥梁,使新生了解社会需求的人才需具备的素质,帮助新生树立科学的个人专业和职业发展目标,同时也让社会组织了解新生基本素质,使彼此诉求得到充分沟通表达,从而为培养出适宜社会发展所需要的各类人才打下坚实基础。

三、学习生活治理客体

新生学习生活治理针对的治理对象是大学新生,具体包括整个新生教育涉及的各模块内容及大学新生学习生活治理进程的各环节部分。大学新生是大学新生教育治理的绝对客体,随着社会的发展,他们身上具备越来越鲜明的时代特征,只有充分研究其特性与共性,才能使大学新生学习生活治理效果更精准。作为当前大学新生学习生活治理客体的"00 后"普遍受到来自社会及家庭的高度重视、享受了更好的教育资源、掌握了较多元的知识,因此思维开放活跃,能够及时捕捉新鲜事物,视野开阔具有创新意识。他们是长在网络高速发展时代的一代,自小享受到"互联网 +"自然渗透到学习和生活中的方便快捷,伴随着互联网的发展而成长,善于应用各种新媒体形式。大学新生学习生活治理具体要解决的,是新生进入大学后所要面对的各种问题,可以概括为学习、生活、人际、个人发展等具体层面的问题。以往的新生教育管理偏向于制式化的教育管理模式,各高校形成无差别化的入学教育,如军训、校史学习、学校规章制度学习、心理测试、新生迎新会等较为单一的新生教育模式,对新生的关注仅限于整体,没有针对不同属性的新生展开教育管理。随着治理现代化的发展,新生教育管理也逐渐转向治理;随着新生需求的多样化和新生教育的不断创新,大学新生学习生活治理涉及的层面也逐步宽泛,趋向系统全面化。

四、学习生活治理目标与方式

从学习生活治理目标来看,大学新生学习生活治理的目标应坚持以人为本,即以新生需求为核心,多元主体通过平等沟通、协商合作的方式,了解大学新生适应大学的需求,帮助解决新生的生活学习问题,调动多元主体形成合力为新生提供所需服务,帮助新生顺利实现向大学生角色的转变,为大学四年的学习生活打下坚实基础,从而实现个人的全面发展。

从学习生活治理方式来看,大学新生学习生活治理方式不再仅仅依据高校自上而下命令式单向管理的运作方式,可以结合更多先进管理方法和技术交叉协调,促进多元主体广泛合作,协商沟通,使治理方式更为灵活,从而破除僵化的照章办事的操作形式,形成多元化的大学新生学习生活治理合作方式,实现高校单一主体管理运作方式向多元化主体有效协作治理方式的转变。

第三节 学习生活治理特征

学习生活治理的最终目标是要实现大学新生学习生活善治,就是要实现良好的治理。俞可平提出了善治应具备透明性、责任性、回应、法治、合法性、有效等六个基本特征。褚宏启等提出教育治理应具备自由度、回应性、秩序、透明度、问责、公平、参与度、效能等基本特征。综合上述研究成果并结合大学新生学习生活治理的特殊性,大学新生学习生活治理应包括以下基本特征。

一、创新性

创新性意味着大学新生学习生活治理要不断更新治理理念,创新治理模式,优化治理路径,方能更好地适应不断发展变化着的大学新生学习生活。抓创新就是抓发展,谁牵住了创新这个牛鼻子,谁就抓住了大学新生学习生活善治的关键。具体而言,就是要把创新摆在大学新生学习生活治理的突出位置,在治理过程中不断推进实践创新与理论创新,用创新引领大学新生学习生活善治的方向,推进大学新生学习生活治理体系和治理能力现代化。

二、参与度

参与度是大学新生学习生活善治的重要表征。参与大学新生学习生活治理的主体范围越广,相关利益主体话语权表达越充分,对于学习生活管理事务参与程度越深,越能彰显教育管理的民主化程度,多元主体利益越能在实践中得到满足,大学新生学习生活善治程度就越高。在大学新生学习生活治理过程中,新生、社区组织等利益主体处于弱势地位,增强弱势群体的参与度,有助于形成开放共享的新生学习生活,对于促进大学新生学习生活生态环境系统的构建具有重要价值。

三、开放度

大学新生学习生活治理本身意味着教育管理的民主化,体现出“管理的开放”。治理开放度越大,治理过程中大学新生学习生活所涉及的内容、条件、目的、经费等信息透明度就越高,越能激发多元主体参与治理的积极性与创造性,增强大学新生、社区组织、教师、家长等利益主体的活力,使得相关利益主体能获得更大自由选择权与支配权,降低相关主体的依附性并增强其主体性。

四、共享度

大学新生学习生活所需条件,包括满足其生存与发展的一切资源与环境,这就意味着治理过程中需要优化利用大学新生学习生活生态系统内的全部资源与环境。而这些资源与环境分别由不同利益主体所占有或支配,所以需要整合生态系统内分布于不同主体下的资源环境,以服务于大学新生学习生活治理,实现治理体系内的资源共享。共享程度越高,越有利于大学新生学习生活治理进程的推进。善治意味着通过有效共享生态系统内的资源与环境等,实现大学新生学习生活生态系统良性循环与可持续发展。

五、制度化

善治不是靠组织与个体主观意念自觉实现,而是规制的结果。制度化是大学新生学习生活治理的基本准则,任何治理主体及治理活动都必须依照规章制度办事,不以个人主观意志为转移。要将大学新生学习生活治理制度化纳入大学章程以及相关社会规范,这样既能规范相关利益主体的行为,更能制约高校的行为。制度化是大学新生学习生活善治的本质诉求和基本要求,大学新生群体的特殊性及其治理的复杂性,要求必须按照规章制度治理,否则必然会造成治理秩序的混乱。成熟的制度及有效执行,是实现大学新生学习生活善治的必要条件。

六、效能

大学新生学习生活治理的效能,是指在治理活动中投入与产出之间的比例关系以及产生的效果。大学新生学习生活善治必定是高效能的治理,以实现科学育人和社会进步的双重目标。但因治理活动涉及多元利益主体的共同参与,其利益诉求达成一致并合作管理大学新生学习生活需要较长时间的沟通与协商,一定程度上会造成治理的低效率和无序发展。治理本身就是管理民主化的一种表现形态,管理民主化过程可能会造成暂时的低效能,但有助于决策的民主化和执行的科学化,最后必将实现大学新生学习生活治理的"长效能",即营造大学新生学习生活生态系统,实现大学新生个人和社会协调发展。需要强调的是,大学新生学习生活善治的特征,不能等同于好的大学新生学习生活的特征,要正确把握两者之间的区别与联系。从逻辑上讲,大学新生学习生活善治不一定意味着好的大学新生学习生活的实现,但一定是好的大学新生学习生活的必要条件和前提条件,先有"好治理",方能有好的大学新生学习生活。

第四节　学习生活的治理策略

为实现大学新生学习生活的善治,应不断创新治理理念,塑造契约精神,重塑大学新生学习生活治理制度体系和权力体系,以新媒体技术为支撑,搭建"元治理"平台,实现"二阶元"治理模式的共振和有效发展,推进大学新生学习生活治理体系和治理能力现代化。

一、五大发展理念引领治理方向

"创新、协调、绿色、开放、共享"五大发展理念是全面建设小康社会的行动指南,也是统领经济社会发展全局的治国理政方略。五大发展理念覆盖了经济社会各个方面,包括教育领域。实现大学新生学习生活的善治,创新理念是先导。其关键在于用五大发展理念引领治理方向。第一,创新发展理念引领治理活动可持续发展。大学新生学习生活是不断发展变化的,要解决不断出现的新问题、新情况,推进治理的可持续发展,就要坚持创新发展理念,将创新贯穿于治理活动的全过程,推动大学新生学习生活治理的理论创新、制度创新和实践创新,进而更好地适应大学新生群体的特殊性和学习生活治理的现实诉求,让创新真正成为推进治理活动持续发展的不竭动力。第二,协调发展理念引领多元主体行动方向,统筹主体间利益诉求。大学新生学习生活治理典型特征是多元主体参与的共同治理,多元主体间有着不同的目标和利益诉求,需要统筹兼顾、协调解决多元主体的目标分化问题,使多元主体参与大学新生学习生活治理时能沿着共同的行动目标前进,提升治理的长效能。第三,绿色发展理念引领大学新生学习生活生态发展。

换言之,大学新生学习生活治理就要以大学新生与环境之间的关系为核心展开,不仅要学习专业知识与技能,更要注重社会文化的渲染与影响,以可持续发展理念激发责任感和主人翁意识,这样才能真正形成大学新生学习生活的良性生态系统。第四,开放共享理念引领治理发展方向。大学新生学习生活是一个开放共享的生态系统,治理活动要面向社会、面向市场,这是大学新生学习生活的生命力之源。要以开放共享的姿态走出高校内部的小圈子,学习国内外高校先进治理经验,真正做到引领"一流"的大学新生学习生活治理方向。概而言之,五大发展理念是大学新生学习生活治理的行动指南,也是统筹大学新生学习生活的重大方略。

二、塑造契约精神,完善大学新生学习生活制度体系

洛克认为社会秩序的建立并不是自然产生的,而是通过社会契约所建立的,是为了维护公民的个人自由、保护公民的生命和财产安全。如其社会契约不能承担或履行职责时,公民有权推翻并建立新的社会秩序。这种社会契约基于自愿平等和协商一致原则基础上的双方约定,是利益主体间博弈和平衡的结果。要发挥契约在大学新生学习生活治理中的重要作用,以契约治理代替行政治理和身份治理。一是将大学新生学习生活制度体系纳入大学章程建设中,完善以大学章程为主体的现代大学制度体系。大学章程是高校内外部关系总的契约架构,大学新生学习生活制度建设要以章程为依据。大学章程是在多元主体的共同参与下,在协商一致的基础上,按照合法程序缔结而成的,是多元主体间利益博弈的结果,对多元主体均具有约束力,而大学新生学习生活制度纳入大学章程建设中,使其具有合法及权威性,有助于对多元治理主体进行约束,有助于实现大学新生学习生活治理的有序及高效发展。二是大学新生学习生活善治必然要求政府完善相关法律法规,明确治理活动中"政府部门—高校—社区组织—大学新生—家长"的关系,界定多元主体权利和义务关系,明晰多元主体权力行使边界,推进大学内部学习生活制度体系的建设。与此同时,要建立多元主体责任追究制度,明确多元主体在治理活动中的责任,惩罚治理不力或不当的权责主体,做到履职尽责,违责必究。需要强调的是,制度设计时应将政府部门定位为大学新生学习生活治理的主体之一,而不是唯一的权力主体。高校、社区组织、新生及家长等多元主体都有相应的利益诉求,没有制度做保障,弱势主体利益将在治理活动中难以实现或消解。总之,契约精

神的塑造和制度体系的完善,是大学新生学习生活治理的内在要求和逻辑诉求。

三、重塑多元共生权力体系,搭建“元治理”共同体

传统的单一主体的高校管理难以实现大学新生学习生活的善治目标,并逐步偏离善治特征的运行轨道,多元主体共同治理大学新生学习生活应运而生。大学新生学习生活治理的本质是多元主体参与的共同管理,就是要打破传统一元主体管理的弊端,以共治取代管理,重塑多元共生权力体系,搭建“元治理”共同体。第一,重塑外部权力体系,以政府“元治”求“善治”。“元治理”就是指政府担任治理中协调主体的治理。由此可知,“元治理”的主体只能由政府来充当,但不同于政府主导一切的制度安排,政府负责制定远景规划、协调与整合利益等,并未排斥其他主体的治理方式和力量。大学新生学习生活治理也会遭遇治理失灵或失败的挑战,多元主体基于自身考虑问题,利益诉求难以达成一致,这样就达不到预期的大学新生学习生活治理目标。要想使治理体系达到平衡和协调,满足各方的利益诉求,就需要政府这一主体出面协调各方关系。政府部门在大学新生学习生活治理中的主导作用和“元治理”的角色定位体现在:协调和整合多元主体间的利益诉求,维护公共利益,最大限度地增进公共利益;确定大学新生学习生活的远景规划、发展方向、发展目标,制定制度和公共政策,为多元主体合作管理大学新生学习生活提供共同的行动指南;进行统筹规划和宏观指导,解决治理活动的碎片化问题和不可持续问题。第二,重塑内部权力体系,建构高校主导、社区组织,大学新生参与、社会公众协同的多元共生的权力格局。高校要充分发挥主导作用,掌控大学新生学习生活治理的具体发展方向和目标,统筹高校内部及其相关利益主体所掌握的资源,共同服务于大学新生学习生活治理。社区组织作为大学新生学习生活生态系统的重要部分,是大学新生学习生活所依托的社会环境,应激发社区组织活力,依托社区组织所掌握的资源,使其成为大学新生学习生活治理的重要力量。大学新生作为大学新生学习生活的引发者和治理者,要成为大学新生学习生活治理的重要参与主体。总而言之,大学新生学习生活善治的实现,需要通过平衡内外部权力体系,反复协商达成多元主体诉求的同向同行,共同管理大学新生学习生活。

四、依托新媒体技术,构筑协商民主的对话平台

掌握新媒体的主导权意味着占据时代的前沿。大学新生学习生活治理活动中应充分利用新媒体技术,打造学习生活生态系统的“虚拟社区”,使之成为善治的有效平台。大学新生学习生活生态系统的“虚拟社区”内相关利益主体和非相关利益主体,都享有公平的利益表达话语权和平等的地位。整个社区开放共享,鼓励相关利益主体和社会大众广泛参与,不存在权威、英雄和等级差异明显的科层体制。“虚拟社区”具有的“去权力化”“开放共享性”与大学新生学习生活善治所具备的创新、开放、共享等基本特征、要求具有内在一致性。因此,利用“虚拟社区”构筑协商民主的对话平台是大学新生学习生活善治实现的有效路径。在虚拟社区中,通过定期或不定期举办高校、政府部门、社区组织、大学新生等主体的联席会议,讨论、解决大学新生学习生活生态系统内的问题,减少不必要的纠纷,有利于化解高校与社区组织、大学新生与社区组织、大学新生与周边人群之间的矛盾,促进大学新生学习生活治

理共同体的形成以及和谐生态系统的建设,助推善治目标的实现。与此同时,现代信息技术的发展也为协商民主对话平台的构筑提供了技术支持,尤其是微信、微博等新媒体的迅速发展,让协商民主成为可能。当下,“微力量”成为社会公众参与公共事务管理的重要方式,促进了国家与公民之间的协商对话,增强了公民对国家与社会的认同感,是实现善治的重要力量。大学新生学习生活治理同样是面向社会的公共事务,“微力量”也必将是实现大学新生学习生活善治的重要推动力。

第九章

大学新生学习生活的评价系统

大学新生成长发展的情况，以及教育方案或治理体系运营的情况，都需要适时地进行评估检验。新生学习生活的复杂性要求其具备柔性化、多视角、动态化的评价特点，因此，很难用一套生硬的指标一次性地加以测试。大学教育工作者可以根据新生学习生活的实际需要，选择合理的方式、时段、群体进行定性或定量评价，以促进教育治理更加契合新生的多元化健康成长。本章从学习生活评价系统的内涵及价值、要素、实施、展望四个宏观维度解读了大学新生学习生活评价，以便为研究者开展更加深入、科学、精准的评价提供参考。

第一节　学习生活评价系统的内涵及价值

高等学校学生教育本质上是系统育人，因此系统思维是推进高等学校教育评价的必然逻辑。大学新生阶段是整个大学学习生活的关键时期，有必要对大学新生的学习生活开展系统性的评价。这一评价本身就是一个庞大的系统工程，既要和新时代大学新生学习生活的评价体系相适应，还要与新生学习生活认知系统、成长系统、愿景系统、援助系统、动力系统、生态系统、治理系统等相适应。它们相辅相成、协同作用，共同构建成了不可分割的整体系统，确保大学新生学习生活的健康、稳定发展。

一、大学新生学习生活评价系统的内涵

20 世纪以来，随着高等教育规模的扩大，高等教育大众化和普及化程度不断加深，其质量问题已经成为高等教育发展的重要主题，发展变革，对评价的产生和发展提出了迫切而深刻的要求。

学界目前关于大学新生学习生活的评价系统的研究主要集中于两个方面：一方面是评价系统的产生带来的积极意义，牛亏环认为："开展各种类型的教育评价实践活动，有助于形成了具有中国特色的教育评价模式。"查方勇认为："开展大学新生教育评价，有助于引导新生教育实效趋向于新生教育目标，有效地发挥新生教育评价判断性、价值性、区分性的鉴定功能，诊断分析新生教育活动中存在的问题，提出补救性措施以调控新生教育效果。"张玉海、李田贵认为："建立科学、公正、全面的评价系统是促进我国教育工作评价模式的创新和完善，形成完整的理论体系和方法指导的基础。"另一方面是评价系统发展中存在的问题，查方勇认为："新生教育的认识不到位，也就造成了新生教育评价目标不明确。"没有明确的目标，新生教育的开展就如同失去罗盘，既没有前进的明确方向，也没有对工作效果的评估依据和标准，会使新生教育工作缺乏系统性、针对性和实效性。牛亏环认为："现存的教育评价

的衡量目标一般局限于外在成绩或目标的取得和实现,对学生主体的促进和发展作用微乎其微,即为了达到目标而努力,而非为了自身进步而拼搏。”李聪明认为:“我国学界对于教育评价系统的研究较为稀少,其理论支持也极为单薄。”还有部分学者一针见血地指出:“我国目前的教育评价模式极为呆板,不能与时俱进,缺乏人性化元素的体现。”

国内学者关于建设教育评价体系实施方式的研究主要有以下五类:(1)确立发展性的评价目标,以评价对象的发展作为终极目标;(2)形成多元化、多体系的评价内容;(3)运用多样化的评价方法,为评价体系的客观性、合理性提供技术支撑;(4)坚持以人为本,强调评价对象的主体地位;(5)促进价值取向的多元化统一,既要充分实现个人的发展,同时也要使之与社会发展相协调,实现社会和谐。

总体来看,我国学界针对教育评价体系的研究还有些许空白之处。首先,要革新评价理念。任何评价系统都要坚持与时俱进的原则,我们要立足于五大发展理念,形成具有时代特色,符合时代需求的新的评价理念;其次,要完善评价方法。正如前文所说,虽然学界强调“以发展的目标为评价目标”的声音不绝于耳,但真正落实的却少之又少,不妨先不谈“跨越式”发展,而是着眼于“小目标式”成长,以此为目标形成一套科学的评价方法;再次,形成科学的衡量标准。科学的衡量标准离不开严谨的数字指标,同时也离不开温情的人性关怀,即在确定衡量标准时,要坚持理性的“严谨”和感性的“温柔”,让评价体系不再是刻薄、单纯的系统,而是一个助力教育发展的人性化工具。最后,懂得兼容并蓄,对于评价系统的研究,可以借鉴其他学科的研究成果和研究方法,结合新生教育的实践,提出新时代大学新生学习生活评价系统的构成要素。

大学新生学习生活是一个复杂的体系,其运行需要考虑以下几个方面:是否针对高等教育目标而展开、是否满足新生需求、是否达到预期效果、能否促进新生全面发展。而这一切都需要通过对新生学习生活进行评价分析,从而建立一个完整的系统来得到答案,因此,大学新生学习生活评价系统便应运而生。抓住大学新生学习生活教育的本质内涵,并运用合理的方式和有效的工具对其进行评价,一方面能够深入了解学生,此外也让教育工作者更清楚地掌握新生教育过程,如目前大学新生教育的开展情况,有利于提升教育质量。

系统思维就是要用动态的、整体的方式看待当前的问题,不仅关注问题的构成元素,还关注元素之间的关系。大学新生学习生活评价系统就是运用科学的评价方法、量化指标及评价标准,对高校人才培养和新生阶段性发展目标的实现程度,及其为实现这一目标所安排预算的执行结果予以动态化、综合性判断的过程。新生学习生活评价应该是高等教育评价体系不可分割的组成部分,是引领、指导整个系统高质量发展的有效手段,是高等教育评价在新生教育阶段的运用,是回答教育“为谁培养人,培养什么人,怎样培养人”的根本问题的风向标。其本质应当反映高等教育规律,体现高等教育发展需要,促进大学新生成长成才。

评价过程就是将海量大学新生的数据信息进行整理、分析与挖掘,将新生的学习生活信息同要求达到的标准进行比对的过程,从而找出学生行为背后有价值的信息。根据公共管理领域相关学者对绩效评价的研究,归纳总结出新生学习生活评价系统的五大子系统。具体包括:价值系统、指标系统、组织系统、技术支撑系统、制度环境系统。大学新生学习生活评价的概念是基于管理的视角,表面上通过大学新生学习生活的立场来衡量学习生活的效果，其实质看重的是学习生活的结果，要求对学习生活结果进行价值判断，以便判定教育教学工作的成效，判断学生达到的学习生活水平是否符合教育投资的收益要求。

二、大学新生学习生活评价的价值

大学新生阶段是大学学习生活阶段的开始，是逐步迈入社会化阶段的起步，也是大学生成长的关键时期，更是大学生思想政治教育的开端。这个阶段，高校希望通过教育，让学生在学习中成为真正的自己，在社会存在中找到本我存在，从而实现自身成长与发展，为将来走上工作岗位实现自身价值打下基础。大学新生学习生活评价系统建立的最终目标是达到多主体共赢，这更符合利益相关者诉求，也是更多元的价值体现。重视大学新生学习生活的评价，更加系统地考察立德树人成效，有利于充分发挥评价的导向、鉴定、调控等作用，是推进大学新生学习生活质量评价科学化、系统化的重要前提。

1. 从教育主体层面把握大学新生学习生活评价的价值

高校以人才培养、科学研究、社会服务和文化传承创新为基本使命，其根本任务在于立德树人，"培养什么样的人，怎样培养人，为谁培养人"是每一位高等教育工作者需要思考的问题。相应的，新生教育阶段产生了相对应的问题，即培养什么样的大学新生，怎样培养大学新生，为谁培养大学新生。大学新生学习生活评价系统的构建，事关新生教育培养的质量，关乎新生个体的发展，维系学校的发展，只有通过评价的方式才能实现反馈，掌握大学新生教育是否实现了以上目标。

对学校而言，评价系统的建立，能更好地帮助学校在系统视域下审视新生教育，明确教育目的和探究教育路径，推动高校学生培养质量的提升；此外，既适应了新时代的发展需要，又能契合高等教育深化改革的内在要求，推动新生教育内涵式发展，营造良好的育人氛围；对高校教师而言，建立评价系统，通过精确"对症下药"达到帮助新生尽快完成角色转换对改进和提升教育教学及实现教育教学目标，提高人才队伍质量都具有重要意义。

2. 从教育客体层面把握大学新生学习生活评价的价值

在教育领域，评价历来受到教育者的高度重视，是衡量教育效果的重要手段。因教育阶段的变化和国际国内形势发展对教育要求的变化，教育评价的内容和形式需要得到改进。从高中到大学，学生的学习内容、学习方式、学习心态、学习时间、学习环境等都发生了根本性变化，学生需要适应新的学习环境，尽快掌握新的学习方法，重新审视学习内容，进一步处理好学习和生活的关系。可以说，进入大学后，学生从单一生活走向多元生活，从线性生活走向复杂生活。这种变化需要教育者进一步反思应该培养什么样的人、大学新生的学习生活应该是怎样的、如何对大学新生的学习生活进行评价。正是基于以上分析和对学生工作实践的思考，研究团队提出了新生教育工程，并在长安大学进行了有效实践，取得了良好的教育成效，得到了同行和社会的高度认可；同时在理论层面提出了系统化视域下的大学学习生活研究，将大学新生的学习生活视为一个系统，评价系统是其中重要的组成部分。

对学生而言，评价系统的建立，意味着能获得教育效果的改进以及更多人文关怀，便于明确自身成长发展的正确方向；同时，也会对今后新生适应生活环境、调整学习方法、养成良好习惯、构建专业认知、开展人际交往等方面产生潜移默化的影响。

因此,建立合理、有效、操作性强的大学新生学习生活评价系统,有利于全面、准确地评价大学新生学习生活的发展状态,辨别优劣势并合理配置资源,从而选择适合大学新生教育发展特色的组织结构,充分发挥其导向作用,这对于发挥整个系统的功能具有重要意义,也为下一步推动大学新生教育的发展指明方向。

3. 从大学新生学习生活系统的运行方面把握其价值

新生学习生活评价作为大学新生学习生活系统不可分割的部分,是促进新生学习生活系统有效运行与发展不可或缺的重要环节,是对新生学习生活过程和结果进行价值判断的方式,也是检验高校新生教育工作成效的有效手段。新生学习生活系统运行要围绕新生学习生活适应与成长成才的总目标开展,体现在新生学习生活的认知系统、成长系统、愿景系统等多个系统运行过程中,评价系统通过具体指标体系对这些内容进行着重判断,全面认识新生学习生活质与量两方面的过程和现状,定性分析偏离目标的原因,为改进和优化新生学习生活系统运行提出建议与信息反馈。

建立合理、有效、操作性强的大学新生学习生活评价系统,将过程评价与结果评价相结合,便于及时关注大学新生学习过程、生活过程、实践过程和努力过程,为大学新生学习生活适应及综合素质发展情况评定提供有效依据。依托多元主体开展评价工作,有利于实现高校、家庭、教师对新生教育过程的检测和实时记录,便于不同主体了解大学新生学习生活的发展状态。另外,评价工作能够对新生教育活动中的工作方案设计、工作方法内容、工作过程环节、工作队伍建设以及实施效果等,各个环节的运行情况与效果的信息进行及时收集、整理和分析,为进行正确决策和有效管理提供了客观的依据。

三、大学新生学习生活评价系统的运行机制

随着国际、国内环境的变化和我国高等教育事业的发展,大学新生学习生活的环境、对象、内容和方式方法都发生了深刻的变化,大学生的思想状况也呈现出一些新的变化和特点。因此,需构建一套能够充分保障大学新生学习生活不断取得实效并与时俱进的长效机制,以培养出兼具社会主义价值导向与具有新时代特质的中国特色社会主义的合格建设者和可靠接班人。

大学新生学习生活评价系统的运行机制是介于学校与新生之间的将提供服务作为出发点,以实现人才培养和新生阶段性发展为目标而形成伙伴关系的一种评价模式。大学新生学习生活评价体系运行机制是高校组织开展新生学习生活评价相关的各项活动的基本准则及相应的制度,是评价新生学习生活的内外因素及相互关系的总称。高校新生学习生活评价系统的运行活动是一个连续不断的过程各种因素相互联系,相互作用,是保障大学新生学习生活有序进行的基础。运行机制是研究在运行过程中各要素之间相互联系和作用及其制约关系,是高校内部运行过程中自我调节的方式。运行机制可以使高校新生学习生活评价系统的运行活动协调、有序、高效,增强内在活力和对外应变能力,使系统更加具有操作性。这里主要包括:学校运作机制、专业认证及评估机制和激励导向机制。

(一)学校运作机制

学校在大学新生学习生活中扮演的角色非常重要。新生的学习生活,在实际的运作过

程中不可脱离学校这个场域,在借助国家政策力量实现教育资源有效调动的同时,学校需对新生进行积极地干预和约束,要强调学校是推动"以学生为本"理念的主体角色,因此学校必须在新生学习生活中承担更多的责任。

在学校运作机制方面,学校在大学新生学习生活评价体系中扮演的角色应该是促进者和规制者。作为促进者,学校需要扮演"杠杆"的角色,即在承担自己有限责任的同时,撬动教育资本投入。首先,要健全大学新生学习生活评价保障体系。根据学校确定的新生培养目标,围绕教学条件、教学过程、教学效果进行评估;建立有效的教学质量监测和调控机制,建立健全学校教学质量保障体系。其次,维护公平的评价环境。依照美国心理学家加德纳的多元智能理论,人拥有多种不同的智能,在不同的智能领域中,每个学生的学习能力都各有所长亦各有所短。因此,仅从某个单独的方面、使用单一方式去评价学生,既过于片面又有失公允,这就催生了多元化评价。多元化评价为维护新生发展、创建公平评价环境奠定了基础。最后,鼓励社会力量参与新生教育发展并给予资源倾斜。学校在已有资助体系下,积极争取社会力量捐资助学,以获得更多的资助资源,这对于学校奖助体系的完善也起到物质保障作用。作为规则制定者,学校应弥补评价发展的不足,通过规范高校与新生之间的利害关系,防止学校在对新生学习生活评价中产生损害新生的利益的行为。因此,在新生学习生活评价的整个过程中,都需要学校公正、有力的监督和管理。

（二）专业认证及评估机制

我国在工程、医学等领域积极推进与国际标准实质等效的专业认证。从 2005 年起,开始开展工程教育专业认证试点,成立了由 76 名教育界和产业界专家共同组成的全国工程教育专业认证专家委员会及机械类、化工类等 14 个认证分委员会,分别负责组织开展相关专业领域的认证工作,截至 2013 年,已对 373 个专业点开展了认证工作。2013 年 8 月,我国加入世界上最具影响力的国际本科工程学位互认协议《华盛顿协议》,成为该协议组织第 21 个成员,为工程类学生提供具有国际互认质量标准的通行证。与此同时,医学专业认证工作也稳步推进,我国 7 所高校开展了国家化临床医学专业认证。此外,在部分高校开展了学科专业的国际评估,与国际高等教育质量保证联盟及亚太地区国家评估机构建立了联系。因此,应抓住机遇,充分利用该优势,通过开展专业认证及评估,建立一套完善的专业认证及评估机制,并以此推动大学新生学习生活评价机制的完善与长效化。这将是全面提高高等教育质量、推动高等教育内涵式发展的一项重要举措。

（三）激励导向机制

大学新生学习生活评价系统的研究,主要针对新生入学后的第一年。这个时期学校必须努力帮助新生尽快完成角色转换,为其发展打下坚实基础。评价系统的建立,虽然为高校教育质量的提升打下基础,但是也无形中增添了学校相关部门的负担。一般来说,"生产社会化"是指人们个别的生产、交换、分配和消费活动转变为全社会的生产、交换、分配和消费活动。学校相关部门从事的劳动是整个社会劳动的一部分,是一种满足他人与社会需要的劳动,它既是一种物化劳动,又是一种活劳动,是价值与使用价值的统一体;它消耗人的体力与脑力,体现了抽象劳动与具体劳动的两重性。学校相关部门的劳动付出,应该从自己的服务对象处得到补偿,即实行等价交换,有偿服务。因此,大一期间,学校应当重视以激励为导向的制度安排和物质补贴,激发学校相关部门重视新生教育和对新生学习生活评价的投入,以确保评价工作顺利进行。

新生教育开始于大学生入学后的第一年。其间,大学生面临着生活环境的适应、学习方法的调整、良好习惯的养成、专业认知的构建、人际交往的开展等多方面任务。构建以激励为导向的评价运行机制,可以进一步促进大学新生的感恩教育、自强自立教育、诚信教育,对于培养学生的社会责任感和担当意识,教育引导学生坚定社会主义的理想信念和价值追求、将个人成长成才融入奉献祖国和服务人民的伟大事业中,用自己扎实的知识和过硬的本领报效祖国、服务人民、回报社会,树立起正确的社会主义核心价值观,具有十分重要的意义。因此,以激励为导向的机制于大学新生而言,在扶持经济困难、弥补情感缺失、树立正确价值观方面有正向作用。在这段时间内,学校应当重视以激励为导向的机制运行,激发大学新生学习生活的积极性,使评价工作取得正向效果。

第二节　学习生活评价系统的要素

对大学新生学习生活进行评价是一个系统工程,包含着若干子系统,这些子系统称为评价系统的要素。相较于教育学,管理学对评价的研究更为广泛和深入。学者包国宪在研究政府绩效评价时提出了评价的五大体系,即一个科学的评价过程包含着价值体系、指标体系,组织体系、技术支撑体系和制度环境体系。这为我们研究大学新生学习生活评价系统提供了借鉴。

一、价值体系

价值是绩效评价的深层结构,是绩效评价的灵魂。分析或把握价值,是科学构建大学新生学习生活评价体系,有效实施评价的前提。本部分要解决以下四个问题:(1)大学新生学习生活的价值内涵和内容问题;(2)大学新生学习生活的价值生成问题;(3)大学新生学习生活的价值结构问题;(4)大学新生学习生活的价值冲突及管理问题。

价值是一个相对复杂的概念体系,可以分为个体价值和公共价值。大学生关乎民族的希望、国家的未来,因此,大学新生的学习生活不仅是个人行为,更是一种社会行为。大学学习生活是在公共空间发生的,大学新生学习生活评价的价值是一种公共价值,这种公共价值是相关主体的诉求通过某种社会机制而产生,该过程是社会建构的过程。在国家层面,作为新时代的大学生,承担着实现“两个一百年”奋斗目标,实现中华民族伟大复兴中国梦的重要使命。在社会层面,大学生是社会的精英,是未来社会的中流砥柱,应该勇于承担社会责任,敢于引领社会发展。在学校层面,学生培养质量是检验学校办学质量的标准。国家和社会对大学生的期望和需求,就是学校办学的方向和标准。对于大学生而言,寒窗苦读十余年后进入高等学府,开启了人生的新阶段,大学是实现人生目标的关键阶段。因此,从国家、社会、学校以及个人层面看,大学生的自身成长、为学校争荣誉、为社会做贡献、为实现“两个一百年”奋斗目标和中华民族伟大复兴中国梦而奋斗,这四个层面的价值是相统一的,共同构成大学新生学习生活系统评价的价值体系。当然,在设置价值体系时,还须注意大学新生的特点如高中到大学对环境的适应,大学学习生活的多样性、变动性等特点。此外,在价值体系中突出适应性、多样性、变动性等价值。在价值体系设计中,还应重视价值冲突的问题。由于大学生活的特点,其价值呈多样性、变动性的特点,尤其在大学新生阶段,这种特点更加明显,各种价值之间往往存在冲突。如何妥善处理价值冲突,不仅影响指标体系的构建,也在考验组织体系的组织能力。

二、指标体系

指标体系是价值体系的载体,任何评价最终都要落地于各类指标。在回答第一个研究内容的基础上,本部分要解决以下三个问题:(1)大学新生学习生活评价指标设计的指导思想和基本原则;(2)依据新生特征,以价值内容和价值结构为基础,确定大学新生学习生活评价的客观类指标和主观类指标;(3)通过德尔菲法、隶属度计算、变差系数、相关分析等方式,形成各类评价的具体指标,并依据主观赋权法和熵值法等客观赋权法确定指标权重,最终形成大学新生学习生活评价的指标体系。

大学新生学习生活评价指标设计的指导思想,是承载大学新生学习生活评价的价值体系,指标体系能够全面客观地反映价值体系。指标构建的基本原则是科学性,即运用科学的方法构建指标是准确获取评价信息、产生科学评价结果的基础。从指标类型看,一般分为客观指标和主管指标。客观指标包括新生的学习成绩、综合素质等,主观指标包括新生对学习生活的满意度、获得感等。

三、组织体系

组织模式对绩效评估的科学性和价值性有着深刻的影响。本部分对大学新生学习生活评价的组织模式进行设置,绩效评价组织体系可以从动态和静态两个方面来理解:(1)设计静态意义上的大学新生学习生活评价的组织实施机构;(2)设计动态意义上的大学新生学习生活评价的流程以及对各个环节进行规范的规则。

绩效评价过程中涉及三种权力,即绩效评价的管理权、组织权和评价权。同样,对于大学新生学习生活评价组织体系的研究,也需要进一步厘清大学新生学习生活评价中的管理权、组织权和评价权。一般而言,教育行政部门、大学相关机构具有大学新生学习生活评价的管理权,学校相关部门、内设机构具有大学新生学习生活评价的组织权,大学老师、学生等具有大学新生学习生活评价的评价权。

四、技术支撑体系

评价的技术支撑体系包括两个方面:(1)评价的技术平台,包括各种统计软件、数据库等;(2)评价的技术方法。各种技术方法的使用则是一个关系到评价结果信度和效度的因素,需要进行深入细致的研究。评价是一个复杂的过程,在不同的环节,需要不同的技术方法,大体上包括评价方法、指标体系设计方法、指标体系优化方法、指标权重设定方法、数据搜集方法等。

1. 评价方法

在评价方法研究中,相对于企业绩效评价,教育评价方法研究较少,主要包括数据包络法、层次分析法、平衡记分卡、主成分分析法、360度评估方法以及神经网络分析法等,前三种方法应用较多。王谦将政府绩效评价方法划分为基于相对有效性的政府绩效评估,以数据包络法为代表;基于不确定数学方法的政府绩效评估方法,以层次分析法为代表;基于战略的政府绩效评价方法,以平衡记分卡为代表。

数据包络法是基于相对效率概念而发展起来的一种新的绩效评估方法,该方法主要用于对比不同政府部门之间绩效的相关关系。高树彬等运用数据包络法对服务型政府绩效进行了评价。平衡记分卡是从财务、客户、内部运营、学习与成长四个角度,将组织的战略落实为可操作的衡量指标和目标值的一种新型绩效管理体系。杨柏运用平衡记分卡构建了汽车企业动态联盟供应链绩效评价指标体系,并对某汽车企业进行了评价。360度评估方法主要是对企事业单位绩效进行评估。例如:高飞基于360度评估方法对OMH公司绩效的考核研究;阎世平探讨了儒家文化对360度绩效评估的负面影响。神经网络分析法可用来构建评价模型,此方法具有自学习性、自适应性和很强的容错性,且整个评价过程和步骤非常容易通过编程实现,并在计算机上进行运算分析,因而具有较高的合理性和适用性。何志国等便通过实证研究建立基于BP神经网络的研发团队知识创新绩效综合评价模型,并运用该评价指标体系和综合评价模型对样本团队的知识创新绩效进行模型仿真;颜桂华等在构建电子政务绩效评价指标体系的基础上,提出了一种基于BP神经网络的电子政务绩效综合评价方法。

2. 指标体系优化技术

主成分分析法是基于降维的思想,将多指标转化为少数几个综合指标。李湘玲等采用主成分分析法,将反映林业经济绩效的7项主要指标转化为评价的3个主成分因素,并对2008年国有林区的经济绩效进行了排名。杨雪等在对某地9所高校投入产出进行评价时,运用主成分分析法将16个指标综合为4个主成分。

因子分析法是一种数据简化的技术,它将具有错综复杂关系的变量综合为数量较少的几个因子,以再现原始变量与因子之间的相互关系,同时根据不同因子还可以对变量进行分类,也是属于多元分析中对数据进行降维处理的一种统计方法。吴乐珍在评价我国各省公共服务绩效时,运用因子分析法从19个具体指标中提取了5个主因子。马佳铮等采用因子分析法,以2007年甘肃省14个市州政府的绩效评价数据为基础,对政府绩效评价量表改进途径问题进行了研究。

3. 指标权重确定技术

层次分析法是将复杂问题分解为多个组成因素,将这些因素按支配关系进一步分解,按目标层、准则层、指标层排列起来形成的多层次的模型。通过两两比较的方式,确定层次中诸因素的相对重要性。彭国甫等详细介绍了应用层次分析法在确定政府绩效评估指标权重过程中的具体步骤,包括建立起递阶层次结构、构造两两比较判断矩阵、层次单排序和一致性检验、层次总排序和一致性检验。陈万民等从江苏省某市对垂直管理县的政府绩效考核指标及办法出发,分析现行政府绩效考核的局限,提出新的政府绩效评价指标体系,并用层次分析法确定其指标权重。

王红等通过邀请12位从事高校图书馆管理工作和研究的专家填写指标权重专家调查评分表,应用德尔菲法构建了高校图书资料人员绩效考评体系,并确定了各个指标的权重,还有学者将德尔菲法和层次分析法进行了对比研究,金志农等就地方科研机构中的机关管理、研究开发和科技产业等3个部门分别构建绩效评价指标体系,并采取专家咨询和层次分析法计算指标权重,研究发现就考核指标的单排序和总排序而言,两种方法得到的指标权重大小的排列顺序大体一致,层次分析法比德尔菲法具有更高的区分度。

4. 数据处理技术

评价数据处理分析中,“贫信息”和“富信息”都需要应用相关的方法去解决。针对“贫信息”和“富信息”问题,较为普遍地采用数据挖掘的方法进行处理。尚虎平认为我国绩效评估虽然取得了一定的进展,但还无法解决从大量噪音指标中选取有效指标的难题,为此,他提出运用数据挖掘技术来解决这一问题,并给出了具体对策。罗伯特·J. 卡瓦佐斯等认为数据挖掘技术在绩效评估以及绩效改进方面的作用日渐显著。美国卫生福利部将数据挖掘引入其项目支持中心,通过挖掘来自雇员资助助项目的数据来决定质量标准、提高服务的质量和服务成本效益。

五、制度环境体系

制度变迁决定了人类历史中的社会演化方式,因而是理解历史变迁的关键。绩效评价自20世纪80年代引入中国,对开展绩效评价研究与实践重要性、必要性的各类文件和讲话等论述,成为推动我国绩效评价变迁的重要因素。而对研究成果和实践探索的优秀模式进行表彰与奖励,进而渐进地改变了人们对绩效的认识,则是推动我国绩效评价“诱致性变迁”的因素。目前我国虽然还没有全国统一的绩效评价法律,也没有中央政府出台的专门文件,但是教育评价的制度环境已经初步形成,可以从正式制度和绩效评价文化两个方面深入理解。

虽然,我国目前尚未建立起正式的教育评价制度和学生评价制度,但学界围绕教育评价进行了大量研究,这在前文中已有介绍。同时,根据已有研究和各地各学校的实践,教育评价、学生评价的氛围已经形成,这使教育评价、学生评价的制度环境体系得到初步建立。但是,目前对于大学生新生评价的研究和实践相对较少,尤其缺乏对于大学新生学习生活的系统评价。

第三节 学习生活评价系统的实施

大学新生学习生活评价系统的实施,即根据大学新生学习生活的目标要求和工作实际,建立大学新生学习生活评价指标体系,采用科学的测评方法和技术,并组织相应的机构和恰当的人员实施评价,然后对评价结果进行反馈,并进行有效的应用,可将其分为评价的准备阶段、评价的操作阶段和评价结果的应用阶段。

一、大学新生学习生活评价的原则

大学新生学习生活评价作为大学新生学习生活过程中的一个不可或缺的环节,与一般的评价活动有着重要的区别,因而在评价活动的实施中需遵循以下原则:(1)系统性原则,由于开展新生教育对象特殊的情况，使得它比一般政策具有更大的作用范围和更深远的目的，因而要从公共、宏观、系统的高度来进行评价；(2)动态性原则，由于新生教育推动大学新生的学习生活治理水平的提升是一个动态过程，那么新生学习生活的实践效果的形成也必然是一个动态的过程，会随着时间的推移因势而动；(3)客观公正原则，评价必须以新生教育工作实施为客观基础，在评价过程中要以客观的行为和事件为依据，尽量减少或排除考察者和被考察者的主观随意性；(4)标准化原则，主要包括程序的标准化、施策条件的标准化、施测工具的标准化和测量方法的标准化。

二、大学新生学习生活评价的方法

近几十年来，随着评价的发展，各种新的评价方法不断涌现，极大地丰富了评价的实践活动，但是关注于大学生某一特定发展阶段乃至新生阶段的评价方法凤毛麟角，且任何一种学生学习生活的评价方法都各有侧重与利弊，往往需要学者依据学生特性、研究目的等选择合适的评价方法。从总体上看，新生学习生活的评价方法在不断创新，已由最初单独采用某一种评价方法，逐步发展为综合使用多种评价方法。在此，笔者将介绍通过实践或理论得到的几个大学新生学生生活评价系统实施方法。

(一)对新生素质能力的评价

大学新生学习生活及其评价是一个系统的过程，从新生踏入大学校门就开始了评价活动。但新生在进入大学初期，由于正处在基础教育与高等教育过渡的适应阶段，具有困惑、迷茫等显著特点，同时对大学阶段尚未形成成熟的理解与思考，在此状态下，其自身对大学教育需求的认识与总结，难免会有所误解与遗漏，或出现判断不够准确的问题，只有在新生教育工程实施后的评价，才能得出新生学习生活情况的整体结论。同时，对于大学新生学习生活各系统的评价具有综合性，其实质是根据新生德智体美劳全面发展、新生教育工程全面完成和新生素质全面提高的情况，即根据一定阶段的发展结果来评价新生和学校的教育质量。美国学者泰勒(T. Taylor)和迈克柯兰(C. McClain)提出了增值评估法(Value-added)，即基于“投入—产出”分析理论，通过对学生在大学一年级就读期间的学习过程、学习结果的分析，描述学生在学习上的进步或发展的增量，测量其进步幅度并确定新生教育工程对学生学习生活情况影响的净效应。

较为简单的方法就是采取前测与后测结合的方法——分别于大学新生阶段的起点和终点，基于专业角度设计一套量表(见第二章第三节)来全面测量新生的各项素质能力。根据被调研学生对每项素质能力下的相关问题作出的回答，不同的答案会对应有一个特定的赋值，通过综合计算各问题赋值可得出该项素质能力的总体水平，平均赋值高即代表此项素质能力较强，反之则代表此项素质能力较低，根据两者之间的差值可以对应总结出每位新生素质能力的整体和单项提升情况，进而判断新生学习生活的综合情况。对于普遍提升较少的新生单项素质能力，需对照检查新生教育工程中相关教育活动的问题，反思原因，并加以创新和完善。

本方法的优势在于从学生成长过程来评价新生学习生活情况，着重考察大学生借助新生教育所获得的“发展”，也就是新生教育对学生发展的增值部分。但是，本方法注重增值评价也存在一些局限，即其不适宜用于不同层次和类型高校教育质量的横向比较，只能为单个院校内部的教育质量评价和改进提供参考。并且，此量表仅在新生入学一年内测量比较直观明确，在学生接触更多专业教育、大学学习生活后，测量因素更为复杂，测量结果的科学性就会降低。

（二）对高校新生教育效果的评价

高校新生教育效果评价是一个涉及多因素、多层次的系统，建立一个全面科学合理的综合评价指标体系尤为重要。根据新生教育主要内容，可以用入学与适应教育、素质与养成教育、专业与职业教育、学风与学务教育、发展与成长教育、奖励与资助教育等六大模块设定新生教育评价一级指标，并根据各模块教育内容等划分新生教育评价二级指标，进而利用专家咨询法，将每个二级指标依据其教育目标分解为若干个具体化、行为化、可测量的三级指标，并规定每项三级指标的科学内涵，最终共建立6项一级指标、16项二级指标、37项三级指标，见表9-1。

综合评价指标体系 表9-1

一级指标	二级指标	三级指标
入学与适应教育	大学认知	大学内涵认知
		教育方式认知
		学习目的认知
	学校认知	校情校史了解
		校纪校规学习
		爱校荣校意识
	生活适应	心理适应能力
		人际交往适应
素质与养成教育	思想政治	思想认知水平
		思想政治情感
	道德品行	遵纪守法意识
		道德行为水平
		意志品质表现
	日常养成	自理自立水平
		安全自救能力
专业与职业教育	专业认知	专业发展认知
		学科知识结构
	职业规划	职业理想定位
		职业生涯规划
	就业意识	就业择业意识
		创新创业精神

续上表

一级指标	二级指标	三级指标
学风与学务教育	学习风气	课堂学习表现
		课外学习能力
		考试实习情况
	学务指导	学习制度熟知
		学习方法转变
发展与成长教育	心理健康	自我能力认知
		心理素质表现
	党团认知	理想信念认知
		党团事务参与
	社会实践	校园文化活动
		实践调研能力
		志愿服务精神
奖励与资助教育	奖助认知	奖助政策熟知
		奖助申请意愿
	情感教育	价值观念合理
		责任意识培养

1. 入学与适应教育

入学与适应教育是大学新生教育的开始和关键，应从大学认知、学校认知和生活适应三个方面来评价。

（1）大学认知：大学内涵认知，即理解大学内涵、大学精神和大学功能，能够主动发挥聪明才智，激发潜能，创造知识，服务社会；教育方式认知，即明确大学教育方式是知识传授与实践探索并重，大力培养学习知识能力、批判性思维能力、生存发展能力和创新创造能力；学习目的认知，即明确大学学习目的是掌握专业技能，储备专业知识，提升综合素质，成为中国特色社会主义合格建设者。

（2）学校认知：校情校史了解，即熟悉学校（院）历史沿革、办学水平和学科特色，以及学校现状和发展定位，掌握大学精神、校训、校徽、校赋、校歌等文化内涵；校纪校规学习，即掌握学校在《学生手册》等载体公布明确的学生在校权利和义务，包括学籍管理、奖励与处分、日常行为规范等内容；爱校荣校意识，即主动爱护学校（院）公共设施设备，主动维护学校（院）声誉，积极为学校（院）建设建言献策，积极为学校（院）赢得声誉。

（3）生活适应：心理适应能力，即明确高中到大学个人角色的转变，拥有积极乐观的生活态度，具备尊重、包容、理解、接纳他人的精神；人际交往适应，即熟悉学校生活环境，能够适应大学集体生活，掌握正确的人际交往沟通方式，具备自助能力与助人意识，能够主动寻求他人帮助。

2. 素质与养成教育

素质与养成教育是一个主体客观化的过程，是个体发展与社会发展的协调统一，应从思想政治、道德品行、日常养成三个方面评价。

(1)思想政治：思想认知水平，即思想政治理论课成绩合格，正确认识国情，熟悉党的路线、方针、政策，能正确识别各种社会思潮；思想政治情感，即能够体现爱国爱党情怀，积极参与国家的政治生活，拥有乐于奉献、顾全大局的集体主义观念。

(2)道德品行：遵纪守法意识，即正确认识公民权利和义务统一的社会主义法制观，认真学法和自觉守法，敢于同违法乱纪现象作斗争，遵守校规校纪；道德行为水平，即做人做事诚实守信，待人接物文明礼貌，能够团结同学、与人为善、爱护公物、保护环境，恪守网络道德和学术道德等；意志品质表现，即意志坚定、不怕挫折、适应能力强、谦虚谨慎、不怕吃苦、积极向上、积极参加体育锻炼、身体健康。

(3)日常养成：自理自立水平，即具备自理自控能力和自立自强品格，日常时间安排能够自我控制、合理有效，学习生活能够自我服务、自我管理；安全自救能力，即日常压力能够合理排解，生活困难能够自我应对，掌握日常防火、防灾、防病等安全自救常识。

3. 专业与职业教育

专业与职业教育是基于心理学应用，以帮助新生认识专业、了解专业、热爱专业，提前了解行业需求和初步做好职业规划，应从专业认知、职业规划、就业意识三个方面评价。

(1)专业认知：专业发展认知，即了解专业的历史背景、现状和发展前景，理解所学专业培养目标，初步了解专业所需技能，专业思想稳定；学科知识结构，即了解所学专业需具备的基础知识、专业知识、综合知识等知识结构和体系，了解所在学校专业特色和专业课程设置。

(2)职业规划：职业理想定位，在了解专业对应的职业以及这些职业分布的行业、企业的基础上，依据未来职业发展提出的要求，主动储备职业知识和弥补自我欠缺，职业理想明确而现实；职业生涯规划，在充分认知专业及其未来职业方向的同时，能主动开展职业生涯课程学习，初步进行职业生涯探索和个人职业生涯规划。对明显不符合自身兴趣及条件的，提供必要的专业再选择。

(3)就业意识：就业择业意识，即了解所学专业以往就业情况和就业前景，了解用人单位用人意愿，具备先就业再择业意识；创新创业精神，即掌握求实、探索、创新等科学精神实质，并积极实践，初步掌握依托学科专业能够进行创业的领域。

4. 学风与学务教育

学风与学务教育是帮助新生了解学校学籍管理、教学管理管理相关制度，引导和培养学生自主学习和探究式学习，应从学习风气和学业指导两方面来评价。

(1)学习风气：课堂学习表现，即课堂学习尊重老师、认真听讲、积极问答，课堂迟到、早退、缺勤等现象低；课外学习能力，即合理安排课程自习时间，自觉阅读课外经典名著，合理利用网络工具涉猎课外知识；考试实习情况，即课程考试纪律优良，考试违规违纪现象低。一年级专业认知实习积极，实习成绩优良率高。

(2)学务指导：学习制度熟知，即了解大学学习特点，熟悉大学学习管理制度，初步具备终身学习观念,积极参加科普类和学科类竞赛活动;学习方法转变,即明确大学学习方法与中学的不同、学习意愿高度自觉,在学习内容广博的基础上求专长,在专业学习精深的基础上求拓展和创新。

5. 发展与成长教育

发展与成长教育是在“生活化教育”理念下,帮助新生规划自我成长与发展路径,增进身心健康,培养健康人格,促进综合素质全面提高,应从心理健康、党团认知、社会实践三方面评价。

(1)心理健康:自我能力认知,即能够客观清楚地实现自我能力认识和自我能力评价,能够理智地看待并且接受自己以及外界;心理素质表现,即能够勇于实现自我价值、人生态度积极乐观、精力充沛、乐观向上、热爱生活、心胸开阔、善于合作。

(2)党团认知:理想信念认知,即拥护中国共产党的领导和决策,积极要求进步,积极申请加入党组织;党团事务参与,即积极竞选团学组织,积极申请参加校院两级青年马克思主义者培养班学习。

(3)社会实践:校园文化活动,即积极组织或参加学校各级各类校园文化活动;实践调研能力,即积极利用寒暑期组织或参加社会实践调研活动,并独立撰写实践报告;志愿服务精神,即理解并自觉践行志愿服务“奉献、友爱、互助、进步”四大精神,大学新生人均累计志愿服务超过一定时间。

6. 奖励与资助教育

奖励与资助教育旨在推进奖励与资助计划,进一步强化奖励资助过程管理,提升奖励与资助教育价值,应从奖助认知和情感教育两方面来评价。

(1)奖助认知:奖助政策熟知,即熟悉各级各类“奖、勤、贷、免、补”等奖励与资助范围、申请条件、基本义务等;奖助申请意愿,即勤奋学习,积极争取各级各类奖励,主动、真实地开展家庭经济困难认定,并积极申请各级各类资助。

(2)情感教育:价值观念合理,即能够把握社会主义核心价值体系的科学内涵,坚持把“奉献社会、服务人民”作为衡量人生价值大小的标准;责任意识培养,即能够激发争先奋进的学习态度,初步形成感恩社会意识,培养自助与助人的能力和行为。

特别要说明的是,大学新生教育评价的指标内涵应随着教育改革、时代变迁、社会发展等不断调整和丰富。具体操作者可结合教育目标、社会发展和学校新生教育工作开展的实际,细化、量化各指标内涵。为了获取新生教育效果信息以便开展新生教育评价,可采用考试评价法、操行评价法、行为观察法、情景评价法、调查评价法、模糊综合评价法等多种方法。

具体应用时,首先需要对新生教育评价指标配置指标权重。配置指标权重的方法有多种,如专家会议法、德尔菲法、层次分析法、对数加权法等。采用德尔菲法确定新生教育评价各指标权重系数,可通过从事新生教育研究专家、从事新生教育工作的一线专职辅导员、新生教育职能部门管理者等进行背靠背问卷调查,并做好统计分析,最终确定指标权重。然后,通过问卷调查或自我评估等方法,计算出群体(某高校、某院系、某专业,甚至某班级)或个体(某个人)新生教育实效,分析新生教育取得的成绩,找出新生教育的薄弱环节,以便更好地实施新生教育,促进其全面发展。另外,还可以充分借鉴“互联网 + 评价”的优势,在符合评价伦理前提下,对学生多元化信息进行全自动、全类型、全过程采集,开发学生智能评价系统、活动实时记录平台等，运用在线评价、电子档案袋评价等电子评价方式。

三、大学新生学习生活评价的具体实施

（一）大学新生学习生活评价的准备阶段

1. 建立大学新生学习生活评价机构和组织体系

组建大学新生学习生活评价机构和组织体系并配置人员队伍，是评价工作开展的第一步，而这一步中的首要问题是构建领导决策机构。在领导决策机构的领导下，大学新生学习生活评价机构由上而下逐级建立。

2. 确立大学新生学习生活评价的目标，制定评价方案

大学新生学习生活评价是按照严格的科学程序进行的一种活动，实施前必须事先设置一套评估方案，用以规范评价者与评估客体的行为，指导和调控评价活动全过程。评价方案应由评价领导决策机构制定，制定时要明确评价目标和评价标准。

3. 设计评价指标体系与制定评价规则

评价指标体系是由一系列既相互独立、又具有一定联系的评价指标组成，是一个具有层次性的完整体系，反映了评价的特征和目标导向。而评价规则是指评价工作的规定程序和评价人员的工作规范、职权范围、任务职责与奖惩办法等评价实施的制度或章程。评价体系和评价规则应由领导决策机构负责制定，在制定过程中要广泛征求意见。

（二）大学新生学习生活评价的实施阶段

1. 搜集大学新生学习生活评价的信息、资料

评价组织和评价信息处理人员要依据评价的目标任务，按照评价指标要素内涵，运用现代的科学方法和技术，有目的、有计划地获取有关评价客体的真实情况和数据，尽量做到评价信息的全面、客观、准确、真实。

2. 整理评价信息、资料

评价组织和评价信息处理人员按照评价指标的结构系统和隶属关系，对评价信息、资料进行汇总梳理，填入相关的统计表格，形成定性定量分析及测量评价客体特征的客观依据。

3. 根据评价资料信息统计各项指标得分结果

将获取的相关评价信息输入评价软件，得出评价结果，并进行评价结果的信度和效度检验。

（三）大学新生学习生活评价的应用阶段

评价的最终目的在于运用。大学新生学习生活评价的根本指向是提升产出，即实现大学新生对大学学习生活的适应和其能力素养的发展。实现这一根本目标，需要通过“评价—反馈—改进”的路线，进而推动项目改进、队伍优化、学生发展，提升大学新生的学习生活获得感。

根据评价结果，可以分析大学新生教育中的资源配置、教育管理、人才队伍建设、教育环境和基础条件建设、教育目的等内容中存在的问题，找出原因，并积极改进和优化评价结果的应用机制。

第四节　学习生活评价系统的发展趋势

大学新生学习生活评价在继承以往宝贵经验的基础上，不断适应高校思想政治工作和大学新生学习生活创新发展的新要求，而其自身也在经历一个不断发展的过程。把握大学新生学习生活评价的发展趋势，是推动这项工作研究和实践深入发展的重要内容。2020 年 9 月，中共中央、国务院印发《深化新时代教育评价改革总体方案》，为深化教育评价改革、推进教育现代化、建设教育强国提供了根本遵循。大学新生学习生活评价是教育评价的重要组成部分，为把握大学新生学习生活评价的发展趋势，要以《深化新时代教育评价改革总体方案》为根本指导，立足高校思想政治工作实际和大学新生学习生活实际，扭转以往对新生教育不客观的评价，建设具有中国特色的大学新生学习生活评价体系，全面提升大学新生学习生活评价相关研究和实践的科学化水平。

一、坚持立德树人根本标准

习近平总书记指出，要把立德树人融入思想道德教育、文化知识教育、社会实践教育各环节，贯穿基础教育、职业教育、高等教育各领域，学科体系、教学体系、教材体系、管理体系要围绕这个目标来设计。❶ 大学新生教育作为高等教育的起点工程，其根本目标与高等教育的根本任务是一致的，就是坚持立德树人根本任务，培育德智体美劳全面发展的社会主义建设者和接班人。因此，要科学评价大学新生学习生活，就要把立德树人作为根本标准，贯穿于大学新生学习评价的全过程，凡是不利于实现立德树人这个目标的做法都要坚决改正。具体而言，大学新生学习生活评价不能唯分数、唯荣誉、唯奖项等，坚决克服以往构建的量化的评价指标体系，采取更加柔性的评价方案。只要有利于落实立德树人根本任务的做法，有利于大学新生成长发展的评价方法都可以运用，以便更好地促进大学新生可持续发展。

二、丰富新生学习生活评价的多元内涵

随着高校思想政治工作和大学新生教育的创新发展，大学新生学习生活评价将不局限于对新生教育工作过程本身以及大学新生受教育实效的评价，还包括对新生全面发展的评价及对教育者的评价等多元内容。要树立科学成才的评价观念，坚持以德为先、能力为重、全面发展，改变用分数给学生贴标签的做法，创新德智体美劳全面发展的综合素质评价体系，科学设计大学新生德智体美劳五个方面的评价方案，使其符合大学新生成长发展不同阶段的需求，切实引导大学新生坚定理想信念、厚植爱国情怀、加强品德修养、增长知识见识、培养奋斗精神、增强综合素质。

---

❶ 《习近平在全国教育大会上强调　坚持中国特色社会主义教育发展道路　培养德智体美劳全面发展的社会主义建设者和接班人》，《人民日报》，2018 年 9 月 11 日 01 版。

三、强化新生学习生活动态的过程评价

大学新生学习生活和成长发展是一个动态发展的过程,因此,对大学新生学习生活评价也要不断强化动态的过程评价。对新生教育工作过程本身以及大学新生受教育实效的评价,就是要实现全过程的评价,不能停留于某一时间节点,只有这样,才能真正把握大学新生动态发展过程,不断调适不适宜的评价方法或优化新生教育方案,使其更能符合大学新生成长发展规律与新生教育规律,实现大学新生教育增值和大学新生增值的双向提升。

四、创新新生学习生活评价的技术手段

在大学新生学习生活评价的发展进程中,新技术手段的运用和研究是一项重要内容,它直接关系大学新生学习生活工作评价的科学化和时代化。当前,大数据技术被广泛应用于哲学社会科学研究中,相关实践探索和学理研究为大学新生学习生活评价提供了宝贵经验。一方面,通过大数据技术记录下来的关于大学新生学习生活各要素的丰富信息,为大学新生学习生活的科学研究和分析提供了资源基础。新时代智能互联网不断创新发展,在此技术的影响下,相关领域的质量评价越来越多地开始运用大数据思维和大数据技术。大学新生学习生活评价在适应时代特征的基础上,也将自觉运用大数据思维和大数据技术,通过分析大学新生学习生活的各系统及相关要素,进一步深化对效果的评价和预测。另一方面,大数据技术为大学新生学习生活评价提供了新的方式方法。大学新生学习生活评价的方式方法直接关乎评价结果的科学性,随着大学新生学习生活实践的创新发展以及交叉学科的深入交流,大数据思维在思想政治教育中的应用越来越受到关注,尤其是在质量评价领域,通过数据分析、数学建模、模拟技术等方式,将进一步提高大学新生学习生活评价的科学化水平。但是,如何有效结合大数据思维和大数据技术,如何推进大学新生学习生活相关指标的量化,如何制定样本框和选取有效样本,如何进一步借鉴相关学科的大数据分析方法,都需要进一步的深化研究,这些重要问题都是未来运用大数据开展大学新生学习生活评价的重要着力点。

附录

大学新生学习生活问卷

评估人基本信息

本次评估采取不记名的形式，结果不涉及个人和学院的评价，请如实填写。在进行正式评估之前，请你回答以下问题，在你认可的选项上打“√”，未标注可多选的皆为单选题。

A1 你家里现在一共有多少本书？（不包括课本、杂志或教辅资料）

(1)没有；(2)1～10本；(3)11～20本；(4)21～50本；(5)51～100本；(6)101～200本；(7)200本以上。

A2 请回忆你的家庭氛围，并选择和你自己的感受相符合的选项。

(1)当我悲伤难过时，我爸妈经常安慰我	非常符合	比较符合	不太符合	很不符合
(2)我爸妈经常要求我保持安静	非常符合	比较符合	不太符合	很不符合
(3)我爸妈对我非常严格，哪怕是一些小事	非常符合	比较符合	不太符合	很不符合
(4)我爸妈经常批评我	非常符合	比较符合	不太符合	很不符合
(5)当我遇到麻烦时，我爸妈经常帮助我	非常符合	比较符合	不太符合	很不符合
(6)我爸妈经常流露出他们非常爱我	非常符合	比较符合	不太符合	很不符合
(7)我爸妈经常试图理解我的所思所想	非常符合	比较符合	不太符合	很不符合
(8)我爸妈要求我必须告诉他们我做的每件事	非常符合	比较符合	不太符合	很不符合
(9)我爸妈试图去了解我朋友的父母的情况	非常符合	比较符合	不太符合	很不符合
(10)我父母总是要求我汇报自己在外都干了些什么	非常符合	比较符合	不太符合	很不符合
(11)我们家人喜欢在一起共度闲暇时光	非常符合	比较符合	不太符合	很不符合
(12)当所有家庭成员都在家时，气氛会变得紧张	非常符合	比较符合	不太符合	很不符合
(13)我们家庭成员相互间非常亲密	非常符合	比较符合	不太符合	很不符合
(14)当我们在一起时，气氛并不友好	非常符合	比较符合	不太符合	很不符合
(15)我们家人会为了一些小事而争执甚至动手	非常符合	比较符合	不太符合	很不符合
(16)我爸妈感情非常好、非常亲密	非常符合	比较符合	不太符合	很不符合
(17)我大多数好朋友的家长，我爸妈都认识	非常符合	比较符合	不太符合	很不符合
(18)我父母总是监督我的学业	非常符合	比较符合	不太符合	很不符合
(19)父母要我做事时，会跟我讲这样做的原因	非常符合	比较符合	不太符合	很不符合
(20)父母经常鼓励我独立思考问题	非常符合	比较符合	不太符合	很不符合

A3 在过去的一年里,你家是否遇到过下列一些生活方面的问题?(若不清楚可咨询父母等监护人)

(1)住房条件差,建/买不起房	从不	很少	有时	经常	总是
(2)教育费用高,难以承受	从不	很少	有时	经常	总是
(3)家庭关系不和(如离婚、分居、婆媳关系不好等)	从不	很少	有时	经常	总是
(4)医疗开支大,难以承受	从不	很少	有时	经常	总是
(5)物价上涨,影响生活水平	从不	很少	有时	经常	总是
(6)家庭收入低,日常生活困难	从不	很少	有时	经常	总是
(7)家人无业、失业或工作不稳定	从不	很少	有时	经常	总是
(8)赡养老人负担过重	从不	很少	有时	经常	总是
(9)家庭人情支出大,难以承受	从不	很少	有时	经常	总是
(10)遇到受骗、失窃、被抢劫等犯罪事件	从不	很少	有时	经常	总是

A4 进入大学后,你是否有以下感觉?请选择与你感受相符合的选项。

(1)焦虑	从不	很少	有时	经常	总是
(2)抑郁	从不	很少	有时	经常	总是
(3)孤独	从不	很少	有时	经常	总是
(4)悲伤	从不	很少	有时	经常	总是
(5)沮丧	从不	很少	有时	经常	总是
(6)失眠	从不	很少	有时	经常	总是
(7)不想活	从不	很少	有时	经常	总是
(8)不快乐	从不	很少	有时	经常	总是
(9)压力大	从不	很少	有时	经常	总是
(10)生活没有意思	从不	很少	有时	经常	总是
(11)注意力不集中	从不	很少	有时	经常	总是

B1 你所在的学校是:[________]。

B2 你的性别是:(1)男生;(2)女生。

B3 你的出生年份是:[________]年。

B4 你的身高:[________]厘米。

B5 你的体重:[________]斤。(注意:不是“公斤”! 1 公斤 =2 斤)

B6 你是建档立卡生吗?

(1)是;(2)否。

B7 你是否申请了助学贷款?

(1)是,申请了生源地贷款;(2)是,申请了校园地贷款;(3)否。

B8 您的家乡位于:(1)农村;(2)乡镇;(3)县级市/县城;(4)地级市;(5)省会/直辖市。

B9 你来自的省(自治区、直辖市)是?

(1)陕西省;(2)北京市;(3)天津市;(4)上海市;(5)重庆市;(6)河北省;(7)山西省;(8)辽宁省;(9)吉林省;(10)黑龙江省;(11)江苏省;(12)浙江省;(13)安徽省;(14)福建省;(15)江西省;(16)山东省;(17)河南省;(18)湖北省;(19)湖南省;(20)广东省;(21)海南省;(22)四川省;(23)贵州省;(24)云南省;(25)甘肃省;(26)青海省;(27)内蒙古自治区;(28)广西壮族自治区;(29)西藏自治区;(30)宁夏回族自治区;(31)新疆维吾尔自治区;(32)香港、澳门、台湾省;(33)其他。

B10 高中阶段,你是否参加过各类型的兴趣班(如绘画、棋牌)?

(1)没参加;(2)参加过。

B11 高中阶段,你是否参加过各类型的课外学业辅导班(如英语、数学提高班)?

(1)没参加;(2)参加过。

B12 你有几个兄弟姐妹?(不含堂亲表亲,独生子女请填写“0”):________个。

B13 你父亲母亲是否健在?

(1)都健在;(2)父亲已故;(3)母亲已故;(4)父母都已故。

B14 你父亲母亲是否离异?

(1)没有离婚;(2)已经离婚。

B15 你家去年的全年家庭总收入处于以下哪个区间?(收入是指税后纯收入;若不清楚可咨询父母等监护人)

(1)无收入;(2)5000 元及以下;(3)5001 元~1 万元;(4)1 万元~1.5 万元;(5)1.5 万~2 万元;(6)2 万~3 万元;(7)3 万~4 万元;(8)4 万~5 万元;(9)5 万~7 万元;(10)7 万~9 万元;(11)9 万~11 万元;(12)11 万~15 万元;(13)15 万~20 万元;(14)20 万~50 万元;(15)50 万元以上。

仔细阅读每项具体技能的定义,并根据自身的实际情况在技能符合程度相对应分数上打钩:1 表示完全不符合,5 表示完全符合,从 1 至 5 渐进。

成长发展自我评估:社会及国家责任

【对社会有正确认知,参与义务工作,帮助有需要的人,有公德心,关心国家的发展】

序号	具体技能	技能符合程度				
1	我知道国家基本的法律并能自觉遵守。	1	2	3	4	5
2	我了解中国社会的现状,并能客观地看待其发展成果和问题。	1	2	3	4	5
3	我认为自己是社会的一分子,回馈社会,服务大众是我的义务。	1	2	3	4	5
4	我能主动参加志愿活动,帮助有需要的人。	1	2	3	4	5
5	当个人利益与国家政治、经济利益冲突时,我能够自觉维护国家、社会利益。	1	2	3	4	5

续上表

序号	具体技能	技能符合程度				
6	在生活中,我能用实际行动来理性地表达自己的爱国情绪。	1	2	3	4	5
7	我能主动通过合法的渠道给政府决策提意见和建议。	1	2	3	4	5
8	在申请奖助学金或贫困补助时,我能诚信如实填写资料	1	2	3	4	5
9	我能心怀感恩,非常感谢国家、学校和社会对我的培养和帮助	1	2	3	4	5

(1)你会以何种方式回馈社会?

(2)作为大学生,你认为你的社会及国家责任有哪些?

(3)你认为,当代大学生如何更好地培养自强精神?

成长发展自我评估:适应力

【能够应对环境变化并与之保持平衡】

序号	具体技能	技能符合程度				
1	当现实不能满足我的需要、妨碍我达到目的时,我能够千方百计地改变现实,使其符合我的要求。	1	2	3	4	5
2	当无法改变外界环境时,我能够及时改变自己适应环境,如改变思维方法、调整目的需求、修订行动计划、改变行为的方式和习惯等。	1	2	3	4	5
3	当只改变某一个方面不能达到适应、平衡的目的时,我能够既改变现实又改变自己,双管齐下,平衡协调。	1	2	3	4	5
4	我能用积极的方法应对因变化产生的压力和焦虑,保持心理平衡和正常行为。	1	2	3	4	5

(1)在你进入大学后,你是怎样(或打算怎样)适应周围环境改变的?

(2)在你进入大学后,对所学专业是否满意,是否有转专业的打算?

成长发展自我评估:身心健康

【有健康的身体和正常愉快的心态】

序号	具体技能	技能符合程度				
1	我拥有一个健康的体魄,有充沛的精力应对日常生活和学习。	1	2	3	4	5
2	我能够爱惜自己的身体,通过有规律的作息、锻炼去保持健康。	1	2	3	4	5

续上表

序号	具体技能	技能符合程度				
3	我有良好的自我意识,能保持自尊、自信,不会因自己的缺点而感到沮丧,甚至自暴自弃。	1	2	3	4	5
4	我有较强的情绪控制力,能保持情绪稳定与心理平衡,对外界的刺激反应适度。	1	2	3	4	5
5	我珍惜生命,热爱生活,有自己的人生观和价值观。	1	2	3	4	5

成长发展自我评估:沟通能力

【能运用语言及写作技巧与他人进行有效沟通】

序号	具体技能	技能符合程度				
1	我能通过各种方式吸引他人与我展开沟通。	1	2	3	4	5
2	我有较强的听说读写能力,能准确清晰并有组织地表达自己的想法。	1	2	3	4	5
3	我善于倾听,能准确理解他人所表达的意思,并快速做出相应的反应。	1	2	3	4	5
4	我善于询问,对于对方模糊的表达,当不能领会其中含义时,我会积极询问。	1	2	3	4	5
5	我能把握沟通的走向,在交流中占据主导地位。	1	2	3	4	5
6	我能接纳并欣赏他人不同的观点	1	2	3	4	5

(1)你觉得自己在与人沟通的过程中的优势在哪里?

(2)你觉得上面表格中哪两项沟通技能是急需要提高的?

成长发展自我评估:人际技巧

【以开放真诚的态度与他人建立关系,融入社会群体】

序号	具体技能	技能符合程度				
1	我喜欢参加各种社交活动,与陌生人交流没有恐惧感。	1	2	3	4	5
2	我会主动以真诚的态度与他人交往,并能迅速融入这个团体。	1	2	3	4	5
3	我愿意同有不同背景的人士交往,并能建立良好的关系。	1	2	3	4	5
4	一般情况下,我能和他人融洽地相处,即使遇到矛盾,我也能想办法化解矛盾。	1	2	3	4	5
5	我能够和他人保持长久的联系和沟通,建立持久的感情联络。	1	2	3	4	5

续上表

序号	具体技能	技能符合程度				
6	我了解人际和谐相处之道,能够通过言谈举止体现对他人的尊重与友好。	1	2	3	4	5
7	我待人处事真诚、老实、讲信誉,一言九鼎,一诺千金。	1	2	3	4	5

(1)在与人交往中,你比较希望跟具有哪些品质的人相处?

(2)你在人际交往方面还有哪些欠缺?打算怎么提高?

成长发展自我评估:领导才能

【组织及维系团队朝共同目标努力,能鼓舞和影响其他成员】

序号	具体技能	技能符合程度				
1	我有良好的沟通能力,能和每个成员进行有效的交流。	1	2	3	4	5
2	我有良好的组织能力,能够有效管理团队。	1	2	3	4	5
3	我有较强的号召力,能够鼓舞激励成员。	1	2	3	4	5
4	我有敏锐的洞察力,能预测和把握未来,能掌握团队的动态。	1	2	3	4	5
5	我有较强的决策能力,为团队制定目标,在遇到突发事件时及时有效的处理。	1	2	3	4	5
6	我能准确地评估成员在团队中的贡献,并能评估整个团队的有效性。	1	2	3	4	5

假如你是一个团队的领导,你认为你在哪方面还需要提升?

成长发展自我评估:团队合作

【愿意分担团队中的责任,并能有效地与队员合作,一起追求既定的共同目标】

序号	具体技能	技能符合程度				
1	我能与其他成员密切合作,配合默契,共同决策。	1	2	3	4	5
2	我能在决策前听取相关意见,把任务和别人的意见联系起来。	1	2	3	4	5
3	团队合作时,我能在变化的环境中担任各种角色。	1	2	3	4	5
4	我能做到与团队成员信息共享,并及时将任务进程反馈给团队负责人或搭档。	1	2	3	4	5
5	我能够以团队利益为出发点,不过多计较个人得失。	1	2	3	4	5

你有团队合作的经历吗?如果有,你在其中发挥了什么作用?(以某次活动为例)。如果没有,你认为作为团队一员,应该如何发挥自身作用使得团队出色完成任务?

成长发展自我评估:创新思维

【能发掘新角度、新构思、新方法,去理解和解决日常的问题】

序号	具 体 技 能	技能符合程度				
1	在解决问题的时候,我总是愿意从多个维度来思考,并享受这个过程。	1	2	3	4	5
2	我总是能用打破常规的思路去解决一些常规问题。	1	2	3	4	5
3	我喜欢观察生活,对周围的事物充满了好奇感,并愿意主动动手去解决日常生活中的问题。	1	2	3	4	5
4	我敢于,并能对权威性的观点提出疑问。	1	2	3	4	5
5	我认为创新必须具有广博的知识基础,在平时学习生活中我乐于去涉猎各方面的知识。	1	2	3	4	5

你是否参加过一些创新类的活动?如有,你有哪些收获?

成长发展自我评估:解决问题

【能准确地识别问题的性质,制定并执行策略去解决问题】

序号	具 体 技 能	技能符合程度				
1	我能在观察和思考中发现问题所在。	1	2	3	4	5
2	我能以积极的心态面对所遇到的问题。	1	2	3	4	5
3	我能够冷静地分析问题,并寻找解决的方法(如运用身边资源),做出正确的决策。	1	2	3	4	5
4	我能将解决问题的方案不折不扣地去执行。	1	2	3	4	5
5	我能在问题解决的过程中,不断反思,总结经验。	1	2	3	4	5
6	我能依据明确的规则来协调各种相冲突的意志和行为,从而解决问题。	1	2	3	4	5
7	我根据现有的客观的证据和事实得出结论和解决方法。	1	2	3	4	5

你在过往的学习生活中遇到的最大困难是什么?你是怎么解决的?

成长发展自我评估:目标实现

【能主动掌握自身的心理与行为,调整自己的动机与行动,以达到所预定的模式或目标的自我实现】

序号	具 体 技 能	技能符合程度				
1	在做一件事之前,我有明确的目标,知道自己到底想要什么。	1	2	3	4	5

续上表

序号	具体技能	技能符合程度				
2	我在制定目标时,认真思考过实现该目标的意义,并能在实现目标前保持持久的动力。	1	2	3	4	5
3	我在目标制定以后,对如何实现目标有详细可行的规划。	1	2	3	4	5
4	我在没有突发事件的情况下,能够有效率地完成计划。	1	2	3	4	5
5	在计划实施的过程中,我能主动进行自我检查,并及时纠正错误。	1	2	3	4	5
6	在遇到困难和突发事件的时候,我能够及时调整心态和计划,并将计划实施下去。	1	2	3	4	5
7	我能够建立长期的目标,并为之不断付出努力。	1	2	3	4	5

(1)除了学习,你在大学期间还有想实现的目标吗? 请列举2~3个。

(2)请针对你想实现的一个目标,谈谈自己的具体实施步骤?

成长发展自我评估:文化欣赏

【懂得欣赏、评论各类文化表现形式,对中国文化遗产感兴趣】

序号	具体技能	技能符合程度				
1	我了解中国的语言、传统、习惯和制度。	1	2	3	4	5
2	我能够自觉保护中国传统文化遗产。	1	2	3	4	5
3	我懂得欣赏中国的文艺创作、哲学著作、宗教信仰、风俗习惯、饮食器服等。	1	2	3	4	5
4	我对中国传统文化有着浓厚的兴趣,并乐在其中。	1	2	3	4	5
5	我掌握一定的文化专业知识,具有一定的审美能力,并能对各类文化表现形式作出较为客观的评价。	1	2	3	4	5

(1)你了解哪些中国传统文化? 列举你印象较深的2~3项。

(2)你认为应该如何继承和发扬中国传统文化?

成长发展自我评估:国际视野

【懂得与不同文化背景的人士沟通,关心国际时事并了解其相互关系】

序号	具体技能	技能符合程度				
1	我关注当今国际社会政治经济的问题和变化。	1	2	3	4	5
2	我对国际时事能形成自己的认知和看法。	1	2	3	4	5
3	我至少掌握一门外语,并能把这门语言作为获得信息和与人交流的工具。	1	2	3	4	5

续上表

序号	具体技能	技能符合程度				
4	我有意了解并遵守国际惯例和国际礼仪。	1	2	3	4	5
5	我有意培养与不同文化背景的国内外优秀人士竞争与合作的能力。	1	2	3	4	5
6	我能批判地吸收当今世界各国的先进文化。	1	2	3	4	5

(1)你有和外国人交流的经历吗？你有哪些感悟？

(2)你通过哪些途径来了解多元文化？

成长发展自我评估:自主学习

【明确生涯规划,保持对事物的好奇感,具有主动学习意识,寻求提高自身能力】

序号	具体技能	技能符合程度				
1	我具有主动学习的意识,积极利用各种途径为自己创造学习机会。	1	2	3	4	5
2	我善于总结成功和失败的经验,以寻求提高自己能力的途径。	1	2	3	4	5
3	我善于分析发现自身知识能力与现实要求的差距,并采取行动弥补。	1	2	3	4	5
4	我有明确的生涯规划,不断学习相关知识。	1	2	3	4	5
5	我能够主动承认并面对自身的劣势及缺点,并尽量规避劣势,改正缺点。	1	2	3	4	5
6	我能一直保持对新鲜事物的好奇感,乐于学习。	1	2	3	4	5
7	我能结合自身实际,有目的、有选择地创新学习方式。	1	2	3	4	5

参考文献

[1] 阿尔弗雷德·阿德勒著. 洞察人性[M]. 罗鸿幸,王心语,译. 北京:北京理工大学出版社,2017.

[2] 弗兰克尔. 追求意义的意志[M]. 司群英,郭本禹,译. 北京:中国人民大学出版社,2014.

[3] 伊列雷斯. 我们如何学习:全视角学习理论[M]. 孙玫璐,译. 北京:教育科学出版社,2014.

[4] 金里卡. 自由主义、社群与文化[M]. 应奇,葛水林,译. 上海:上海译文出版社,2005.

[5] 阿马蒂亚·森. 伦理学与经济学[M]. 王宇,王文玉,译. 北京:商务印书馆,2014.

[6] 罗素. 权威与个人[M]. 储智勇,译. 北京:商务印书馆,2012.

[7] 纽曼. 大学的理念[M]. 高师宁,等,译. 北京:北京大学出版社,2016.

[8]《交通大学校史》编写组. 交通大学校史资料选编 1896—1937(第二卷)[M]. 西安:西安交通大学出版社,1986.

[9] 白华,徐英. 大学新生学习生活的善治模式与实践路径[J]. 长安大学学报(社会科学版),2016,18(03):145-150.

[10] 白华,张骞文,武永江. 大学新生教育模式新视野[M]. 北京:中国书籍出版社,2015.

[11] 白华. 高等教育国家奖助学金制度发展与资助管理研究[M]. 西安:陕西人民出版社,2015.

[12] 白华. 大学新生教育生态化的价值诉求与治理[J]. 社会科学战线,2017(4):237-243.

[13] 曹兴平. 民族村寨旅游社区参与内生动力实证研究[J]. 贵州民族研究,2016,37(03):166-170.

[14] 曹志峰. 超越技术理性回归大学之道——世界一流大学评价问题与反思[J]. 研究生教育究,2018(05):23-28.

[15] 查方勇. 大学新生教育评价现状及评价体系构建[J]. 教育评论,2016(8):63-66.

[16] 查方勇. 高校新生思想政治教育的问题与对策分析[J]. 思想理论教育导刊,2011(9):107-109.

[17] 车文博. 人本主义心理学[M]. 杭州:浙江教育出版社,2003.

[18] 陈国华. 民族地区义务教育治理内卷化研究[D]. 重庆:西南大学,2014.

[19] 陈立民. 高校辅导员理论与实务[M]. 北京:中国言实出版社,2009.

[20] 陈万民,卓越. 层次分析法在地方政府绩效评估中的应用——一个实际案例的探讨[J]. 南京农业大学学报(社会科学版),2008(2):55-62.

[21] 陈小红. 试述潘懋元先生的高等教育思想[J]. 教学研究,2003(3):189-193.

[22] 陈小威. “发展自我”与“自我发展”:当代大学生应有的发展自觉[J]. 黑龙江高教研究,2011(02):27-29.

[23] 陈晓斌,赵玉晶. 关于大学新生教育模式的心理学思考[J]. 江苏高教,2013(2):122-123.

[24] 陈馨. 浅析大学生世界观的形成与教育[J]. 现代交际,2013(10):240-241.

[25] 程化琴,魏戈.大学新生学习适应:问题表征与行动探索[J].教育学术月刊,2015(02):73-80.
[26] 迟新丽,李娜.大学生学习风格与学习对策[J].继续教育研究,2008(06):62-64.
[27] 褚宏启,贾继娥.教育治理与教育善治[J].中国教育学刊,2014:6-10.
[28] 褚宏启.教育治理:以共治求善治[J].教育研究,2014,35(10):4-11.
[29] 丛晓波,张宵.大学新生自我适应问题及社会工作介入研究[J].延边大学学报(社会科学版),2018,51(03):133-138+145.
[30] 单和盛,何巍巍,赵婕.青少年培育和践行社会主义核心价值观内在动力研究[J].内蒙古师范大学学报(哲学社会科学版),2017,46(03):54-56+60.
[31] 翟思阳.教育治理视域下大学新生成长的内生动力培育研究[D].西安:长安大学,2019.
[32] 董祥宾.当代大学生人生观基本状况调查分析[J].思想理论教育,2018(02):90-94.
[33] 冯培.中国高校学生事务管理模式创新[M].北京:中国人民大学出版社,2009.
[34] 傅永春.网络环境下大学生价值观的社会化引导策略[J].中国高等教育,2013(11):27-28.
[35] 高飞.基于360度评估方法的OMH公司绩效考核研究[D].西安:西北大学,2012.
[36] 高树彬,刘子先.基于模糊DEA的服务型政府绩效评价方法研究[J].科学学与科学技术管理,2011(12):32-35.
[37] 高秀梅.当代大学生学习动机的特征及其对学业成绩的影响[J].高教探索,2020(01):43-47.
[38] 巩少媛.大学新生教育体系及运行机制研究[D].石家庄:河北科技大学,2013.
[39] 郭建平.大学新生入学教育对策浅析[J].中国地质教育,2004,(01):34-37.
[40] 韩映雄.创造有意义的大学新生经历[M].上海:上海教育出版社,2008.
[41] 韩宇.基于学生需求的大学新生教育内容研究[D].北京:北京工业大学,2016.
[42] 韩宇.中美大学新生教育内容比较及启示[J].教学研究,2016,39(03):32-36.
[43] 郝滨.催眠与心理压力释放[M].合肥:安徽人民出版社,2009.
[44] 何颖.人与环境关系的内蕴原则[D].长春:吉林大学,2015.
[45] 何志国,彭山.BP神经网络在知识型企业研发团队知识创新绩效评价中的应用研究[J].图书情报工作,2009(8):58-62.
[46] 贺祖斌.高等教育生态论[M].桂林:广西师范大学出版社,2005.
[47] 胡玲翠,许有.浅析国外教育评价发展的主要阶段及特点[J].中国校外育(理论).2007(06):17-17.
[48] 黄百成,王能东.当代大学生思想特点剖析[J].学校党建与思想教育,2001(06):25-27.
[49] 黄鸿业.智能传播环境下大学生的政治参与和价值观认同[J].青年记者,2020(08):41-42.
[50] 黄希庭.心理学导论[M].北京:人民教育出版社,2006.
[51] 黄晓白.热爱真知倾注真情领悟真谛——浅谈艺术院校实施思想政治理论课新课程方

案[J]. 思想教育研究,2007(04):26-27.

[52] 黄志坚. 青年学新论[M]. 北京:中国青年出版社,2004.

[53] 姜尖,陈东霞. 浅谈高校新生适应教育[J]. 当代教育论坛,2004,(10):109-111.

[54] 解如华,田德勇. 大学新生人际关系现状分析及教育建议[J]. 教育与职业,2009(18):83-84.

[55] 金志农,李瑞妹,金莹,等. 地方科研机构绩效考核指标及其权重计算——基于专家分析法和层次分析法的对比研究[J]. 科技管理研究,2009(12):103-106.

[56] 孔国庆. 大学生成长评价阶段模式构建[J]. 国家教育行政学院学报,2011(06):69-73.

[57] 李方安. 论教师自我发展[J]. 教育研究,2015,36(04):94-99.

[58] 李刚. 人的全面发展的理论探讨与时代意蕴[J]. 中共天津市委党校学报,2019,21(02):94-99.

[59] 李国庆. 从评价到评定:美国基础教育课程评估的转向[J]. 辽宁教育研究,2006(3):85.

[60] 李江雪. 大学生情绪管理与辅导[M]. 北京:北京师范大学出版社,2010.

[61] 李宁. 当代大学生思想问题表现及解决对策[J]. 理论学习,2008(06):37-38.

[62] 李睿贤. 基于认知失调理论的大学新生适应问题研究[J]. 西部素质教育,2019,5(18):91+93.

[63] 李森,崔友兴. 论教师专业发展动力的系统构建和机制探析——基于勒温场动力理论的视角[J]. 教育理论与实践,2013,33(04):33-36.

[64] 李伟文. 高校新生年级管理工作的思考与对策[J]. 广西青年干部学院学报,2002,(02):38-39.

[65] 李湘玲,朱永杰,陆屹,等. 基于主成分分析的国有林区绩效评价进行排名[J]. 西北农林科技大学学报(社会科学版),2012(2):51-54.

[66] 林立涛. 全过程育人视阈下大学新生适应性教育探析[J]. 学校党建与思想教育,2018(24):72-73+78.

[67] 林倩仪. 美国新生体验计划研究[D]. 上海:华东师范大学,2008.

[68] 刘里里. 免费师范生入学动机、学习自我效能感和专业承诺的现状及其关系研究[D]. 重庆:西南大学,2009.

[69] 刘茹. 高校新生教育的内容与方法——以西安交通大学为例[J]. 新生教育,2016(4):126-127.

[70] 刘世华. 社会思潮激荡下大学生面临的思想问题及思想政治理论课建设的针对性论析[J]. 思想教育研究,2015(09):49-52.

[71] 刘伟清. 大学生素质教育的基础——适应性教育[J]. 江苏高教,2001,(02):70-72.

[72] 刘烨. 马斯洛的人本哲学[M]. 呼伦贝尔:内蒙古文化出版社,2008.

[73] 刘月秀,邱冠文. 大学新生教育:挑战与创新[J]. 黑龙江高教研究 2011(4):107-109.

[74] 刘云博. 大学新生成长生态系统治理研究[D]. 西安:长安大学,2017.

[75] 卢丽君. 我国大学生学习信念的实证研究[D]. 厦门:厦门大学,2013.

[76] 卢少求,刘艳军. 试论文化全球化对大学生思想行为的影响[J]. 学校党建与思想教育,2007(07):13-14.
[77] 陆根书. 大学生学习风格量表的设计与开发[J]. 西安交通大学学报(社会科学版),2003(03):86-97.
[78] 罗伯特·J. 卡瓦佐斯,亨利·约翰·海因滋,朱慧涛,宫经理. 数据挖掘与分析——政府领导力与绩效变革[J]. 中国浦东干部学院学报,2008(3):111-115.
[79] 马佳铮,包国宪. 政府绩效评价量表改进途径研究:基于"甘肃模式"的数据[J]. 软科学,2010(2):70-74.
[80] 马斯洛. 马斯洛人本哲学[M]. 成明,等,译. 北京:九州出版社,2003.
[81] 倪娟,沈健. 中小学课程评价改革:主要问题及可能对策[J]. 教育发展研究,2011(8):18-22.
[82] 牛亏环,张久久. 应用型本科高校学生思想政治教育评价体系的反思[J]. 江苏教育研究,2014(27):10-15.
[83] 潘懋元. 教育的基本规律及其相互关系[J]. 高等教育研究,1988(3):1-7.
[84] 庞维国. 论学生的自主学习 II[J]. 华东师范大学学报(教育科学版),2001(05):13-14.
[85] 彭国甫,李树丞,盛明科. 基于 DEA 模型的政府绩效相对有效性评估[J]. 管理评论,2004(8):29-31.
[86] 彭国甫,李树丞,盛明科. 应用层次分析法确定政府绩效评估指标体系权重研究[J]. 中国软科学,2004(6):136-139.
[87] 钱铭怡. 心理咨询与心理治疗[M]. 北京:北京大学出版社,1994.
[88] 庆承松,张勇. 美国高校新生教育发展及启示[J]. 高校辅导员学刊,2010,2(2):91-95.
[89] 冉源愈. 从隐性生存走向软性治理——欧盟教育政策历史变迁及发展趋势研究[D]. 重庆:西南大学,2013.
[90] 饶鉴. 构建有中国特色的教育评价模式[J]. 上饶师专学报. 1995(04):60-61.
[91] 尚虎平. 地方政府绩效评估指标的研究进展与数据挖掘理论的应用[J]. 甘肃行政学院学报,2012(2):11-26.
[92] 申荷永,论勒温心理学中的动力[J]. 心理学报,1991(6):31.
[93] 施琦. 大数据嵌入大学生社会主义核心价值观教育探究[J]. 学校党建与思想教育,2020(16):74-76.
[94] 苏琼,赖国伟. 大学新生认知方式的特点及在教学中的意义[J]. 中国高等教育,2003(19):43-44.
[95] 汤闻励. 动机因素影响英语口语学习的调查与分析[J]. 外语教学,2005(02):65-68.
[96] 唐荣德. 学习生活质量:学生发展的本质与路径[J]. 教育研究,2012,33(11):16-21+27.
[97] 唐现文,吉文林. 新时期高职教育国际化:形势、对策与评价[J]. 教育与职业,2019(07):44-51.
[98] 陶沙. 从生命全程发展观论大学生入学适应[J]. 北京师范大学学报(人文社会科学

版),2000(02):81-87.
[99] 万洪莲.大学生人际交往不良表现及对策研究[J].现代交际,2014(06):183-185.
[100] 王广震,李玉运.大学新生人际关系改善研究[J].教育与职业,2012(11):77-79.
[101] 王红,丁媛.应用德尔菲法构建高校图书资料人员绩效考评体系图书馆学刊[J],2007(2):61-64.
[102] 王晶晶.组织行为学[M]北京:机械工业出版社,2009.
[103] 王谦.政府绩效评估方法及应用研究[D].成都:西南交通大学,2002.
[104] 王青耀.浅析当代大学生的思想特点[J].中国高教研究,2006(03):74-75.
[105] 威格里·斯托克.作为理论的治理:五个论点[J].华夏风,译.国际社会科学(中文版),1999:20-21.
[106] 魏海坤.神经网络结构设计的理论与方法[M].北京:国防工业出版社,2005.
[107] 魏铜铃."以人为本"视阈下的大学新生入学教育研究[D].重庆:西南大学,2018.
[108] 魏中华,张超,高春娣.协同创新机制下的大学新生教育研究[J].中国青年社会科学,2015(4):125-129.
[109] 温雅,涂传银.美国高校新生教育及对我国的启示[J].中国校外教育,2015(21):9-10.
[110] 吴德慧.马克思的自由全面发展思想及其辩证关系[J].今日湖北(理论版):2007(1):53-55.
[111] 吴乐珍.基于因子分析法的各省基本公共服务绩效评价[J].统计与决策,2012(11):60-62.
[112] 吴鲁平,杨巧,简臻锐.马克思主义青年观及其最新发展[J].中国青年研究,2019(01):38-46.
[113] 吴路坷,杨捷.教育治理:实现全民教育目标的钥匙——对《2009 全民教育全球监测报告》的解读[J].基础教育,2009:48-52.
[114] 伍复康.论青年本质:从马克思主义人的本质理论出发[J].中国青年社会科学,2017,36(04):10-16.
[115] 郗宏博,彭颜红.论自媒体对当代大学新生思想政治教育的有效性影响[J].广西教育学院报,2018(02):95-99.
[116] 夏焰,贾琳琳.高等教育治理理论及其原则[J].江苏大学学报(高教研究版),2005(02):30-34.
[117] 辛淑英.对大学生价值观演变的思考[J].思想政治教育研究,2002(01):17-18.
[118] 徐华春,郑涌,黄希庭.中国青年人生价值观初探[J].西南大学学报(社会科学版),2008(05):35-39.
[119] 阎世平,林娟.论儒家文化对企业 360 度绩效评估的负面影响[J].贵州社会科学,2008(10):105-109.
[120] 颜桂华,宁国良,盛明科.基于 BP 神经网络的电子政务绩效评价研究[J].中国管理科学,2005(6):125-130.
[121] 杨柏.基于平衡记分卡的汽车企业动态联盟供应链绩效评价研究[J].管理世界,2007

(8):161-162.
[122] 杨晓慧. 当代大学生成长规律研究[M]. 北京:人民出版社,2010.
[123] 杨雪,冯晖. 基于主成分分析的高校投入产出绩效评价[J]. 上海管理科学,2012(5):107-109.
[124] 杨艳玲. 大学新生适应研究[M]. 开封:河南大学出版社,2005.
[125] 杨兆强,刘玲. 当前高校新生入学教育现状及对策研究[J]. 黑龙江畜牧兽医,2017(02):280-282.
[126] 姚斌,刘茹. 高校朋辈心理咨询实践中的问题与对策[J]. 教育探索,2008(09):126-127.
[127] 尹玉民. 大学新生入学教育之我见[J]. 沈阳工程学院学报(社会科学版),2005(02):99.
[128] 俞可平. 论国家治理现代化[M]. 北京:社会科学文献出版社,2014.
[129] 袁贵仁. 百年大计,教育为本——党的十六大以来教育事业改革发展回顾(2002—2012)[M]. 北京:人民出版社,2012.
[130] 原野. 高等教育大众化背景下的高等教育质量评价特征与应用研究——以山西省高等教育评价为例[D]. 山西:山西财经大学,2012.
[131] 岳中方. 大学新生教育的误区及其对策[J]. 江苏高教,2013(01):144-145.
[132] 张春兴. 教育心理学[M]. 浙江:浙江教育出版社,1998.
[133] 张大均,王鑫强. 心理健康与心理素质的关系:内涵结构分析[J]. 西南大学学报:社会科学版,2012(38-3):69-74.
[134] 张日昇. 咨询心理学[M]. 北京:人民教育出版社,2009.
[135] 张淑锵,杨国富,王玉芝. 高校校园网络文明环境的内涵、结构与特征[J]. 学校党建与思想教育,2010(10):10-12.
[136] 张潇等. 引导大学生利用闲暇时间培养人际交往能力[J]. 药学教育,2010(1):17-20.
[137] 张玉芬. 大学生人格教育[M]. 北京:经济管理出版社,2006.
[138] 张玉海,李田贵. 中国特色社会主义思想政治教育工作评价模式探微[J]. 河北师范大学学报(哲学社会科学版),1999(02):7.
[139] 赵梦闪. 社会参与视角下的大学治理问题研究——基于"动力学大教育"的理论基础[J]. 华中师范大学研究生学报,2018,25(03):6-10.
[140] 赵婷婷,张彦通. 高等教育评价模式的理论探讨[J]. 高等教育研究,2008(01):38-45.
[141] 赵希文,杨海,李飞. 基于 MOOC 的大学新生教育模式研究[J]. 工业和信息化教育,2017(8):80-84.
[142] 赵玉晶. 关于大学新生教育模式的心理学思考[J]. 江苏高教,2013(02):122-123.
[143] 郑智勇,肖林,王书林. 回归内生动力:中小学校长交流轮岗的困境与思考[J]. 教育评论,2018(07):73-77.
[144] 中国人民大学校史研究丛书编委会编. 中国人民大学纪事(1937-2007)[M]. 北京:中国人民大学出版社,2007.
[145] 周华丽,鲍威. 大学生社会化发展及其影响因素的实证研究[J]. 现代教育管理,2013

(12):87-91.

[146] 周小龙. 首届“00”后大学新生适应现状及教育新路径——以铜陵学院法学院 204 名大一新生为例[J]. 湖北经济学院学报(人文社会科学版),2019,16(04):139-141.

[147] 周晓红. 增强经济运行内生动力亟须改革提速[J]. 江苏行政学院学报,2015,(02):49-54.

[148] 朱伟. 网络对大学生思想道德的负面影响及思想政治教育网络环境建设[J]. 郑州大学学报(哲学社会科学版),2006(05):68-70.

[149] Astin AW. An empirical typology of college students[J]. Journal of College Student Development,1993,34(1):36-46.

[150] Merrifield, John. Review of Education Governance for the 21st Century: Overcoming the Structural Barriers to School Reform[J]. Journal of School Choice,2013,7(3):438-442.

[151] Lewin, k. Resolving social conflicts[M]. New York: Harpper and Brother publishers,1948.

[152] Lewin. k. Field theory in social science[M]. New York: Harpper and Brother poblishers,1951.

[153] Oxford University Press. Our Global Neighborhood: The Report of the Commission on Global Governance[J]. George Washington Journal of International Law & Economics,1995(3):754-756.

后　　记

大学新生阶段仅有一年，但这一年的学习、生活的质量，在很大程度上，关系到整个大学教育的成败，甚至影响到长远未来。在精英教育向大众化、普及化教育转变的过程中，大学越来越难以关注到每一个新生，容易使他们在入学之初形成错误认知或发生适应障碍，导致后续发展陷入困境。本书正是在高等教育普及化和内涵式发展的背景下，综合把握大学新生教育困惑与学习生活问题，运用系统思维方法，全面分析大学新生成长发展规律与学习生活需求，构建学习生活系统化方案，帮助新生重构学习的意义，规划成长道路，形成良好环境，为培养德智体美劳全面发展的时代新人奠定基础。由于大学新生学习生活是一个复杂的系统性工程，我们的研究从新生学习生活需求到教育供给探索都还不够深入，希望后续能够进一步展开对大学新生学习生活的动态变化的研究，完善学习生活评价体系，强化理论构建，更好地指导未来新生实现学习生活美好的愿景。

参加课题研究和参与本书撰写的有白华、彪晓红、张骞文、武永江、李小芹、贺宏斌、张永、李雪飞、徐英、刘云博、李阳、胡芸、刘延海、张石磊、查方勇、梁青青等老师和研究生翟思阳、毛羽、刘欣、唐亚琴、张月、王荣钰、曾妍、张琳璇、刘德珍、赵千秋、张帆、杨宗光等。在课题研究的过程中，全国教育科学规划领导小组办公室领导和专家给予了大力的支持和指导，西安交通大学原党委常务副书记王小力教授、陕西师范大学王涛教授、宝鸡文理学院党委书记赵健教授、陕西省教育厅教材处田民正处长、长安大学党委副书记黎开谊教授、党委宣传部常务副部长郗波教授、社科处处长杜智民教授、副处长何红娟副教授等专家学者提出了宝贵意见和建议，长安大学学生工作系统各位同仁进行了长期的实践和总结。本书出版过程中，得到了人民交通出版社股份有限公司的鼎力支持，在此表示衷心的感谢！

作　者

2021 年 8 月